대박 나세요~ ^^

대박행복

전은가.

대박땅꾼 전은규의

집팔아서 땅을 사라

대박땅꾼 전은규의 집 팔아서 땅을 사라

초 판 1쇄 발행 2019년 5월 15일
개정판 1쇄 발행 2021년 6월 15일
개정판 3쇄 발행 2022년 4월 29일

지은이　전은규
펴낸이　이종문(李從聞)
펴낸곳　(주)국일증권경제연구소

등 록　제406-2005-000029호
주 소　경기도 파주시 광인사길 121 파주출판문화정보산업단지(문발동)
　　　　서울시 중구 장충단로 8가길 2(장충동 1가, 2층)
영 업 부　Tel 031)955-6050 | Fax 031)955-6051
편 집 부　Tel 031)955-6070 | Fax 031)955-6071

평생전화번호 0502-237-9101~3

홈페이지　www.ekugil.com
블 로 그　blog.naver.com/kugilmedia
페이스북　www.facebook.com/kugillife
이 메 일　kugil@ekugil.com

* 값은 표지 뒷면에 표기되어 있습니다.
* 잘못된 책은 구입하신 서점에서 바꿔드립니다.

ISBN 978-89-5782-137-4(13320)

대박땅꾼 전은규의

집팔아서
땅을 사라

전은규 지음

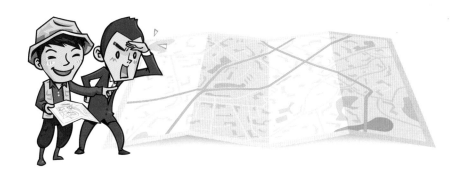

국일증권경제연구소

공부하고 발품 판 만큼
보답하는 토지

모든 사람이 부자가 되기를 꿈꾼다. 흔히 부자하면 물질적 풍요를 누리는 사람이라고 생각한다. 하지만 매일 불철주야 일을 해야 하고 시간적 여유가 없다면 그는 부자가 아니다. 진정한 부자는 시간과 돈 모두 넉넉한 사람이다. 그래야 물질적으로나 시간적으로나 원하는 바를 누리며 주체적인 삶을 살 수 있을 테니 말이다.

자동차나 명품 시계를 구입하는 건 물질 소비다. 우리의 욕망을 충족시켜주지만 아쉽게도 유효기간이 짧다. 오랜 즐거움으로 남는 소비는 경험 소비 즉 여행, 공연관람, 운동 같은 것들이다. 경험 소비야말로 의식을 고양시키고 삶의 질을 높여준다. 어제의 나보다 더 나은 삶을 누릴 수 있는 길을 터준다. 우리가 물질부자와 시간부자를 꿈꾸는 이유다.

30대에 자수성가한 백만장자인 엠제이 드마코는 이를 위해 부의 추월차선을 만들어야 한다고 말했다. 즉 돈이 돈을 버는 시스템을 구축해 일하지 않아도 수익이 나도록 하라는 것이다. 너무 당연한 말이다.

나는 토지 투자를 통해 부의 추월차선을 만들 수 있다고 믿는다. 혹자는 제4차 국토종합개발계획이 마무리되는 2020년까지가 토지 투자의 마지막 기회인 만큼 "이제 늦었어"라고 말한다. 하지만 향후 10~20년까지 토지 투자의 기회는 얼마든지 있다.

제3기신도시 발표가 이제 막 났으며, 최근 9년 내 가장 많은 금액의 보상금 22조가 풀리기 시작했다. 당연히 주변 땅값도 덩달아 오를 것이다. 또 남북한의 평화 기운이 감돌고 있다. 당장 통일이 되긴 어렵겠지만, 경제협력만큼은 남한과 북한의 필수과제가 되었다. 북쪽 땅값이 고공행진하는 이유다. 뿐만 아니라 지역균형발전을 위한 예비타당성조사 면제 프로젝트가 발표되었다. 예상했던 대로 전북 새만금, 충남 당진 등에 예산이 집중되었다. 이제부터 수도권 외의 토지시장이 뜨겁게 달아오를 것이다.

땅에 투자하고 싶다면, 국가정책의 흐름을 놓치지 말고 호재지역의 땅을 직접 밟아보길 바란다. 아무 땅이나 사도 한 방에 인생역전할 수 있는 시대는 지났다. 이제는 부지런히 공부하고 발품을 팔아 보석같은 땅을 찾아야 한다. 그렇다고 땅값이 이미 많이 올라 더 이상 오르지 않는다는 것이 아니다. 공부하고 발품을 판 만큼 땅을 보는 안목이 생기고, 안목이 높아질수록 좋은 땅을 찾을 수 있다. 그런 면에서 땅은 정직하다. 땅에 씨를 뿌리면 열매를 맺는 것처럼 땅을 찾고 찾으면 시세차익이라는 열매를 맺게 해 준다.

관심은 있으나 시간이 없다란 말은 평계에 불과하다. 퇴근 후 매일 한 시간씩 부동산 신문과 토지 투자 관련도서를 읽고, 주말 아침 일찍 운동화 끈을 동

여매고 현장으로 가자. 종잣돈이 없어 투자할 수 없다는 말도 핑계다. 잘 살펴보면 1~2천만 원대로도 얼마든지 내 땅을 가질 수 있다.

바야흐로 덕후(한 분야에 몰두해 전문가 이상의 흥미를 갖고 있는 사람)들이 성공하는 세상이다. 푹 빠질 만큼 재미있어서, 혹은 꼭 이뤄내고 말겠다는 절박한 목표를 가진 사람은 언젠가 성공할 수 있다.

나 역시 20대 후반부터 잠자는 시간을 빼고 늘 땅 생각만 했다. 박봉과 야근으로 돈도 시간도 쪼들리는 삶에서 벗어나고 싶은 절박함이 있었기에 대박땅꾼이 될 수 있었다. 숙박비가 아까워 소형차 안에서 쪽잠을 자면서도 땅 보러 다니는 일에 미쳐 있었다. 당시 내 손엔 항상 지도와 지역신문이 들려 있었다.

"행운은 노력하는 자에게 신이 주신 선물이다."

철학자 세네카의 명언인데, 진짜 맞는 말이다. 노력의 시간이 켜켜이 쌓이면서, '내가 이렇게 억수로 운이 좋은 사람이었나?' 싶을 만큼 내게 좋은 일들이 생겼다. 그 덕에 10년 전과는 완전히 다른 생활을 누리고 있다.

하지만 나는 여전히 땅에 미쳐 있다. 지금도 주말마다 회원들과 답사를 떠나는데, 차가 막혀도 마냥 즐겁다. 땅 보러 가는 길인데 짜증이 날 리 없질 않은가? 백만 대 차량이 교외로 놀러가는 중이지만, 나와 회원들은 땅 투자를 위한 생산적인 일을 위해 움직인다. 그러니 적어도 저들보다 부의 추월차선을 빨리 넘을 수 있을 것이다.

평소엔 말수가 적은 내가 땅 이야기만 나오면 누구보다 뛰어난 언변술이 생기는 것도 신기한 일이다. 남들이 고민할 때 일단 지르고 보는 것 역시 유일하게 땅에 한에서만 그렇다. 신중을 기하다 좋은 투자 기회를 놓친다는 걸 나는 잘 알고 있다. 좋은 땅은 나를 기다리지 않는다는 것도.

땅은 내가 가서 낚아채야 한다. 이런 행동력이 매달 한 필지 이상의 땅을 살수 있게 해준다. 백만 평을 확보하는 그날까지 땅에 미쳐 있을 것이다. 나처럼 땅으로 인생역전을 꿈꾸는 이들에게 선배로서 나침반이 되어 주는 것, 또 사회적 약자들을 위한 후원 등 아직도 해야 할 일이 많기 때문이다.

이 책 역시 나의 목표에 한 걸음 더 다가가기 위해 출간했다. 기존의 나의 책들과 달리 재밌고 쉽게 읽히도록 소설형식을 접목시켰다. 또한 향후 뜨겁게 달아오를 호재지역 중심으로 꼭 알아야 할 투자 포인트를 깔끔하게 정리했다.

그리고 이 개정판은 유튜브에서 90만 명이 지켜본 '맹지에 도로내는 법' 등 가장 인기가 있었던 유튜브 영상 12개를 선정하여 '땅 투자로 가장 확실하게 돈 버는 법'으로 소개했다. 또한 GTX A노선이 완공되는 시점이면 서울에 버금가는 곳이 될 동탄에 대한 소개를 추가하였다. 동탄은 경기권에서 과천, 판교 다음으로 지가상승이 높아질 곳이라 대박땅꾼2호점을 오픈한 곳이기도 하다.

그리고 2021년 5월에 대박땅꾼3호점도 오픈 예정이다. 제주도도 중국인이 빠지는 바람에 거품이 빠져서 좋은 땅들이 싸게 나오고 있다. 앞으로 2021년 이후에는 새만금, 당진, 화성뿐 아니라 동탄, 제주도도 눈여겨 보고 꼭 좋은 땅을 만나게 되기를 바란다.

땅으로 대박나고 싶은 모든 독자에게 이 책을 바친다.

대박땅꾼 전은규

등장인물

대박땅꾼

어릴 때 흙수저로 자랐으며, 내성적인 성격이다. 대학 졸업 후 성격개조를 위해 영업직에 뛰어들었지만, 직장 스트레스로 이직이 잦았다. 주말에는 게임에 꽂혀 PC방에서 살았다. 그러다 우연히 땅을 알게 되었다. 무엇이든 꽂히면 집중하는 유일한 장점이 그를 바꿔놓았다. 10년 동안 땅에 미친 결과, 부동산업계에서 손꼽히는 땅 투자 전문가가 되었다.

32세 왕성급

중소기업에 다니는 3년차 직장인 남성이다. 결혼을 앞둔 여자 친구와 단란한 가정을 꾸리는 게 꿈이다. 하지만 아무리 생각해봐도, 쥐꼬리 만한 월급으로 도저히 결혼을 준비할 엄두가 나지 않는다. 평생 농사 지으시며 뒷바라지한 부모님께 손 벌리기도 민망하다. 고민이 깊어지던 중. 먼 친척 중 한 명이 땅으로 큰 수익을 올렸다는 소식을 들었다. '그래, 땅이다!' 저돌적인 행동파답게 곧바로 시장조사에 나섰다. 그러다 기획부동산에 낚여 결혼 준비금을 날렸다. 이제 그에게 남은 돈은 2천만 원뿐이다. 다급한 마음에 대박땅꾼을 찾았다.

43세 나신중

신중하고 매사 꼼꼼하게 따지고 재는 성격으로 은행에 근무하는 남성이다. 오래 전부터 땅에 관심이 많았다. 시중에 나와 있는 땅 투자 책을 모두 섭렵하고 각종 강의, 세미나도 들었다. 그 덕에 투자 전문가 이름과 성향도 줄줄 꿸 정도다. 하지만 정작 밭 한 뙈기도 매입하지 못했다. 이 땅은 이래서 안 될 것 같고, 저 땅은 저래서 망설여지고…. 서울에 아파트 한 채 장만한 뒤 남은 3억 원으로 땅에 투자하고 싶은 마음은 굴뚝같은데 아직 마음에 쏙 드는 땅을 만나지 못했다. 대체 언제쯤 그의 마음에 쏙 드는 땅이 나타날지, 속이 타들어간다.

50세 도전녀

남편의 월급이 많지는 않지만 알뜰살뜰하게 아끼며 조금씩 저금을 하는 전업주부다. 생활비는 아끼지만 자녀 교육에는 목돈을 쓰는 엄마다. 그녀는 오직 아이의 교육과 남편 내조에 온 힘을 쏟았다. 첫 아이는 좋은 대학교에 입학해 한시름 놓았는데, 고등학생인 둘째가 좀 문제다. 둘째까지 대학교에 보내고 나면 자신의 인생을 화려하게 살고 싶은데 현실은 초라하기만 하다. 통장에 있는 돈이라곤 1억 원뿐이다. 수질관리사로 일하는 남편이 5년 뒤 받을 퇴직금을 감안하더라도, 화려한 제2의 인생은커녕 노후 걱정에 눈앞이 깜깜하다. 그러던 중 우연히 도서관에서 《집 없어도 땅은 사라》를 읽고 땅 투자에 눈을 떴다. 전 재산 1억 원으로 나도 인생역전할 수 있을까?란 막연한 기대로 대박땅꾼을 찾았다.

64세 노신사

대기업에 다니다 은퇴한 남성이다. 예전부터 퇴직하면 귀농해서 농사를 지으며 살고 싶었다. 귀농교육도 받고, 농업대학 과정도 이수하며 준비도 철저히 했다. 잘 나가는 농업인으로 제2의 인생을 살 자신이 있다. 아이들도 다 독립한 상태니, 아내와 단 둘이 내려갈 계획이다. 게다가 농사짓던 아버지가 땅도 물려준다고 하신다. 모든 조건이 완벽하다. 하지만 의외의 복병이 있었으니, 바로 아내다. 아내는 귀농의 귀자만 들어도 질색팔색한다. 시골생활은 자신 없다고, 친구들 없이 외로워서 어떻게 사냐고 한다. 헌법 위에 마눌법이란 게 있다더니, 진짜 그런 것 같다. 정말 귀농은 이룰 수 없는 꿈인 걸까?

목차

1장   30대 왕성급, 경매에 도전하라

너무 비싼 수업료	15
모르고 덤비면 큰코다친다	24
주말에 여자 친구와 북쪽땅 보러 고고씽!	28
모의입찰부터 차근차근	38
유찰된 매물도 다시 보면 꿀단지	41
공유물 분할청구권으로 두 배 이상 수익 올리기	44
4억 원으로 서울에 협소주택 장만하기	48
부모님 농지연금 드리는 효자 아들	52

2장   40대 나신중, 행동할 타이밍 결정하기

이론 공부 맨날 해도 움직이지 않으면 그림의 떡	65
고급정보는 발품으로 얻는다	69
토지공개념 무서워 땅 못 사랴	75
토지수용보상금, 최대한 많이 받으려면	80
매수, 매도에서 중요한 건 타이밍	94
강원도 고성 땅, 평당 500만 원 실화냐?	97
100% 완벽한 땅은 이미 남의 땅	103
5천만 원으로 남북 접경지역 투자, OK!	109
살인의 추억은 잊어라, 전국 인구 증가율 1위 화성시	116
세종시와 맞짱 뜰 날 머지 않은 당진	121
금싸라기 땅 새만금, 비상할 일만 남았다	126

3장 50대 도전녀, 임야로 인생역전하기

세종~청주, 12분 만에 간다   141

경매로 싸게 낙찰 받은 임야, 산림청에 팔자   149

500원에 구입한 나무, 1만 원에 판매하는 목테크   154

잃어버린 조상 땅을 찾아라   158

임야 탐색전! 산높이, 경사도, 나무수 살피기   162

양평으로 이사하면 우리 아이 스카이대학 갈 수 있다고?   168

요리 솜씨 기막힌 도전녀의 닭도리탕집 대박났네   173

4장 60대 노신사, 노후와 건강 두 마리 토끼 잡기

농사, 꼭 시골로 이사해 지으란 법 있나   181

100% 발급되는 농취증   184

별장처럼 사용할 수 있는 농막   187

증여와 상속, 농지는 상속이 이득   192

제2 경부고속도로 인근 투자 안성맞춤   196

하수처리시설 현대화로 상권 확장될 제주도   201

농업경영계획서 작성만 잘하면 만사 OK!   207

은퇴 전이라면, 직업 없는 배우자 명의로   212

농지전용부담금 안 낼 수 있다   218

부록 1 투자가치 높은 곳 핵심 정리   226

부록 2 땅 투자로 가장 확실하게 돈버는 법   268

1장
30대 왕성급, 경매에 도전하라

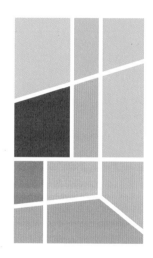

너무 비싼 수업료

30세 초반쯤으로 보이는 왕성급 씨가 찾아온 건 8월의 무더운 여름날이 었다. 구릿빛 피부와 보기 좋은 덩치, 훤칠한 키의 성급 씨를 보니 10년 전의 나를 보는 것 같다. 나는 그와 눈높이를 맞추기 위해 까치발로 인사한 다음, 잽싸게 자리에 앉았다.

"성급 씨, 이쪽으로 앉으시죠."

나의 말에 성급 씨가 의자를 뒤로 확 젖히더니 그 큰 몸을 털썩하고 앉는데, 소리가 어찌나 크던지 바닥이 꺼지는 줄 알았다. 표정을 보니 눈썹을 치켜 올리고 입술을 앙 다문 게 왠지 화가 잔뜩난 모습이었다.

"혹시 너무 더워서 화가 나셨나요? 에어컨 온도를 좀 낮출까요?"

나도 모르게 그의 눈치를 살폈다. 그의 큰 덩치 앞에서 위축된 나는 긴장하며 에어컨 리모콘을 찾았다. 온도를 낮추려는데 덩치 큰 성급 씨가 갑자기

울먹이기 시작했다.

"대박땅꾼님, 정말 죽고 싶어요. 기획부동산에 사기를 당해서 3천만 원을 날렸어요."

"아니 어쩌다 그런 일을…. 하긴 저희 카페 회원님 중에도 그런 일을 겪고 오신 분이 많긴 합니다."

"정말 안 먹고, 안 쓰면서 모은 돈, 흑흑. 월급이 쥐꼬리만해서 남들보다 더 열심히 모아야, 흑흑. 그래야 남들 만큼 살 수 있을 거라, 흑흑. 여자 친구랑 결혼하려고 악착같이 모은 건데, 흑흑."

울먹이던 성급 씨가 급기야 태평양 같은 어깨를 들썩이며 엉엉 울었다.

생각보다 마음이 여린 성급 씨 같았다. 나는 그의 어깨를 다독이며 휴지를 건넸다. 그러자 그가 코를 팽하고 풀더니 이번에는 그 큰 주먹으로 테이블을 쾅 쳤다.

"이 자식들이 감히 내 돈을!"

젊은 혈기에 감정이 오르락내리락 종잡을 수 없었다.

"선릉역에 있는 큰 빌딩으로 가셨나요?"

"어떻게 아세요?"

"기획부동산 사무실이 거기 많이 몰려 있거든요. 칼질한 땅 사셨어요?"

"잘 아시네요. 땅도 안 보고 계약서에 덜컥 사인이나 한 멍청한 놈. 저는 당해도 쌉니다."

"성급 씨, 너무 자학하지 마세요. 기획부동산 직원들 말발이 보통 아닌 건 저도 잘 알고 있어요. 눈 뜨고 코 베이는 세상입니다. 하지만 아무 것도 안 하는 것보다 시도하고 실패하는 과정에서 하나라도 배우는 게 훨씬 낫지 않겠어요?"

"정말 그럴까요?"

"그럼요. 수업료 내고 공부했다고 생각하세요."

내가 힘주어 말하자, 그의 안색이 바뀌는 듯하더니 이내 또 울먹였다.

"대박땅꾼님은

비오는 날에도 답사를 하는 대박땅꾼과 회원들

그런 실수 안 하셨을 거 아니에요. 그러니까 지금 그 자리에 계신 거겠죠."

"아닙니다. 저도 실패의 쓴 맛 많이 봤고요, 사실 저란 사람도 참 한심한 놈이었어요."

기획부동산의 전형적 수법 세 가지

나란 사람이 얼마나 얼빵했는지 간증하기 전에 먼저 기획부동산의 전형적인 수법부터 짚고 넘어가자.

첫째, 강남의 대형빌딩에서 일한다. 기획부동산에 당한 이들이 공통적으로 하는 말은 '설마 그런 데서 일하는 사람이 나를 속일 리가 없다'였다. 강남 한복판 도로변에 위치한 대형빌딩의 사무실, 말쑥한 정장 차림의 직원들, 최신형 아이패드를 능숙하게 다루는 솜씨. 누가 봐도 좋은 직장에 취직한 멀쩡한 사람들로 보인다. 게다가 말솜씨는 얼마나 수려한지. 지역 호재를 줄줄

읊으며 지금 계약서를 쓰지 않으면, 다른 사람에게 뺏길 것이라고 태연하게 말한다. 계약할 사람은 줄을 섰다는 듯이 말이다. 상황이 이쯤 되면 마음이 다급해진다. 마치 홈쇼핑 채널에서 마감임박이란 자막이 뜨면 전화기를 들게 되는 것처럼.

둘째, 사전에 땅을 보여 주지 않는다. 직접 현장을 밟아야 한다고 수도 없이 강조했다. 하지만 기획부동산에서는 해당 매물을 보여 주지 않는다. 그럴 시간이 없다는 핑계를 대면서 먼저 계약금을 입금하면 다음날 임장 날짜를 잡을 거라고 말한다. 지번 역시 알려 주지 않는다. 토지이용확인계획원을 조회하면 그 땅에 어떤 하자가 있는지 알 수 있기 때문에 미리 차단하는 것이다.

셋째, 가치 없는 땅을 지분분할해 판매한다. 그들이 권유하는 땅 인근에 혹할 만한 개발 호재가 있는 건 맞다. 하지만 문제는 개발 호재 인근이라고 해서 모두 가치 있는 땅은 아니라는 것이다. 그들은 평당 몇 천 원밖에 안 하는 땅을 대거 사들인 다음, 몇 십만 원으로 올려 팔아 차익을 남긴다. 실제로 땅을 확인해 보면 돌산이라 아무 것도 할 수 없는 땅, 정부에서 계획적으로 관리하는 절대농지, 도로를 낼 도리가 전혀 없는 맹지 같은 땅이 대부분이다. 게다가 쉽게 매도조차 할 수 없게 지분분할해 판매한다.

분할은 크게 필지분할과 지분분할로 나뉜다. 보통 필지분할로 땅을 매입해야 내 맘대로 매도할 수 있다. 하지만 기획부동산은 땅 한 필지를 40개 정도로 잘게 자른다. 이때, 지분으로 투자하게 될 때 지분등기(공유지분등기)냐, 공동등기(합유지분등기)냐에 따라 어려움이 발생한다. 지분등기의 경우 자신의 지분을 파는 것이 자유롭지만, 공동등기로 투자한 후 매도하려면, 40명에게 일일이 동의서를 받아야 하는 일이 벌어진다. 그 중 단 한 명이라도 동의를 안 하면 그 땅은 팔 수도 없다.

기획부동산에 속지 않는 법

기획부동산에 취직해 일하는 젊은이들이 희생양인 경우도 많다. 혹은 은퇴한 중장년층이 제2의 직업을 얻고자 이곳을 찾는다. 그들은 순수한 마음으로 부동산에 대해 배우기 위해 직장을 찾은 거다. 공인중개사 자격증이 없어도 취업이 가능하다는 이점이 있기 때문이다. 일을 배우다가 이거 뭔가 이상한데?란 낌새를 차려 곧장 퇴사하면 다행이지만, 그렇지 않은 경우도 많다. 발을 빼고 싶어도 뺄 수 없는 경우가 생기는 것이다. 다단계 사업과 비슷하다.

직원이 먼저 회사 대표나 선배에게 속아 지분분할된 땅을 구입한 경우가 많다. 그리고 나머지 지분의 땅을 지인에게 매매하기 위해 영업을 하는 것이다. 땅 한 조각을 매매할 때마다 천만 원 단위의 수당을 받는 선배들을 보면, 속된 말로 눈이 뒤집혀 자기도 눈에 불을 켜고 노력하는 것이다. 운이 좋아 한 달에 몇 개만 팔면 몇 천만 원이 수중에 들어오니, 일반 직장인의 월급이 성에 차겠는가? 만일 "너무 아까운 땅이라 너에게 팔고 싶다, 나도 샀다"라는 전화를 자주 하는 지인이 있다면 한번쯤 의심해 봐야 한다.

물론 지인이 땅까지 보여줬는데 맘에 쏙 들어 계약을 하고 싶을 수도 있다. 그러면 계약서 내용과 특약사항을 꼼꼼하게 살피자. 특약사항에 "이 땅에 문제가 있어 매도 불가능할 경우, 100% 환불 가능." 이렇게 쓰겠다고 해보라. 안 된다고 펄쩍 뛰면 절대 계약해서는 안 된다. 또 하나, 그들이 하는 말은 다 녹음하자. 나중에 소송할 때 유리한 증거자료가 될 수 있다.

기획부동산, 잘만 활용하면 개발 호재 득템!

개발 호재 지역에 새로운 간판을 건 부동산 중개사무소들이 줄을 지어 들어서는 경우가 있다. 일명 떴다방이라 불리는 기획부동산들이다. 이들은 호재 정보를 미리 선점하고 모인 사람들이다. 얼른 사기 치고 빠지기 위해서.

그렇다면 역으로 생각해 보자. 땅을 보러 갔는데 떴다방이 줄줄이 있다면, 그 지역은 아직 언론에서 공개하지 않은 호재가 있다는 뜻이다. 이럴 땐, 어수룩한 척 하고 들어가 땅 보러 왔다고 하는 것이다. 그러면 열심히 설명을 해 줄 것이고 그들의 설명에서 뜻밖의 정보를 득템할 수 있다. 나도 가끔 사용하는 방법이다.

그들의 사탕발림에 넘어가지 않을 자신만 있다면 꽤 유용하다.

나의 흑역사, 스피드뱅크? 은행이야?

20대 때 나는 PC방 죽돌이였다. 게임에 빠져 틈만 나면 PC방에서 살았다. 원래 꿈은 만화가였는데, 만화가로 돈 벌기가 쉽지 않음을 진즉에 알고 포기했다. 어찌어찌 대학을 졸업하고, 작은 신문사에 취직했는데 회사가 망해 어쩔 수 없이 그만두었다. 사람 사귀는데 영 잼병인 성격을 고쳐보려고 의료기기 회사 영업사원으로 일도 해봤다. 하지만 나랑 영 맞질 않아 또 그만두었다. 정말 뭐 하나 제대로 하는 일 없는 비루한 청춘이었다.

그러다 새롭게 입사한 곳이 스피드뱅크란 회사였다. 어떤 회사인지 사전 조사도 안 하고 입사원서를 넣었다. 속으로 막연하게 '뱅크가 은행이니까, 은행 관련 업무일 거야'라고 생각했다. 멀쩡하게 대학까지 나온 놈이 이렇게 얼빵할 수 있다니 내가 생각해도 참 어이가 없다.

그런데 입사해 보니 은행이 아니고 부동산 관련 일을 하는 곳이었다. '근데 왜 사명이 스피드뱅크야?' 속으로 계속 의문을 품은 채 선배들에게 부동산 업무를 배웠다. 그런데 그 시점부터 내 인생의 방향이 달라졌다. 어찌 보면 운명이고 어찌 보면 우연 같은 일이었다.

"어때요? 성급 씨, 저 진짜 한심했죠? PC방 죽돌이에 뭐 하는 회사인 줄도 모르고 입사하는 사람이었으니 말 다했죠."

"정말 놀라운 흑역사인데요?"

울먹이던 성급 씨가 갑자기 배꼽을 잡고 웃어댔다.

창북리 주유소 사건

한참을 낄낄거리며 웃던 성급 씨가 다시 울먹인다.

"그래도 대박땅꾼님은 저처럼 3천만 원 손해는 안 보셨잖아요. 저한텐 피 같은 돈이에요. 결혼하려고 모은 돈인데 그걸 날렸으니 결혼은 어떻게 해요?"

참으로 감정기복 심한 성급 씨를 위해 나는 어쩔 수 없이 쓰디쓴 과거를 들춰내야 했다.

"성급 씨, 저는 10년 전에 5천만 원도 날려본 사람입니다."

"5천만 원요? 그 당시 5천만 원이면 엄청 큰돈이었을 텐데요."

땅 투자를 막 시작했을 때 나 역시 실수를 한 아픈 기억이 있다. 내가 자주 가던 새만금 일대인 전북 부안군 계화면에 위치한 100평짜리 땅을 보게 됐다. 4차선 대로변 코너 자리의 2종 주거지역으로, 입지도 용도도 맘에 쏙 들었다. 무엇보다 매입가가 5천만 원밖에 안 된다니, 이게 웬 횡재냐 싶었다.

낡은 주택이 하나 있었지만 그거야 허물면 그만이었다. 나는 머릿속으로 상상의 나래를 펼쳤다.

"이곳은 장차 새만금의 배후 주거지역이 될 테니, 근사한 빌딩을 올려야지. 흐흐."

절로 입이 벌어졌다. 며칠 후 청소도구를 한아름 차에 싣고, 휘파람을 불며 부안으로 향했다. 쓱싹쓱싹 기분 좋게 청소를 하는데 집안 한가운데 맨홀 뚜껑이 있는 게 아닌가? 뭔가 싶어 열어 보려 했지만 잘 열리지 않았다. 젖먹던 힘까지 동원해 낑낑대다 결국 뚜껑을 열었다. 그런데 나는 그만 기절할 뻔 했다.

"으악!"

썩은 내가 어찌나 진동하던지 나는 코를 틀어막으며 뒤로 벌렁 넘어졌다. 알고 보니 그 집은 예전에 주유소가 있던 자리였다. 저 썩은 기름을 어떻게 처치하나, 골치가 아팠다. 매도자를 찾아 항의를 했지만, 계약서 특약사항에

토지답사 시 토질을 확인하는 대박땅꾼

관련 내용을 쓰지 않았기에 소송으로도 해결하기 어려웠다.

분노로 씩씩대는 마음을 달래며 기름 제거비용을 알아봤다. 결과는 더 절망스러웠다. 매입비용보다 제거비용이 더 비쌌기 때문이다. 결국 울며 겨자 먹기로 헐값에 되팔 수밖에 없었다. 하지만 이 실패로 나는 큰 교훈을 얻었다.

'땅은 위뿐 아니라 아래도 꼭 봐야 하는구나!'

그 뒤부터 땅 보러 다닐 때마다 꼭 삽을 챙겼다. 직접 땅을 파보기 전엔 절대 매입하지 않는 습관이 그때 생겼다. 참으로 비싼 수업료를 내고 배운 것이다.

모르고 덤비면 큰코다친다

"자, 성급 씨. 왜 실패했는지 원인분석을 하면 답이 나오죠? 저처럼요."

"네, 대박땅꾼님 이야기를 들으니, 제 돈 3천만 원이 그렇게 아깝단 생각이 안 드네요. 크크."

때로는 남의 아픔을 통해 자신을 위로할 수도 있는 법이다. 나의 아픈 과거지만 어차피 지난 일이니까 성급 씨가 웃을 수 있다면 그걸로 족하다.

"저 역시 적어도 기획부동산이 뭐하는 곳인지, 땅 투자의 기본이 무엇인지 정도는 공부를 해야 했습니다."

"맞습니다. 너무 많이 알기만 해도 문제, 너무 모르고 덤비는 것도 문제인게 바로 땅 투자랍니다."

경매와 농지법 강의, 듣고 또 듣고

"저는 일단 학원을 많이 다녔어요. 퇴근 후에 곧장 경매학원으로 갔고요. 저는 처음에 종잣돈이 없어서 경매로 땅 투자를 시작했어요. 게다가 대부분 매입한 토지들이 농지다보니, 농지법 강의도 꾸준히 들었지요. 지금도 가끔 학원에 가서 예전에 들었던 강의를 또 듣곤 한답니다."

"아니, 돈 아깝게 왜 들었던 걸 또 들어요? 정리한 노트 보면 되지 않나요?"

성급 씨가 이상하다는 듯 물었다.

"물론 그렇긴 하지만 수업을 들으면 장점이 많아요. 첫째, 법 개정이나 조례 같은 게 조금씩 바뀌다보니 새롭게 알게 되는 정보가 있고요. 둘째는 초심을 찾을 수 있어서 좋아요. 처음으로 경매학원에 등록했을 때 만큼 열심히 공부했던 적이 없거든요. 다시 그때로 돌아가는 기분이랄까요? 앞으로도 흐트러지지 말고 더 집중하자란 의지를 다질 수 있죠. 또 하나 중요한 건 인맥이에요. 땅 투자를 하다 보면 도움 받아야 할 일들이 많거든요. 저는 현장을 다니면서 공부한 걸 접목하는 편인데요, 워낙 변수가 많다 보니 해당 전문가의 고견을 들어야 할 때가 있어요. 강의해 주신 교수님들과 친분을 쌓아두면, 중요한 순간에 도움을 받을 수 있답니다."

나는 성급 씨에게 내 메모장을 보여 주었다.

"죄송하지만, 뭐라고 쓰신 건지 하나도 못 알아보겠어요."

"네, 제가 좀 악필이죠? 근데 저만 알아보면 되니까 상관없지

떠오르는 아이디어를 기록해 놓은 메모장

않겠어요? 하하. 어쨌든 집에 이런 메모장이 꽤 많답니다."

노트에 적다 보면 생각이 발전하고 기발한 아이디어가 떠오르기도 한다. 그러니 늘 메모장을 챙기는 것도 토지 공부하는데 중요한 팁이다. 물론 스마트폰 메모장을 활용해도 좋다.

부동산에 들러 중개사와 대화할 때 아무 것도 모르면 중요한 정보를 얻기 힘들다. 그들도 왕초보에게는 기초부터 알려줘야 하니 중요하고 어려운 것은 말하지 않는다. 하지만 중급 정도 되면 핵심 정보만 빠르게 주고받을 수 있다. 그러다보면 자연스럽게 그들 입에서 고급정보가 흘러나오기 마련이다. 현장에서 시간도 아끼고 돈 되는 정보도 챙기려면 토지 투자 공부는 필수다.

부동산 신문과 책을 정독하라

"성급 씨도 저처럼 경매로 땅 투자에 입문하길 권합니다. 종잣돈이 적으니까요. 잘만 하면 잃어버린 3천만 원 그 이상의 수익을 올릴 수 있으니 힘을 내세요. 대신 공부를 해야 합니다."

"네, 그런데 야근도 많고, 주말엔 여자 친구랑 데이트도 해야 하고…. 휴."

"'당신이 아무 것도 가진 게 없다면, 주어진 시간을 활용하라. 거기에 황금 같은 기회가 있다.' 혹시 이런 말 들어 보셨어요? 미국의 경영학자 피터 드러커의 말이랍니다. 시간이 없다는 건 정말 핑계예요. 저도 초반엔 회사 다니면서 임장을 다녔어요. 결혼자금을 마련해야 한다면서요? 절실한 목표가 있다면 거기에 맞게 움직여야죠. 야근이 많다면 주말을 활용하세요. 여자 친구랑 같이 임장을 다녀도 좋지 않을까요? 땅도 보고 데이트도 하고 일석이조죠. 월차낸

날 법원에 가서 모의경매도 해보
고요. 이런 노력도 하지 않으면
또 실패할 수밖에 없습니다."

"실패란 말은 절대 하지 마세
요. 할 거예요, 할 겁니다."

성급 씨가 성격이 급하긴 급
한 모양이다. 땅 투자 공부하기

부동산 기사를 모아놓은 스크랩북

도 일사천리로 마음 먹는다.

부동산 공부를 할 때 신문은 아주 중요하다. 부동산 신문과 일간지의 부동
산 특집란 만큼은 꼭 챙겨봐야 한다. 특히 관심 있는 곳의 지역신문이 요긴하
다. 나 역시 아직까지도 신문을 통해 지역 호재를 예측하고 움직인다. 정부의
새만금 투자 발표 전에 미리 알게 된 것도 신문을 꾸준히 본 덕이다. 정부 정책
과 지역의 변화를 주시하다 보면 어느 순간 미래를 예측할 수 있다.

"성급 씨, 제 책들은 좀 보셨나요?"

"아뇨, 한 권도 읽지 못 했어요."

"그런데 어떻게 절 찾아오신거죠?"

"아, 카페요."

"네, 카페 활용만 잘해도 기초 정보는 습득할 수 있을 겁니다. 그래도 땅 투
자 전문용어나 성공 사례, 임장법 등을 알려면 관련 도서를 읽어야 해요. 책이
란 게 저자의 경험과 지식이 담긴 정보지 같은 거잖아요? 남의 경험을 통해 선
행학습하는 건 굉장히 좋은 방법이에요. 저도 초반에 그렇게 공부했거든요. 기
본적인 공부를 마치면 다음 숙제를 내줄게요."

주말에 여자 친구와
북쪽땅 보러 고고씽!

성급 씨는 책 읽는 속도도 빠르고 학습능력도 뛰어났다. 경매물건 찾는 연습도 혼자서 척척 하더니, 좋은 물건을 찾았다며 내게 먼저 연락을 했다. 그것도 일주일만에.

"대박땅꾼님, 제가 다음 숙제가 뭔지 맞춰 볼까요? 경매물건 직접 임장하는 거죠? 현장에 가봐야 감정가가 적당한지도 알 수 있고, 경매사이트에 기재 안 된 다른 문제가 있는지도 살필 수 있고요."

다음 숙제는 경매사이트에 접속해 함께 괜찮은 물건을 찾아보는 거였는데, 혼자서 그걸 다했다고? 내심 놀랐다.

"이번 주말에 여자 친구랑 같이 파주에 가보려고요."

"파주요? 파주는 지금 땅값 상승률 1위인 거 알아요?"

"물론 알죠, 제가 얼마나 부동산 신문을 꼼꼼히 보는데요. 근데 진짜 괜찮은 매물을 발견했거든요. 여자 친구도 지금 들떠있어요. 대박땅꾼님하고 같이 가면 좋겠지만, 저희 데이트 방해되면 안 되니까 둘만 다녀올게요. 땅만 보면 여친이 서운해 할까봐 파주 맛집도 검색하고 인근 명소도 다 찾아놨답니다. 정말 꿩 먹고 알 먹고네요. 땅도 보고 데이트도 하고. 결과 보고 할게요.”

자기 할 말만 속사포처럼 쏟아내더니 전화를 끊는다. 초보자가 전문가 동행 없이 파주 땅을 보러 가는 것도 마음이 놓이지 않았지만, 너무 서두르는 것 같아 걱정스러웠다.

“대박땅꾼님, 현장을 다녀오니 머리가 복잡하네요.”

“경매정보지랑 뭔가 많이 달랐나요? 저도 직접 봐야 조언할 수 있을 것 같아요. 저랑 다시 한 번 가봐요.”

“제 차로 가실까요?”

성급 씨의 큰 덩치가 소형차를 더욱 작아 보이게 한다. 그의 소형차를 보니 나의 20대가 떠올랐다. 나 역시 덜덜거리는 중고 소형차를 타고 전국을 누비던 때가 있었는데….

“성급 씨의 차는 새차네요. 제 차는 와이퍼도 고장난 중고차였답니다. 비오는 날은 창문 밖으로 머리를 삐죽 내밀고 앞을 봐야 했다니까요. 비를 쫄딱 맞으면서도 땅 보러 가는 게 어찌나 설레던지 힘든지도 모르고 다녔답니다.”

“와, 대박땅꾼님에게 그런 시절이 있었다니! 저희 할아버지가 말씀하신 보릿고개 넘는 얘기 같은데요?”

갑자기 성급 씨가 크락션을 빵빵 울렸다.

“앗, 성급 씨. 양보해요, 우리.”

“아니, 저 차가 깜박이도 키지 않고 끼어들잖아요. 기분 나쁘게.”

"깜박이가 고장 났을 수도 있잖아요. 저는 늘 긍정적으로 생각하고 여유를 가지려고 노력한답니다. 성급 씨도 조금 여유를 가져 보세요. 모든 것이 달라 보인답니다."

경매 입찰 전 현장답사는 선택이 아닌 필수

소재지	경기도 파주시 파평면 장파리	물건종별	임야
토지면적	1,984m²	건물면적	–
감정가	117,056,000원	최저가	(100%) 117,056,000원

장파리 경매물건 지적도	장파리 경매물건 현장

"이 경매물건이 좋다고 생각한 이유가 있나요?"

"가격이요. 파주 땅이 웬만한 데는 다 평당 70만 원이 넘어요. 근데 이건 20만 원 정도밖에 안 해요!"

"흠, 그렇군요. 근데 초보자가 선택하기엔 어려움이 많을 텐데요. 지목에 대해선 어떻게 생각해요?"

"임야요. 임야에서 농사를 짓고 있네요? 그래서 신기하다고 생각했죠, 뭐."

"그걸 토임이라고 한답니다. 경사도가 높으면 곤란했을 텐데 평평한 밭으로 사용 중이니 정말 좋은 땅인 거죠. 게다가 농지전용부담금보다 산지전용부담금이 훨씬 저렴하니까요. 산지전용은…."

"알아요, 산지를 다른 지목으로 변경할 때 내는 돈이요."

"오, 공부 많이 하셨네요."

사실 나는 성급 씨의 안목에 꽤 놀랐다. 성급 씨가 본 매물은 임진각이 바로 내다보이는 곳에 위치해 있었다. 자유로 근처 대로변이라 향후 카페 같은 상가를 지으면 좋을 것 같았다. 게다가 여러 번 유찰될 확률이 높았다. 분할필지로 아마도 한 달 이후엔 현재 가격의 70%로 떨어질 것이다. 하지만 문제가 있었다.

"여기엔 묘지도 있고, 인삼밭도 있어요. 어떻게 할 셈인가요?"

"그러니까 묘지는 분묘기지권이란 게 형성되고, 또 분할필지라 지분으로 들어가야…. 헉, 지분? 이거는 사면 안 되는 땅이네요. 멍청하게 또 당할 뻔했어요. 아, 이런 내가 또 이런 바보같은 짓을…."

성급 씨가 큰 주먹으로 자기 머리를 때리며 말했다.

[갑 구] (소유권에 관한 사항)				
번호	등기 목적	접수	등기 원인	권리자 및 기타사항
1	소유권 보존	20xx년 x월 x일 제0000호		**소유자** 이춘식 451225 – ******* 서울 서초구 우면동 00-0
2	소유권 이전	20xx년 x월 x일 제000호	매매	**소유자** 강근엄 550302 – ******* 서울 양천구 목동 00-0
3	소유권 이전	20xx년 x월 x일 제000호	상속	**공유자** **지분 10분의 5** 강유희 760502–******* 서울 양천구 목동 00-0 **지분 10분의 3** 강현주 780307 – ******* 서울 양천구 목동 00-0 **지분 10분의 2** 강글 820708 – ******* 서울 양천구 목동 00-0

"진정하세요. 등기부동본을 떼어보면 권리관계를 확인할 수 있어요. 제가 미리 떼어왔어요. 이거 보세요. 가족끼리 분할한 거예요. 지분 관련자의 성과 주소가 다 같지요? 원래 형제, 자매끼리 분할한 땅은 합의가 쉽습니다. 가족인데 생판 모르는 사람이 들어오면 형제들 입장에서는 상당히 껄끄러우니까요. 제가 처음 경매에 입찰했던 땅도 형제들 땅이었답니다. 물론 패찰됐지만요. 그때 생각을 하니 눈물이 나네요."

나는 잠시 눈물을 훔친 후 설명을 이어갔다.

"그런데 문제가 또 있어요. '지적도상 맹지'라고 써있죠?"

"아, 그것 때문에 현장에 나와 본 거 아니겠어요? 실제로 보니 이렇게 도로가 떡하니 나있고 저기 집도 있잖아요? 그러니까 이미 도로로 쓰이고 있다는 뜻이죠. 도로의 중요성을 책에서 여러 번 강조하셨잖아요. 그래서 제가 그것만큼은 확실히 숙지했지요. 부동산 중개사에게 확답도 받았고요."

"오호, 제법이네요. 그럼 묘지는 어떻게 할 건가요?"

"연고자가 있는지 알아보고, 무연고일 경우 신문에 공고를 내야 하는 걸로 알고 있는데요?"

"와, 진짜 뿌듯하네요. 벌써 초보 딱지 뗀 것 같은데요? 근데 갑자기 제자를 가르치면 스승이 굶어 죽는다란 중국 속담이 떠오르네요. 하하하."

"에이, 설마 제가 그 정도겠어요? 근데 칭찬해 주시니 기분은 좋네요, 낄낄."

"저 묘는 큰 문제 없어요. 저 부분은 놔두고 분할하면 되거든요. 형제들 땅이라고 했잖아요. 분명 조상님 묘일 거예요. 그러니 그것도 패스! 마지막 하나, 저기 인삼밭이 있잖아요. 저건 입찰하기 전에 필히 확인해야 해요. 경작 중이라면 최대 6년은 건축 행위를 할 수 없거든요."

"아, 그건 몰랐어요. 메모장에 적어 놓을게요. 현장과 경매분석자료는 정말 많이 다르네요. 이래서 현장의 중요성을 그렇게 강조하셨구나 싶네요."

파주 땅값 50배 올랐던 이유, 산업단지

"신중 씨, 제가 재밌는 이야기 하나 해드릴까요? 저희 먼 친척 중에 목사님이 계세요. 그 분이 7년 전에 경기도 파주시 문산읍에 가건물로 교회를 지었어요. 건물 올리는 비용까지 총 2천만 원 들었는데 지금 얼만 줄 아세요? 무려 50배가 올랐다고 합니다."

"와, 부럽네요. 제가 알기로는 본사가 구미에 있던 LCD 클러스터 산업단지가 들어서면서 대폭 올랐다던데, 맞나요?"

"맞습니다. 여기에 지금 LG디스플레이, LG화학 등 20여 개의 산업단지가 가동되고 있잖아요? 개발 불가능한 접경지역 취급을 받아 찬바람 쌩쌩 불던 파주가 첨단산업도시가 되었으니, 가격이 폭등할 만도 하죠. 지금 다시 그때처럼 파주가 들썩인다고 하네요. 부동산 중개소마다 전화에 불이 난대요."

"제가 그래서 이곳을 노린 겁니다. 죄다 평당 70만 원이 넘는데, 저 물건만 20만 원이니까요."

"네, 잘 봤어요. 한번 유찰되면 70% 가격으로 낙찰받을 수 있으니 조금만 기다려 보기로 해요."

내가 보기에 여러 가지 복합적인 문제가 얽혀 있어 초보자들이 꺼릴 것이고 여러 번 유찰될 것 같았다. 자본금 2천만 원인 성급 씨에게 왠지 좋은 기회가 찾아올 것 같은 예감이 스쳤다.

경지 정리된 농지, 1종 주거지역에 편입될 줄이야

"나온 김에 일반 매물도 한 번 볼까요? 연천 쪽으로요. 연천은 전곡읍이 좋아요. 인구수가 많거든요. 땅 매입할 때 인구수가 중요한 건 알고 있죠?"

"네, 인구, 정책 따라 돈이 흐른다고 말씀하셨잖아요."

"이 매물 좀 보세요. 평당 15만 원 정도인데, 아니 이럴 수가!"

"왜 그러세요? 대박땅꾼님."

"너무 놀라서요. 보시다시피 경지 정리된 땅인데 도시지역으로 편입돼서 1종 일반주거지역이 됐어요. 이런 땅은 땅꾼 인생 10년 넘는 동안 저도 처음입니다."

"와~ 대단히 좋은 땅이네요."

"바닥에 표시 보이죠? 이게 뭘 의미하는 줄 아세요?"

"아니요. 전혀 모르겠어요."

"이건 여러 가지 측량을 용이하게 하기 위해 측량하기 좋은 위치에 만드는 임의의 점입니다. 해당 시공부지 내의 여러 가지 구조물과 도로 등 위치를 찾

측량 기준점

을 수 있게 표시해 놓은 점이죠. 조만간 이 주변이 많이 발전할 것 같아요."

"아하!"

성급 씨가 신기하다는 듯 휴대폰으로 사진을 찍었다.

"도로 옆에 구거

가 있죠? 구거는 어떤 용도로 쓰일 수 있을까요?"

"하하, 그렇게 쉬운 질문을 하시다니요. 이 구거와 도로를 합치면 도로가 확장 되겠는데요?"

"훌륭합니다. 저기 보세요. 이 폭염에도 도시 확장공사를 하고 있어요. 저 또한 호재 포인트죠. 여긴 정말 숨은 보석이네요."

"아, 오르는 건 시간문제일 거고. 1억 원만 있으면 냉큼 사고 싶네요."

"희망을 가져요. 일단 경매투자를 노린 다음 오래 묵히지 않고 바로 몇 배 높은 가격으로 매도하기로 해요. 그런 식으로 종잣돈을 빠르게 모으면 되지 않겠어요?"

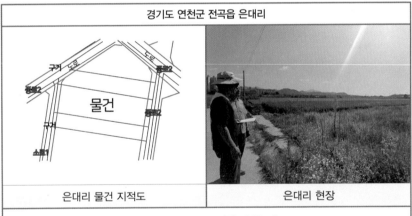

경기도 연천군 전곡읍 은대리

은대리 물건 지적도	은대리 현장

지목 : 답
용도 : 도시지역, 1종 일반주거지역

면적 : 2,897m²
매매가 : 1억3,140만 원 (평당 15만 원)

이 땅은 보기와는 다르게 도시지역이 되면서 1종 일반주거지역이 된 특이 케이스다. 이곳은 정말 보기 드문 땅으로 투자가치가 아주 높다. 또 해당 토지 주변으로 당시 확장공사가 이루어져 있었기에 바로 계약하고 싶은 마음이 굴뚝 같았던 토지다.

대박꿀팁! : : : : :

농지, 틈새시장을 노려라

1. 개발지 인근의 자투리 농지

절대농지는 대규모 경작지가 아닌 이상 정부에서 점점 해제하는 추세다. 특히 도심지역 인근의 1만평 이하 자투리 농지는 해제 가능성이 높다. 주변 인근 관리지역에 비해 반값으로 매입해 몇 년 안에 크게 오를 노른자 땅이므로 눈여겨 보자.

2. 농업보호구역

전국의 5% 정도밖에 없는 경지 정리 안 된 땅이다. 하지만 도시민들도 건축 가능할 뿐 아니라, 관리지역으로 편입될 가능성이 농후하다. 만일 이런 땅을 발견했다면 절대 놓치지 말아야 한다.

군사시설보호구역 해제지역을 주목하라

남북 평화기류로 군사시설보호구역도 해제 및 완화되고 있다. 지난 2018년 11월, 국방부 '군사기지 및 군사시설보호 심의위원회'는 보호구역 33,699만㎡ 해제를 의결하고, 1,317만㎡는 통제보호구역으로 완화했다. 이는 여의도 면적 116배에 달하는 크기로 약 1억 평이 해제된 셈이다.

이 중 파주시 인근이 가장 눈에 띈다. 보호구역 해제지역이 11,582천㎡, 통제보호구역에서 제한보호구역으로 완화된 곳이 21천㎡다.

원래 군사시설보호구역은 군과 협의를 해야 건축 또는 개발이 가능하다. 하지만 해제지역이 되면 이 과정 없이 건축, 개발이 가능하다. 또 통제에서 제한으로 완화된 지역은 군과의 협의 하에 건축물 신축이 가능하다. 여러모로 재산권 행사 제한이 크게 완화된 것이다. 이곳에 공장, 창고, 단독주택 등 건축물 허가를 받을 경우, 농지와 임야가 전용되어 지가가 평균 30~40% 오르는 건 시간문제다. 파주 땅 투자자들에게 희소식이 아닐 수 없다.

보호구역 해제·완화(통제→제한) 현황

구분		대상지역	면적 (천m²)
파주	해제	– 문산읍 당동리, 문산리, 선유리 일대 – 파주읍 향양리, 연풍리 일대 – 월롱면 덕은리, 탄현면 법흥리, 야동동, 문발동 일대 – 신촌동, 동패동, 상지석동, 야당동 일대 – 조리읍 대원리, 오산리, 뇌조리, 장곡리 일대 – 광탄면 분수리, 용미리, 마장리, 영장리, 기산리 일대	11,582
	완화	– 군내면 백연리 일대	21

현장답사도 식후경

청국장, 콩비지, 두부보쌈, 콩요리 다 모였다 _ 장단콩두부촌

콩은 밭의 쇠고기라 불릴 만큼 영양만점인 식재료다. 콩으로 할 수 있는 요리는 정말 많다. 청국장, 된장찌개, 콩비지, 두부, 볶은 콩 등 이 모든 요리를 맛볼 수 있는 곳이 있다. 밑반찬만 해도 테이블 한 가득이다. 생선구이, 제육볶음과 각종 나물도 다양하게 나온다. 취향에 맞는 밑반찬을 비빔볼에 조금씩 담은 후 청국장을 부어 슥슥 비벼 한 술 떠보자. 온 몸의 세포가 건강해지는 것 같다. 점심에 정식 한 그릇이면 저녁까지 배가 고프지 않을 만큼 푸짐한데 가격까지 착하다. 배를 든든히 채우고 나면 다시 나서는 임장 발걸음이 흥겹고 가볍게 느껴진다.

모의입찰부터 차근차근

성급 씨가 급한 성격 탓에 입찰 때 실수할까 나는 걱정이 이만저만이 아니었다. 나처럼 신중한 성격의 소유자도 실수로 좋은 기회를 날린 적이 많기 때문이다. 오래 전 일이다. 입찰보증금은 대부분 입찰가의 10%인데, 가끔 20~30%인 경우도 있다. 그 사실을 알고 있었음에도 10% 금액만 제출하고 여유롭게 앉아 내 이름이 호명되기만을 기다리고 있었던 거다. 하도 이 잡듯 뒤지고 다닌 부안 지역이라 그 곳 매물만큼은 얼마를 써야 낙찰되는지도 알고 있을 만큼 빠삭했다. 그런데 아뿔싸! 자리에 돌아와 보니 입찰 보증금이 20%라는 특별매각조건이 붙어 있었다. 원숭이가 나무에서 떨어졌을 때의 기분이 이런 걸까? 그때의 황망함이 아직도 잊혀지지 않는다.

"성급 씨, 입찰일에 실수하지 않으려면 모의입찰을 해보는 게 좋겠어요."

"에이, 뭐 그런 걸 걱정하세요. 입찰 순서를 몇 번이나 숙지했는데요. 전 실수하지 않을 자신 있다니까요."

"아닙니다. 제가 불안증이 와서 요즘 잠을 못 자요. 모의입찰 갑시다."

작은 실수 하나도 용납 안 되는 입찰

우리는 하나의 매물을 골라, 입찰 가격을 정한 후 해당지역 관할 법원으로 출발했다. 어쩔 수 없이 따라 나선 성급 씨. 하지만 막상 법원 안으로 들어서니 생각이 달라졌나보다.

"여기 좀 긴장되네요."

"제가 뭐라고 했어요? 그렇다니까요. 실수하기 십상이에요. 그래서 모의입찰을 꼭 해보는 게 좋아요. 준비물은 다 챙겼어요?"

그가 대답 대신 도장과 신분증 그리고 입찰보증금을 보여 주며 싱긋 웃었다. 우리는 집행관의 안내공지를 듣기 위해 착석했다.

"저 판사복을 입은 분이 집행관입니다. 경매절차와 유의사항 등을 꼼꼼하게 일러주실 거예요. 메모장에 꼭 받아 적으세요. 혹시 변경사항이나 수정사항 같은 중요 정보를 말해 주기도 하거든요."

공지가 끝나자 경매가 시작됐다. 사람들이 벌떼처럼 우르르 앞으로 나갔다. 집행관이 기입입찰표, 입찰보증금 봉투, 입찰 봉투를 나눠줬다.

서울지방법원 앞

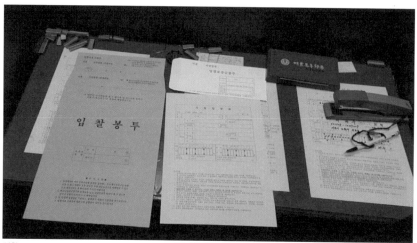

입찰 봉투, 기입입찰표, 입찰보증금 봉투

"이제 뭘 해야 하죠?"

"세 가지 서류에 경매 사건번호부터 기재해야죠. 한 글자라도 틀리면 모든 게 물거품 돼요. 적은 다음에 틀린 게 없는지 확인 또 확인해야 합니다."

"걱정 마세요."

나 역시 처음에는 어디서부터 손을 대야 할지 몰라, 법무사와 경매대리인에게 전적으로 일임하기도 했다. 하지만 경매 당일 경매대리인이 술에 잔뜩 취해 입찰을 하는 바람에 0을 하나 빼먹는 사태가 벌어졌고, 결국 그토록 원하던 토지를 손에 넣지 못한 일도 있었다. 그 뒤로는 손글씨가 필요한 서류는 내가 직접 작성하고, 서류만 대리인을 통해 입찰하는 방법을 쓰고 있다.

우리가 쓴 입찰가는 결과적으로 낙찰되지 않았고, 보증금은 되돌려 받았다. (모의입찰이기 때문에 일부러 입찰가를 낮게 써서 낙찰되지 않도록 해야 한다.) 오늘의 연습으로 부디 성급씨가 낙찰에 성공하길 바라며 법원을 나왔다.

유찰된 매물도
다시 보면 꿀단지

우리가 현장답사 했던 매물은 내 예상대로 세 번이나 유찰돼, 3천만 원대로 떨어졌다. 일반적으로 유찰될 때마다 20%의 저감율을 적용한다.(법원마다 상이) 결과적으로 성급 씨의 전 재산이 2천만 원이니 크게 부담되지 않는 금액이었다.

"최대한 높게 쓸 거예요. 무조건 낙찰 받아 아주 비싼 가격에 되팔 거니까요."

포부도 당당하게 입찰에 임한 성급 씨.

"대박땅꾼님, 저 낙찰됐어요. 그 땅 이제 제 것이에요."

전화를 걸어온 성급 씨가 대포 같은 목소리로 외치는 바람에 고막이 터지는 줄 알았다. 하지만 아무렴 어떠랴, 나도 덩달아 덩실덩실 춤이라도 추고 싶을 만큼 기뻤다.

성급 씨의 성공비결은 주변 호재와 더불어 지목변경에 있었다. 토임의 특성 상 평당 1만 원의 산지전용부담금을 내면 아주 쉽게 대지로 지목변경이 가능하다. 임야와 대지의 땅값은 천지차이다. 게다가 파주땅 아닌가? 결국 몇 달 만에 훌쩍 뛴 가격으로 되팔 수 있었다. 드디어 성급 씨는 투자의 첫걸음을 무사히 떼고, 종잣돈을 손에 쥘 수 있었다.

"대박땅꾼님, 저 이제 땅 투자가 무섭지 않아요. 이렇게 재밌을 수가 없어요."

"성급 씨랑 잘 맞으니 다행이에요. 단타로 성공하는 운도 따라줬고요. 무엇보다 매물을 고르는 안목이 뛰어났어요."

"다 대박땅꾼님 덕분이죠. 저는 앞으로도 유찰된 경매물건 중심으로 몇 군데 분산투자를 할까 합니다. 빨리 결혼하고 싶거든요."

"어렵긴 하지만 불가능한 일도 아닙니다. 저 역시 500만 원에 낙찰 받아 1년 만에 5배 높은 가격인 2,500만 원에 되판 적이 있답니다. 그 정도면 바로 양도세를 납부한다 해도 손해는 아니죠."

혐오시설 있는 매물로 돈 벌기

경매란 약속된 날짜까지 채무해결이 안 되었을 때, 채무자의 재산을 담보로 이를 회수하는 일이다. 경매의 장점은 당연히 싼 값에 땅을 매입할 수 있다는 것이다. 좋은 매물은 유찰 없이 바로 높은 가격에 낙찰된다. 그런데 고수들은 유찰에 유찰이 거듭되어 가격이 떨어진 매물을 유심히 본다.

고압선이 있는 물건은 여러 번 유찰될 확률이 높다. 사람들이 혐오하는 기피시설이기 때문이다. 하지만 꼭 그렇지만도 않다. 주변에 산업단지가 있다면 오히려 창고부지나 공장부지로 활용가치가 있다.

기찻길 옆도 마찬가지다. 새내기 땅꾼 시절, 경매물건 자료를 분석할 때는 몰랐는데, 현장에 가보니 땅 바로 옆에 기찻길을 공사 중이었다. 보통 감정평가서는 경매 시작 4~6개월 전에 만들어진다. 그때는 공사 시작 전이라 그런 내용이 기재되지 않았던 것이다.

매물이 있는 곳은 충남 보령이었는데, 주변에 관창산업단지가 조성되고 있었다. 뿐만 아니라 장항선 연장선도 들어서는 중이었다. 둘 다 호재였다. 하지만 매물 바로 앞에 역이 생기는 것도 아니고 단순히 지나가는 길이라 악재로 작용했다. '에잇, 헛걸음했네'라며 발걸음을 돌리는데, 돌연 '아니지?'란 생각이 들었다. 집 옆에 기찻길이 있다면 악재겠지만, 창고용지라면 문제될 것도 없었다. 인근에 산업단지가 들어서고 있으니 창고부지를 찾는 업자들이 많을 것 같았다. 지금이야 이런 발상이 당연하게 느껴지지만, 새내기였던 내게는 과감한 결단이 필요했다. 결국 나는 그 매물을 낙찰 받았고 예상은 적중했다.

축사 역시 마찬가지다. 냄새나는 혐오시설로 기피대상이라 여러 번 유찰될 것이다. 이 매물을 낙찰 받아 축사를 없앤 후 되팔 수 있다. 건물 없애는 비용은 크게 들지 않는다. 또 하나, 축산업을 하려는 사람에게는 도리어 환영할 매물 아니겠는가? 그들에게 팔아 차익을 챙기는 방법도 있다.

폐축사가 있는 땅

공유물 분할청구권으로
두 배 이상 수익 올리기

경매에서 공유물이란 특수성을 이용해 수익을 내는 반전도 있다.

성급 씨의 사례처럼 지분분할된 매물이 형제들 소유라면 큰 문제 없지만, 생판 남이라면 합의가 안 될 수 있다.

즉 공유물의 일부지분을 분할로 낙찰받았는데, 다른 지분자가 협조하지 않는 경우가 있다. 상황이 이러면, 낙찰 후 건물을 올리고 싶어도 마음대로 할 수 없다. 다른 지분자의 동의가 반드시 필요하기 때문이다.

그렇기 때문에 이런 경매물건은 쉽게 낙찰되지 않는다. 1억 원 짜리가 여러 번 유찰되어 3천만 원까지 떨어지는 게 다반사다. 이때 과감히 낙찰 받아 수익을 내는 방법이 있다. 바로 분할청구권 소송이다.

분할청구권 소송이란 국가의 강제력을 이용해 다른 공유자와 똑같이 배당받기 위해 소송을 하는 것이다. 공유물 전체에 대한 가격이 매겨지므로, 3천만 원에 낙찰 받은 사람 입장에서 훨씬 유리해지는 것이다. 만일 법원에서 책정한 공유물 전체 가격이 2억 원이라고 가정해 보자. 최종 낙찰가가 1억3천만 원만 되어도, 각각 6,500만 원씩 배당 받으니 3,500만 원의 수익이 절로 생기는 셈이다. 물론 6개월~1년 정도의 기간이 소요되지만 도전해도 무방하다.

협의 방식 세 가지

물론 협의도 가능한데 협의에는 세 가지 방법이 있다.

첫째, 현물분할 방식이다. 토지를 반으로 나누는 데 협의하는 것이다. 하지만 상대방이 천사가 아닌 이상 동의할 리 없다. 결과적으로 쉽지 않은 방법이다.

둘째, 대금분할 방식이다. 전체를 팔아 매매대금을 나눠 갖는 것인데, 이 역시 쉽지 않다. 낙찰자는 싼 값에 샀지만, 상대방은 그렇지 않기 때문이다. 만일 낙찰자가 크게 양보하면 가능하겠지만 그럴 거면 애초에 이 매물을 낙찰 받을 필요가 없었을 것이다.

셋째, 가격 배상 방식이다. 그냥 한 사람에게 통크게 몰아주는 방식이다. 만일 미리 매수권을 사두었다면 큰 이득을 볼 수 있다. 하지만 이미 공유자가 먼저 선수쳤다면 낭패 중의 낭패다. 결과적으로 협의는 쉽지 않다.

공유토지분할에 관한 특례법

공유토지분할 특례법이란?

2인 이상이 공동으로 소유하고 있는 토지에 대해, 현재 점유상태를 기준으로 간편한 절차에 따라 분할할 수 있게 해주는 제도다. 재산권행사의 불편을 해소하고 지역개발 활성화를 촉진하기 위해 각 지자체에서 추진하고 있다.

분할 개요

시행기간 : 2012년 5월 23일~2020년 5월 22일(8년간 한시적 시행)

분할 대상

공유자 총 수의 3분의 1 이상이 그 지상 건물을 소유하는 방법으로 1년 이상 자기 지분에 상당하는 부분을 특정해 점유하고 있는 토지

신청 요건

공유자 총 수의 5분의 1 이상 또는 공유자 20명 이상의 동의

신청 서류

분할신청서 : 공유자 전원의 지분을 표시하는 지분표시 명세서

토지를 1년 이상 점유하고 있음을 증명하는 서류(부동산등기부 등)

이해관계 명세서

경계 청산에 관한 합의서(필요시)

신청 장소

전국 자치구청(지적관련부서)

분할 절차

1. 분할 신청
2. 분할 신청 위원회 회부
3. 분할 개시 결정 공고
4. 조사 측량 및 청산
5. 분할 조서 위원회 회부
6. 분할 조서 확정
7. 분할 및 등기등탁
→ 토지 개발 관리 처분 등 권리행사 불편 해소

분할 예시

분할전

분할후

Tip. 지분으로 투자한 토지 분할시, 쉽게 합의 보는 법

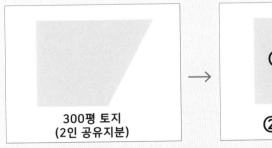

300평 토지
(2인 공유지분)

②번을 선택하자

위와 같은 모양의 토지가 있을 경우 대부분 욕심을 부리느라 ①번을 선택하기 마련이다. 차라리 상대방이 이득이라는 기분이 들 수 있게 ②번을 택하도록 하자. 위와 같은 방법으로도 분할시 건축이 충분히 될 수 있는 상황이라면 어느 정도 양보를 해야 쉽게 분할이 가능하기 때문이다. 만약 서로 욕심을 부리는 경우에는 서로가 원하는 이득을 얻을 수 없다.

4억 원으로
서울에 협소주택 장만하기

휴대폰 벨이 울렸다. 성급 씨였다. 왠지 성급 씨의 전화는 벨소리도 성급하게 울리는 것 같아 긴장하게 된다.

"성급 씨, 오랜만이에요. 결혼 준비는 잘되고 있나요?"

"그게 집이 문제예요, 대박땅꾼님. 직장 문제도 그렇고 서울에 아파트를 장만하고 싶은데, 쉽지 않네요. 웬만큼 괜찮은 건 다 5억 원이 넘어 엄두가 안나요."

신혼집을 꾸밀 아파트를 구하는 것은 좀처럼 쉽지 않다.

"아파트는 답답하지 않나요? 성급 씨, 그냥 주택 하나 장만하는 건 어떠세요?"

"지금 놀리시는 건가요? 제 주머니 사정 뻔히 아시면서 어떻게 주택을 장만하라는 말씀을 하시는 거예요? 전 대박땅꾼님이 아니잖아요."

성급 씨가 내 말꼬리를 자르며 발끈했다.

"성급 씨, 저도 주택은 없어요. 제 말은 협소주택을 지어 보는 건 어떠냐는 뜻입니다."

"협소주택이요? 설마 제 덩치로 협소한 데서 살 수 있을 거라 생각하시는 건 아니죠?"

"최대 4층으로 올리면 30평까지도 나오는 그런 주택이 있습니다."

"4층요? 어떻게 그게 되죠? 당장 찾아뵐게요."

"성급 씨, 몇 시에?"

뚜뚜뚜. 무작정 오겠다는 말을 마지막으로 전화가 끊겼다. 약속 시간을 정하지도 않고. 급한 성질은 웬만해선 고쳐지질 않는가 보다. 이럴 때일수록 내가 천천히 여유를 가지고 알아봐야겠다고 마음 먹었다.

못난이 모양의 자투리 땅을 찾아라

협소주택은 단독주택 중에서도 바닥 면적이 아주 좁다. 2015년 이후부터 우리나라에서도 종종 볼 수 있었는데, 자기만의 개성을 중시하는 30대 층에서 인기를 끌기 시작했다.

아파트와 비교했을 때, 층간소음 등의 스트레스에서 벗

후암동 협소주택 ⓒ네이버

어나 개인생활에 집중할 수 있다는 장점이 있다. 또한 가격도 저렴하면서 내 건물을 갖고 있다는 자부심도 느낄 수 있는 것 역시 장점으로 꼽힌다.

건축법에 따라 용적률 바닥 면적 기준으로 대략 25~30평 정도다. 용도지역이 일반주거지역 기준으로, 2종 이상이어야 4층까지 올릴 수 있다. 자투리 땅, 그 중에서도 모양이 삼각형이거나 정형화되지 않은 땅이면 서울 중심부라도 주변 시세보다 훨씬 싼값에 땅을 구입할 수 있다.

Tip. 일반주거지역이란?

편리한 일상생활을 할 수 있도록 주택이 밀집한 주거지역을 말한다. 1종, 2종, 3종으로 세분화되었다.

1종 : 4층 이하의 연립, 단독, 다세대 등 저층 주택을 지을 수 있는 곳. 창고시설, 수련시설, 문화 및 집회시설, 1종 근린생활 시설도 가능하다. 단 단란주점과 안마시술소는 불가하다. 건폐율 60% 이하, 용적률 200% 이하.

2종 : 18층 이하 중층 건물을 지을 수 있는 지역. 가능한 근린생활 시설은 의료, 교육, 운동, 업무, 판매, 관람집회, 전시관 등이다. 그 외에 공장발전소, 위험물 저장 및 처리시설, 자동차 관련시설, 발전소, 방송통신, 군사, 청소년 수련시설까지 가능하다. 건폐율 60%, 용적률 250% 이하.

3종 : 고층 건물로 층수 제한 없이 지을 수 있다. 건폐율 50% 이하, 용적률 300% 이하.

최대한 활용도 높여 설계하는 게 관건

보통 앞뒤와 좌우 벽면을 유리로 시공하면 확 트인 느낌이 들어 훨씬 넓어 보인다. 그러려면 조망권이 확보되어야 하므로 주변에 높은 건물이 없는지 꼭 확인해야 한다. 협소주택은 설계를 어떻게 하나에 따라 공간 활용도가 높아진다. 답답함을 없애기 위해 천정을 높이는 게 좋다. 층별로 용도를 구분하면 더

알차게 사용할 수 있다.

망원동 박공지붕 협소상가 ⓒ네이버

예를 들어 1층은 거실, 2층은 주방, 3층은 침실, 4층은 서재로 활용할 수 있다. 꼭대기층은 보통 다락방처럼 천정이 낮아질 수 있는데, 이를 피하는 방법은 삼각형 모양의 박공지붕을 사용하는 것이다. 박공지붕을 하여 빌트인가구를 활용하고 층계 밑을 수납장으로 만들면 좋다. 수납공간을 잘 활용하면 의외로 공간을 넓게 사용할 수 있다.

땅모양이 정형화되지 않았으므로 코너 땅이 애매하게 남을 것이다. 이곳을 놀리지 말고, 정원이 있는 마당이나 주차장으로 활용하면 요긴하다.

Tip. 두 세대가 붙어 있는 땅콩주택

땅콩주택은 한 개의 필지에 나란히 지어진 두 가구의 집을 말한다. 미국에서는 듀플렉스 홈으로 불리지만 한국에서는 땅콩처럼 하나의 껍데기에 두 채의 집이 들어가 있다고 하여 땅콩주택이라고 불린다. 땅콩주택은 가구당 4억 원 이하로 지을 수 있고, 마당을 확보할 수 있어 아이들이 있는 30~40대가 주수요층이다.

한 필지에 두 채 이상의 집을 지으면, 토지매입비용이 줄어든다는 장점이 있다.

용인 동백지구 땅콩주택 ⓒ네이버

하지만 소유권을 공동으로 갖기 때문에 나중에 주택을 팔거나 증축할 때 재산권 행사에 제약을 받을 수 있는 것이 단점이다.

부모님 농지연금 드리는
효자 아들

"대박땅꾼님, 제 결혼식에 꼭 와주셨으면 합니다."

성급 씨가 내게 청첩장을 내밀며 고개를 숙였다.

"와, 드디어 장가를 가시는군요. 요즘 같은 시대에 집을 사서 시작하다니 대단하십니다. 성급 씨와 결혼하는 신부는 전생에 나라를 구했나 봅니다. 하하, 정말 축하드립니다. 저도 꼭 참석하겠습니다."

그런데 그때 이게 웬일, 그가 내 손을 덥석 잡더니 간절한 눈빛으로 이렇게 말하는 것이 아닌가?

"저희가 결혼할 수 있는 건 다 대박땅꾼님 덕분입니다. 그래서 말씀인데요, 대박땅꾼님께 주례를 부탁드리고 싶습니다."

아니, 이 나이에 주례라니 내가 말을 잘못 들었나 내 귀를 의심했다.

"혹시 제 나이 아세요?"

"네, 40대 후반 아니신가요?"

아니, 30대 후반도 아니고, 40대 후반이라니! 이런 말을 듣게 될 줄이야…. 나는 울 것 같은 표정으로 겨우 말했다.

"저 40대 초반이에요."

"앗, 제가 실례를 범했습니다. 대박땅꾼님은 워낙 땅도 많고, 말씀도 노련하게 하셔서 제가 그렇게 느낀 것 같습니다. 마치 저희 아버지처럼 제가 의지할 수 있는 분이시잖아요."

형도 아니고, 아버지? 갈수록 기분이 묘해졌지만 이런 일로 화를 낼 수가 없어서 꾹 참고 이렇게 말했다.

"칭찬으로 받아들이겠습니다. 근데 아버님 연세가 올해 어떻게 되시나요?"

"저희 아버지는 66세십니다. 연세도 많으신데, 포도농사 짓느라 매년 고생만 하셨어요. 아들이랍시고 해드린 것도 없네요."

감성지수 높은 성급 씨의 눈시울이 붉어지면서 금방이라도 눈물이 떨어질 것 같았다. 성급 씨의 눈을 보는 순간 내 머릿속에 좋은 아이디어가 떠올랐다.

"아버님 땅이 몇 평이죠?"

"몇 천 평 밖에 안 돼요."

"그렇다면 농지연금을 신청해도 크게 도움이 안 되겠네요. 게다가 어르신들은 농지를 담보로 맡기는 걸 달가워하지 않으시니까요. 성급 씨가 경매물건을 낙찰 받아, 아버님과 어머님께 최대 월 300만 원씩 농지연금을 드릴 수 있는 방법이 있어요. 두 분이 돌아가실 때까지요."

"네? 농지연금요? 월 300만 원요? 두 분이 돌아가실 때까지요? 확실한가요? 어떻게 그게 가능하죠?"

"아, 그게 최대 월 300만 원인 거고요. 그러려면 땅이 넓고 공시지가가 높아야겠죠? 그리고 어머니께 승계되려면 가입일 기준으로 어머니 연세도 만 60세 이상이셔야 합니다. 물론 사실혼은 안 되고, 호적상 부부여야 가능하고요."

"호적상 부부는 맞는데, 저희 아버지가 재혼을 하신 것이라 새어머니랑 나이 차이가 좀 납니다."

최대 월 300만 원까지 받을 수 있는 농지연금

주택을 담보로 매달 생활비를 받는 주택연금처럼 농지를 담보로 매달 생활비를 받는 게 바로 농지연금제도다. 연금은 나라에서 주는 대출상품이다. 국민연금이나 공무원연금을 받는다 해도 자격요건만 갖추면 신청이 가능하다.

가입 조건은 농업인으로 만 65세 이상이며, 농지연금 신청일로부터 과거 5년 이상 영농경력을 증빙할 수 있어야 한다. 보유농지는 전, 답, 과수원으로 현황 역시 같아야 한다. 법률혼인 부부 사이는 승계도 가능하다.

농지 현장답사

연금 지급 방식은 살아 있는 동안에 지급받는 '종신형(100세 기준)'과 일정기간만 지급받는 '기간형(5년, 10년, 15년)' 중에서 선택할 수 있다.

2019년 1월 11일 신규가입자부터 연금액 산정기준이 달라졌다. 산정기준이 되던 농지의 감정평가액 반영률이 상향되었다. 한국농어촌공사 측에 의하면 감정평가액을 선택한 농업인은 최대 20.6%를, 공시지가를 선택한 농업인은 최대 7.3%를 기존보다 더 받을 수 있게 되었다고 한다.

〈농지연금 신청자격〉

가입 연령 – 신청연도 말일 기준으로 만 65세 이상

가입 조건 – 신청인의 영농경력이 5년 이상

대상 농지 – 신청자가 소유한 지목이 전, 답, 과수원으로 실제 영농에 이용 중인 농지

대박꿀팁! ·····

올해부터 달라진 농지연금 파헤쳐 보기

첫째, 감정평가율이 상향됐다. 가치평가법인 공시지가 혹은 감정가 둘 중 높은 걸로 선택할 수 있다. 원래 공시지가는 100% 전부 반영하고, 감정가는 80%만 반영되었는데, 올해부터 감정가도 90%까지 반영된다. 만일 공시지가가 2억 원이고 감정가가 3억 원이면 감정가의 90%는 2억7천만 원이므로, 감정가로 선택하는 게 이득이다.

둘째, 가입자의 기대수명을 조정했다. 통계청에서는 매년 생명표*라는 걸 작성한다. 2019년부터는 2016년 생명표를 사용한다. 3년에 한 번씩 기준이 되는 생명표가 바뀐다. 예를 들어 2022년이 되면 2019년 생명표를 사용하는 식이다.

셋째, 기대이율을 4%에서 3.65%로 낮췄다. 그 결과 감정평가액이 최대 20.6%까지 늘고, 공시지가의 경우는 7.3% 많아졌다.

넷째, 기존 금융권 등에 담보설정이 되어 있을 경우 가입이 안 되었지만, 채권최고액이 농지가격의 15%를 넘지 않으면 가입이 가능하도록 했다.

다섯째, 농지연금 가입 당시 배우자가 만 65세 미만인 경우에는 가입자 사망 후 승계가 불가능했지만, 올해부터 가입 당시 배우자 연령이 만 60세 이상이면 승계가 가능해졌다.

대박꿀팁! : : : : :

***생명표란?**

지금 40세인 나는 앞으로 얼마나 더 살 수 있을까? 1980년에 20세이던 사람 중 50세까지 살아남는 사람은 과연 몇 명일까? 1960년에 태어난 사람들은 특정연령에 몇 명이나 생존할까? 이러한 질문에 대한 해답을 찾을 수 있는 것이 생명표다.

즉 현재의 사망 수준이 그대로 지속된다는 가정 하에서, 어떤 출생 집단이 나이가 많아지면서 연령별로 몇 세까지 살 수 있는지를 정리한 통계표인 것이다.

생명표에는 연령별 기대여명, 사망확률 등이 제시되기 때문에 보건, 의료정책의 수립뿐만 아니라 보험 산업 분야에서 보험료율 및 인명피해 보상비 산정에 핵심지표로 활용하고 있다.

또한 장래인구추계 작성 시 기초 자료로도 활용한다. 사망원인 생명표는 전체 사망 중 특정 사망원인에 의한 사망자를 제외하고 작성한 생명표로 특정 사망원인이 기대여명에 미치는 영향도 알 수 있다.

▷ **기대여명** – 기대여명이란 특정 연령의 사람이 앞으로 생존할 것으로 기대되는 평균 생존년수를 말한다.

▷ **기대수명** – 기대수명이란 0세 출생자가 향후 생존할 것으로 기대되는 평균 생존년수로서 '0세의 기대여명'을 말한다.

출처 : 네이버 지식백과

연금 지급액 산정

농지연금의 월 지급금은 가입 연령과 담보농지의 평가가격에 따라 결정한다. 가입 연령과 담보농지의 평가가격이 높을수록 월 지급금도 많아진다. 단 가장 많이 받을 수 있는 연금의 상한액은 월 300만 원이다.

신청 및 문의

농지은행 포털 www.fbo.or.kr

한국농어촌공사 대표번호 : 1577-7770, 본사번호 : 061-338-5114(전남 나주)

"월 200~300만 원 정도 받으려면 사실 경매물건을 낙찰 받는 게 좋습니다. 몇 번 유찰되어 가격이 낮아진 것 중에 향후 공시지가가 5~9억 정도 오를 전, 답, 과수원을 낙찰 받으면, 대략 월 200~300만 원의 농지연금을 받을 수 있거든요."

"아, 그럼 대출을 받아서라도 낙찰 받고 싶네요. 경매사이트에서 매물을 찾아봐야겠어요."

성급 씨가 바로 휴대폰으로 매물을 뒤졌다. 좋은 매물을 매의 눈으로 빠르게 찾을 만큼 실력이 쑥 올라간지라 금세 물건을 찾아냈다.

"대박땅꾼님, 맹지라 유찰이 여러 번 됐어요. 하지만 농사지을 땅이니까 상관없겠죠?"

"어디 봐요. 감정가가 9억 원인데, 세 번 유찰로 3억 원이면 낙찰 받을 수 있군요. 새만금 일대 변산이네요. 얼마 가지 않아 5억 원 가치는 될 거예요. 맹지

소재지	전라북도 부안군 변산면 도청리	물건종별	농지
토지면적	15,075m²	건물면적	–
감정가	904,500,000원	최저가	(34%) 310,244,000원

변산면 경매물건 지적도	변산면 경매물건 항공뷰 ©네이버

라는 약점은 있지만 그래도 새만금 땅이니 오르지 않겠어요?"

"5억 원이면 한 달에 얼마나 받을 수 있을까요?"

"지급액 산정에 여러 가지 변수들이 있으니 확실하게 전화를 해서 알아 봅시다. 공공기관 찬스를 써보는 거죠."

전화상담을 해보니 공시지가 5억 원이면, 월 200만 원 정도의 농지연금을 받을 수 있다고 했다.

"요건 어떨까요?"

그가 금세 또 하나의 경매물건을 찾아 내게 보여줬다.

소재지	제주시 한림읍 상대리	물건종별	농지
토지면적	4,774m²	건물면적	–
감정가	466,540,000원	최저가	(100%) 466,540,000원

상대리 경매물건 지적도	상대리 경매물건 현장 ©네이버

"이 매물은 유찰 1~2번 된 후 낙찰 받으면 훨씬 저렴하겠네요. 이것도 경기가 회복되면 4~5억 가치는 충분할 거예요."

"하지만 제주도는 너무 머니까 변산으로 가는 게 좋겠어요. 저희 고향하고도 가깝고요. 얼른 서둘러야겠어요. 대박땅꾼님, 결혼식장에서 봬요! 주례사 준비해 주시고요."

"아니, 성급 씨, 제가 그럴 나이가 아니라니까요!"

성급 씨는 내 대답은 듣지도 않고 도망치듯 사라져 버렸다. 주례라니…. 내가 사라지고 싶은 심정이다.

1강. 부동산 투자 레벨 테스트

1. 경매투자시 다음 중 어떤 지목이 경락잔금대출금이 더 많이 나올까?

① 평평한 임야

② 길이 붙어 있는 밭

2. 지분 투자를 꼭 해야만 할 때, 어떤 등기를 하는 것이 좋을까?

①

순위번호	등기목적	접수	등기원인	권리자 및 기타사항
1	소유권 보존	2009년 10월 2일 제1234호		소유자 홍길동 541212-1***** 00시 00구 00동 1
2	소유권 이전	2015년 4월 2일 제98764호	2015년 3월 29일 매매	공유자 지분 200분의 30 한나라 650802-2****** 00시 00구 00동 2

②

순위번호	등기목적	접수	등기원인	권리자 및 기타사항
1	소유권 보존	2009년 10월 2일 제1234호		소유자 홍길동 541212-1***** 00시 00구 00동 1
2	소유권 이전	2015년 4월 2일 제98764호	2015년 3월 29일 매매	합유자 한나라 650802-2****** 00시 00구 00동 2 장동건 540420-1****** XX시 XX구 XX동 98

3. 다음 경매물건은 몇 번 유찰되었을까?

사건번호 : 청주지방법원 2018 타경 12***

소재지 : 충북 진천군 00읍 00리 19	
물건용도 : 토지	면적 : 350m²
감정평가액 : 34,000,000원	
최저매각가격 : (51%) 17,340,000원	
입찰보증금(10%) : 1,734,000원	

4. 다음 토지를 농지연금으로 받으려고 한다. 담보농지 가격을 어떤 기준으로 선택하는 것이 좋을까? 또 얼마를 받을 수 있을까?

면적 : 1,914m²(579평)
개별공시지가 금액 : 109,098,000원(m²당 57,000원 / 평당 188,431원)
감정평가 금액 : 269,000,000원

① 109,098,000원(개별공시지가 금액 100%)

② 269,000,000원(감정평가 금액 100%)

③ 242,100,000원(감정평가 금액 90%)

④ 189,049,000원(개별공시지가 금액과 감정평가 금액의 평균 금액)

2장
40대 나신중, 행동할 타이밍 결정하기

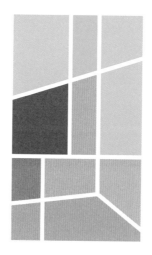

이론 공부 맨날 해도
움직이지 않으면 그림의 떡

어느 날, 무척 신중하고 근엄한 표정의 한 남성이 나를 찾아왔다. 다양한 업종에 종사하는 사람들을 상대하다보니 나만의 재밌는 습관 하나가 생겼다. 속으로 상대편의 직업을 맞춰보는 것이다. '연구원이나 교직원, 아니면 공무원 같은데?' 하는 생각으로 바라보았는데 왠지 낯설지가 않고 굉장히 낯익은 얼굴이었다.

"혹시 저희 구면 아닌가요? 어디선가 뵌 적이 있는 것 같은데요."

"네, 맞습니다. 제가 소장님 강연이 있을 때마다 앞자리에 앉아 강연을 들었습니다. 소장님의 책도 다 읽었고요."

"아, 기억납니다. 매번 꼼꼼하게 필기하시는 모습이 꽤 인상 깊었거든요."

내가 손을 내밀어 악수를 청하자, 긴장한 듯 옷에 쓱쓱 손을 문질러 닦고는 내 손을 잡았다.

"실례지만 직업이?"

"은행에 근무합니다."

"아, 그러시군요. 뭐든 편하게 물어보세요. 시간은 많습니다."

나는 그의 근엄함을 풀어주기 위해 필살기인 순박한 미소를 지으며 말했다. 아니나 다를까, 그의 경직된 얼굴이 다소 풀리는 것 같았다. 신중 씨는 마른 얼굴을 두 손으로 한번 쓸어내리더니 작정한 듯 입을 열었다.

"그게 말입니다. 대박땅꾼님, 도대체 얼마나 공부를 더 해야 땅 보는 안목이 생기는 걸까요? 5년 전부터 퇴근 시간 이후, 토요일, 일요일 모두 땅 공부에 올인했습니다. 땅 투자로 제2의 인생을 살고 싶거든요. 그런데 도무지 맘에 드는 땅을 찾을 수가 없어요."

공부를 많이 해서 그런지 그는 일반인들은 잘 알지 못하는 고급정보들을 줄줄 읊어댔다.

"얼마 전엔 정말 맘에 드는 농지를 봤죠. 산업단지 착공이 시작된 곳의 인근이라 꼭 매입하고 싶었거든요. 그런데 나중에 되팔 때를 생각하니, 세금이 너무 많더군요. 세금을 줄일 작정으로 아내 명의로 사고, 전 퇴거 신청을 하려고 했는데요, 제 아내도 직장을 다니는데다 소득이 3,700만 원이 넘는지라 쉽지 않더군요. 나중에 귀농을 생각해 시골 땅도 봐뒀어요. 농막을 지어두고 왔다 갔다 할 생각이었죠. 요즘은 별장처럼 지을 수 있잖아요? 아, 그런데, 그 지역 조례상 정화조 설치가 안 된답니다. 환경부에 문의해도 조례에 따라 다르다는 애매한 답변만 주고 말이죠."

"저기 나신중 씨. 땅을 직접 보러 가셨다는 건지요? 임장 말입니다."

"소장님께서 모든 강의에서 임장을 강조하셨기 때문에 그 중요성은 잘 알고 있어요. 발품을 팔아야 한다는 것은 알지만 아직 이론이 완벽하지 않은데, 임장을 가야 소용이 있을까? 하는 생각이 듭니다. 땅 투자에 대한 새로운 책은 자꾸 나오고 세법도 바뀌는데, 직장 다니랴, 공부하랴, 정말 움직일 시간이 없어요."

"그럼 아까 농지를 보셨다는 건, 인터넷 로드뷰를 보셨다는 말씀이신가요?"

"그렇죠."

"로드뷰는 실시간으로 업로드가 안 된다는 건 잘 아실 텐데요. 실제로 가보거나 서류를 떼보면 로드뷰와 다른 경우가 많습니다."

내가 무슨 말을 해도 신중 씨는 '시간' 핑계를 댔다. 그럴 시간에 공법 하나라도 더 외우는 게 효율적이지 않겠냐, 경제신문 한 부라도 더 꼼꼼히 읽는 게 낫질 않겠냐면서 말이다. 난감 그 자체였다. 황소고집인 신중 씨에게 어떻게 하면 발품의 중요성을 뼛속까지 느끼게 할 수 있을까? 원래 눈에는 눈, 이에는 이. 이론으로 무장한 사람에겐 이론으로 접근하는 게 가장 빠른 법이다. 이런 게 바로 눈높이 컨설팅 아니겠는가?

"신중 씨처럼 이론에 해박하고 책을 많이 본 분이라면, 삼국지를 읽으셨겠지요?"

"하, 삼국지. 참 좋아합니다. 솔직히 삼국지를 세 번 이상 읽지 않은 사람과는 말도 섞고 싶지 않아요. 특히 머리가 좋고 지략이 뛰어난 조조가 저의 롤모델이죠."

"조조! 저도 조조를 좋아합니다. 조조는 결정적인 순간에 다른 사람들보다 상황 판단이 훨씬 빨랐죠. 항상 전체 국면을 주도면밀하게 기획하는 능력도 뛰어났고요. 그 이유는 조조가 대단한 다독가였기 때문일 것입니다. 조조는 독서

할 때 아무에게도 방해받고 싶지 않아 방문을 걸어 잠궜다지요? 마치 신중 씨처럼 집중력과 지구력이 좋았던 것 같습니다."

그의 얼굴이 형광등처럼 밝아졌다. 역시 칭찬은 누구에게나 잘 먹히는 지략이다.

"그런데 말입니다. 신중 씨, 조조는 책을 읽어 지식을 쌓는 것에 그치지 않고, 바로 실행으로 옮기는데 탁월한 인물이었습니다. 머릿속에 든 지식은 죽은 지식일 뿐, 진짜 활용해야 살아있는 지식이라고 늘 강조했잖아요?"

신중 씨의 얼굴에 근심이 드리워졌다.

물론 나신중 씨의 말이 완전히 틀린 건 아니다. 아는 만큼 보인다고 하질 않았던가. 아무 것도 모르고 무데뽀 정신으로 무조건 들이대는 것도 곤란하다. 나 역시 초반에 토지 투자에 관한 책은 닥치는 대로 섭렵했다. 하지만 책만 판다고 답이 나오진 않았다. 실제 발품을 팔아 땅을 보면서 필요한 이론을 접목시키는 게 훨씬 더 도움이 됐다. 그렇게 습득한 이론은 머릿속에 콕 박혀 시간이 지나도 잊혀지지 않는다. 또 실제 책상머리에서 익힌 지식으로 해결 안 되는 일도 현장에서는 해결되는 게 많다는 걸 알게 되었다.

"신중 씨, 제가 현장에서 배운 산 정보들을 알려드릴까요? 책에서는 볼 수 없는 내용들 말입니다."

고급정보는 발품으로 얻는다

고급 급매물 정보를 얻으려면

투자자금이 부족할 땐, 경공매 물건을 뒤지기 마련이다. 하지만 좋은 매물은 그만큼 경쟁이 치열하다. 그런데 현장답사를 하다보면 우연히 급매물 정보를 얻어 바로 계약할 수 있는 운이 따르기도 한다. 작은 읍, 리 같은 곳은 옆집의 숟가락 개수도 다 아는 법. 그들은 동네주민이 사정 때문에 급하게 내놓은 따끈따끈한 매물 정보를 슬쩍 흘려주기도 한다.

땅 투자 초반에 새만금에 관심을 갖고, 열흘씩 전북 부안에 머물면서 좋은 매물을 살피던 중이었다. 당시 새만금 정책이 발표된 직후라 하루가 다르게 땅값이 큰 폭으로 오르고 있었다. 급매로 나왔다는 물건이 맘에 들긴 했지만, 상황상 공인중개사가 부르는 시세에 믿음이 가질 않았다. 머리를 쥐어짜며 고민을 거듭하는데, 눈치 없이 배꼽시계가 울렸다. '에라, 모르겠다. 일단 밥부터 먹

자. 이왕 먹는 거 맛있는 걸로 먹고 다시 생각해 보자' 하는 마음으로 부안에서 유명한 원조 바지락죽집으로 들어갔다. 음식을 기다리는 동안, 내가 봐둔 땅에 대해 식당 아주머니에게 슬며시 물었다.

"아, 그 땅! 주인이 소문난 땅 부자야. 서울 사는 아들이 교통사고가 크게 나서 급전 땅기려고 내놓은 거야."

와우, 이보다 더한 고급정보가 또 어디 있으랴? 그 땅은 진짜 알짜배기 급매물이었던 것이다. 나는 서둘러 계약했고, 아직도 그 땅 가격은 꾸준히 오르고 있다.

이처럼 식당 아주머니뿐 아니라, 이장, 택시 기사, 수퍼 주인, 미용사 등 마을 토박이들에게 적극적으로 말을 붙여보자. 뜻하지 않은 귀한 정보를 얻을 수 있을 것이다. 특히 마을 이장들은 급매물 정보에 빠삭하다. 하지만 외지인을 꺼려하는 습성상 허투루 다가갔다 혼쭐나기 일쑤다. 땅 인근만 어슬렁거려도 호통을 칠 때도 많다.

"서울 사람이 여긴 뭐하러 왔어?"

어떻게 바로 서울 사람인 걸 알아채시지? 처음엔 어른들의 호통에 겁이 나서 줄행랑 치곤 했지만 어느 순간부터는 나도 넉살이 좋아졌다. 돌이켜보면 참 신기하다. 나처럼 숫기 없는 사람이 땅에 미쳐 성격까지 조금씩 바뀌어간 걸 보면 말이다. 나는 아예 차 트렁크에 장화를 넣고 다니면서 농사를 거들었다. 처음에는 투명인간 취급하던 이장님도 끈질기게 사근거리자 내게 말을 붙이기 시작했다.

"힘들었을 텐데, 막걸리 한 잔 하지? 젊은 사람이 근성이 좋구만."

이럴 땐 고개를 넙죽 숙이고 두 손으로 공손히 잔을 받아야 한다. 얼굴이 불

쾌하고 기분이 좋아진 이장님은
은근 슬쩍 정보를 흘려주신다.

"저기~ 저 땅 보이나? 네모반
듯해서 보기에도 예쁜 땅, 저 땅
주인이 아들 장가간다고 엊그제
내놨어."

마을 공청회나 공람회 일정을

2009년 〈VJ 특공대〉에서 현지인을 돕는 이유를 전하는 대박땅꾼

살핀 다음, 직접 방문하는 것도 좋은 정보를 얻을 수 있는 방법이다. 초짜시절
엔 그런 데는 지역주민만 가는 곳인 줄 알았다. 그런데 알고 보니 외지인도 얼
마든지 참여할 수 있다. 그곳에서 금싸라기 같은 정보를 얻은 적도 있다.

"2년 뒤에 ○○번지에 지하철역이 개통될 예정입니다."

번지수까지 정확하게 알려주다니! 이거야말로 대박 꿀팁 아닌가? 그때부
터 나는 관심지역의 지자체 홈페이지에서 공청회, 공람회 일정을 파악해두곤
한다.

도로사용승낙서 받아내는 비책

땅을 살 때, 도로의 중요성은 백 번 강조해도 무방하다. 만일 도로의 주인이
국가라면 도로점용허가를 얻거나 수의계약을 맺으면 된다. 하지만 만일 개인
의 땅 즉 사도라면 이야기가 달라진다. 도로 주인을 찾아가 도로사용승낙서를
얻은 후 보상을 해야 한다. 나는 토지대장을 떼어 주인이 누구인지 알아낸 다
음, 직접 방문한다. 물론 양손은 무겁게, 입꼬리는 최대한 올리고 가야 한다.

사도 주인에게 손편지를 쓰는 대박땅꾼

문을 두드리고 사정을 얘기하면, 진행이 잘 되는 경우도 많다. 만일 집을 방문했는데, 아무도 없을 때는 손편지를 써서 대문 안에 넣어두는 방법을 사용한다. 비록 기어가는 지렁이 글씨지만 정성을 다해 한 자 한 자 또박또박 쓴다.

"제가 땅을 사고 싶은데 귀하의 도로가 필요합니다. 저에게 도로사용승낙서를 써주신다면 사례는 톡톡히 하겠습니다."

운이 좋으면 이 방법이 잘 통한다. 하지만 아닌 경우도 있다.

작년에 어렵게 매입한 제주도 땅 역시 사도를 끼고 있었다. 집주인에게 손편지를 쓰자 연락이 왔다. 호텔에서 대기하다 부리나케 달려가 사정을 말씀드렸다.

"경허지 맙서."

"네? 무슨 말씀이신지…."

어리둥절하자 옆에 앉아있던 사모님이 해석을 해주었다.

"그러지 말라시네요. 이 양반이 아주 단호해요. 여러 번 서울 사람들이 왔다갔는데, 한 번도 허락한 적이 없어요. 아무리 큰돈을 준다 해도 귓등으로 들으세요."

순간 기가 죽었지만 그 자리에서 아무리 말을 해도 통할 것 같지 않았다. 일단 일보후퇴하기로 했다. 하지만 포기란 없다. 다음날 인근의 공인중개사무소를 찾았다. 안으로 들어가 사도 주인과 친한 사람이 누구인지 물었다. 그런데 뜻밖의 대답을 들었다.

"걔? 내 죽마고우인데?"

아이고, 이렇게 반가울 수가. 나는 사정 이야기를 하고, 그 분을 설득해 달라고 부탁했다. 시세보다 웃돈을 얹어드리겠다는 말과 함께 꼭 부탁드린다고 했다.

"그 놈 고집이 쇠심줄이긴 한데, 그 정도 가격이면 내줘도 될 것 같은데? 가만, 근데 그 친구는 현금에 약해."

드디어 길이 열렸다. 이런 때는 통장으로 입금을 해 드리는 것보다 현금을 들고가 바로 드리면 마음이 약해지게 되어 있다. 동묘시장에서 쇼핑을 해본 적 있는 사람이라면 이 말의 의미를 잘 이해할 것이다. 동묘시장은 물건값을 깎는 재미가 있다. "돈이 이것밖에 없는데, 어떻게 안 될까요?"라면서 현금을 내밀면, 상점 주인은 못이기는 척 현금을 받아 챙긴다. 일단 내 눈앞에 돈이 보이면 갖고 싶은 게 사람 심리 아닐까? 그래서 나도 땅값을 깎고 싶을 때, 과감하게 현금을 내밀기도 했는데, 이게 제법 효과가 있다.

결국 나는 사도 주인과 가장 친한 사람에게 접근해 원하는 결과를 얻어낼 수 있었다. 이런 경험은 10년 넘게 땅 투자하면서 나 역시 처음해 봤다. 타지 사람에게 맘을 잘 안 여는 토박이의 특성상, 친한 사람을 통해 접근하면 된다는 것 말이다. 역시 늘 답은 현장에서 찾을 때가 많다.

도로사용승낙서 받아내는 법 세 가지

1. 손 편지로 정성을 보여라

협력을 통해 서로 이득을 본다면 누이 좋고, 매부 좋고다. 그런데 협력의 상대를 선택할 때 기준이 무엇일지 역지사지로 생각해 보자. 이왕이면 진심과 간절함, 선의가 느껴지는 사람과 손잡고 싶은 게 사람의 심리 아니겠는가? 그래서 나는 손편지 쓰는 방법을 선택했다. 그 도로가 내게 절실히 필요하다는 마음을 진심 어린 글로 표현하는 것이다. 그렇게 나는 사람의 마음을 얻었다.

2. 현금을 준비하라

사람과 사람 사이의 거래이니만큼, 땅을 살 때도 어느 정도 합의가 가능하다. 보통 사도의 경우, 평균시세보다 100~300%를 건네야 승낙을 받을 수 있다. 물론 협상 능력에 따라 정도의 차이는 있겠지만 말이다. 강조하고 싶은 점은 완강하게 거절할 때, 현금을 내밀면 상황이 달라질 수 있다는 거다. 돈 앞에 장사 없다고, 현금 앞에서 사람 마음은 쉬이 흔들리기 마련이다. 이건 고수들이 종종 쓰는 방법이니 꼭 기억해두길 바란다.

3. 사도 주인의 지인에게 SOS를 청하라

편지도 안 통하고, 현금도 안 통할 때, 무턱대고 직진만 하다간 오히려 역효과를 부른다. 이럴 땐 우회전이 방법이다. 상대의 성향을 잘 알고, 그와 친분이 있는 지인을 찾아라. 친한 사람이 마을의 이장이나 토박이 공인중개사라면 금상첨화다. 그들에게 사례를 하며 설득을 부탁하면 의외로 일이 잘 풀리기도 한다.

토지공개념
무서워 땅 못 사랴

"그런 사례를 책에서 보긴 했지만, 땅을 보러 다닌 적이 없어서 멀게만 느껴지네요."

내 발품 사례를 들은 신중 씨가 더욱 신중한 목소리로 답했다.

"게다가 올해 토지공개념 제도가 적용되면서 공시지가가 두 배나 오르니 왠지 타이밍을 놓쳤다는 생각에 아쉬움이 크네요. 물론 일반 아파트에 비하면 미미한 수준이고 보유세는 한 번에 50% 이상 올리지 못하니까 실제 인상률은 제한이 있겠지만, 그래도 왠지 그 전에 샀어야 하는데 하고 후회가 됩니다."

역시 기사를 통해 외운 듯 읊어대는 신중 씨. 나는 그에게 '공시지가가 오르지 않았어도 다른 이유를 대면서 사지 못했을 것 같은데요'라고 하고 싶었지만 꾹 참고 속으로만 말했다.

"아, 그건 걱정 마세요. 다 일장일단이 있는 거 아니겠어요? 그리고 토지공시지가는 지금보다 몇 배, 수십 배 더 올라야 한다는 게 제 생각입니다."

"뭐라고요? 그럼 그만큼 세금을 더 내야 하는데, 그럴 거면 왜 땅 투자를 하나요?"

신중 씨의 목소리와 동공이 동시에 커졌다.

"신중 씨, 진정하시고 반대 상황도 생각해 보세요. 공시지가는 감정가랑 비례하죠? 만일 신중 씨 땅이 국가에 편입된다면 어떻게 될까요? 훨씬 보상가가 높아지겠죠? 그래서 전 무조건 반대하지는 않는답니다. 토지공개념 제도가 특별한 게 아닌 건 물론 잘 아실 테지만 그래도 한번 짚고 넘어갈까요?"

토지공개념 제도란?

토지공개념 제도란 토지의 소유와 이용을 공공의 이익을 위해 적절히 제한할 수 있다는 내용을 담은 제도다.

간혹 토지를 공공의 재산으로 만들어 분배하자는 얘기냐, 이제 아예 사회주의 국가체제로 가자는 거냐며 목에 핏대를 세우는 이들이 있다. 토지국유화개념을 공개념과 혼동하고 있어서 그렇다.

토지공개념 제도는 새롭게 만들어진 게 아니라 이미 박정희 정권 때부터 존재했다. 흔히 개발제한구역이라 불리는 그린벨트 역시 토지공개념의 한 형태다. 용어만 1997년도에 만들어졌을 뿐이다. 우리나라는 명실공히 모든 주권이 국민으로부터 나오는 민주주의 국가다. 헌법에 국민의 사유재산권과 시장경제성을 제일 우선시하고 있다.

제23조 1항- 모든 국민의 재산권은 보장된다. 그 내용과 한계는 법률로 정한다.

제119조 1항- 대한민국의 경제 질서는 개인과 기업의 경제상의 자유와 창의를 존중함을 기본으로 한다.

그렇다면 이 개념이 왜 문제가 되는 걸까? 한국의 땅값은 사실 다른 나라보다 비싸다. 땅값이 높기로 유명한 일본보다 무려 두 배나 비싸니 말 다했다. 정부가 소득불평등의 근본적인 해결책을 부동산 가격으로 잡아야 한다고 생각하는 이유가 바로 여기에 있다. 그 근거에 해당하는 헌법 조항을 살펴보자.

제23조 2항- 재산권의 행사는 공공복리에 적합하도록 해야 한다.

제122조- 국가는 국민 모두의 생산 및 생활의 기반이 되는 국토의 효율적이고 균형있는 이용 · 개발과 보전을 위해 법률이 정하는 바에 의하여 그에 관한 필요한 제한과 의무를 과할 수 있다.

우리가 땅을 매입하는 건, 사회적 인프라를 구입한다는 의미다. 산업단지 등 입지형성이 달라지면서 땅값이 오르기 때문이다. 결국 국책사업 덕분에 땅값이 올랐으니, 그에 해당하는 세율을 높이겠다는 것뿐이다. 지극히 당연한 정책인 셈이다.

왜 땅하면 '투기'란 편견이 생겼을까?

솔직히 땅하면 투자라기 보다 투기라고 생각하는 사람이 많다. 왜 그렇게 된 걸까? tbs김어준의 뉴스공장에 출연한 박연미 경제평론가가 땅 투기의 역사를 재밌게 설명하는 걸 듣고 정리해봤다.

해방 전 우리나라에는 땅 투기란 개념이 없었다. 땅이라는 부동산을 유동자산화한다는 개념 자체가 없었던 것이다. 영화 '강남1970'을 보면 중앙정보부장과 서울시의 간부가 강남 땅을 보러 다닌다. 요즘 세대들이 들으면 황당하겠지만, 당시 강남은 거의 오지에 가까운 허허벌판이었다. 그 땅을 산 사람은 박정희 전 대통령이었다. 땅을 매입한 명분은 '언제 북괴가 쳐들어올지 모르니, 피난처를 만들어 국민들을 분산시켜야 한다'는 것이었다. 시골에서 올라온 국민들을 피난시키기 위한 입지가 필요하다는 것, 그게 바로 강남 개발의 시작이었다. 저녁에 땅을 매입해 낮에는 개발하는 일이 동시에 착착 진행되었다. 당시 제일은행에서 20억 원 정도를 끌어들여 땅을 샀다고 하는데, 지금의 가치로 하면 자그마치 6천억 원이다.

땅값의 차익은 얼마나 났을까? 박정희 정권 18년 동안, 학동 땅값이 무려 1,333배 올랐다고 한다. 당시 지금의 강남과도 같았던 강북의 신당동 땅값이 25배 오른 것과 천지차이다. 재벌들도 여기에 가세했다. 아파트 재벌, 복부인, 말죽거리 빨간바지란 용어들은 모두 이때 등장했다. 말죽거리 빨간바지가 누구인지 알 만한 이들은 다 알 것이다. 이때가 바로 정권과 재벌이 땅 투기로 돈을 갈퀴로 긁어모으던 시절이었다.

노태우 정권이던 1988년에도 땅값은 폭등했다. 땅값 상승률이 27%, 서울시 아파트 값은 40배 넘게 올랐다. 도시 빈민들의 원성이 자자해지자, 정부는 파격적인 투기법 반대 법안을 내놓아야 했다. 하지만 모두 위헌 판결로 통과되지 않았다. 이 분위기에 편승한 이들은 자고 일어나면 부자가 되어 있었다. 땅의 위력이었다.

토지공개념이란 제도가 구체적인 정책으로 돌아온 건 노무현 정권 때였다. 하지만 종부세, 재건축 초과 이익 부과세와 같은 세법 등 구체화된 법안 모두 이중과세 논란으로 위헌 판정을 받았다.

지금은 예전처럼 땅을 산 다음날 거부가 되는 일은 일어나지 않는다. 실제로 나는 새만금 땅을 10년째 묵혀두고 있다. 하지만 호재가 있으면 땅값은 오르게 되어 있다. 하루아침에 오르진 않지만 땅값은 절대 떨어지지 않는다. 오를 수밖에 없는 것이 땅값인데, 너무 오를까봐 정부가 규제를 가하는 것이다.

이번 정권에서 다시 대두되고 있는 토지공개념제도는 '적당한 선에서 세금을 내게 하자' 정도다. 그러나 구더기 무서워 장 못 담그겠는가? 벌어들인 이익에서 적당한 세금을 내는 건 국민으로서 당연한 의무이니 너무 겁먹지 말자.

토지수용보상금,
최대한 많이 받으려면

"토지수용에 대해서는 잘 알고….'

내 말이 끝나기도 전에 인공지능 스피커 같은 신중 씨가 말을 이었다.

"요즘 제3기 신도시 발표로 수도권 일대가 시끌시끌하죠. 공익을 목적으로 내 땅을 수용하겠다, 즉 내 땅을 국가가 매입하겠다는 거니, 어차피 땅주인 입장에서는 많이 받아내려면 밀당을 해야 하는 거 아니겠어요?"

"역시 잘 알고 계시네요. 헌법 제23조 3항, '공공필요에 의한 재산권의 수용, 사용 또는 제한 및 그에 대한 보상은 법률로써 하되 정당한 보상을 지급해야 한다'에 입각한 것이니, 반대해도 결국엔 수용될 수밖에 없겠지요. 하지만 말씀하신 것처럼 밀당을 통해 보상금을 높일 수 있어요. 특히 이번 제3기 신도시로 풀릴 토지보상금은 22조로, 최근 9년 내 가장 많은 금액입니다. 내 땅값을 최대한 많이 받아내려면 신중 씨처럼 공부를 해야 합니다. 조조처럼 전략적으로요!"

<토지수용보상 절차>

공익사업은 강제로 국가가 개인 땅을 수용하는 걸 법제화한 만큼, 엄격한 절차를 밟아 개인의 의견을 최대한 수렴하여 보상하고 있다. 그 절차는 다음과 같다.

1. 토지조서, 물건조서 작성
– 사업 시행자가 수용될 토지와 물건에 대한 조서를 작성한다.
2. 보상 계획 공고 (사업이전 고시일)
–일단 공고가 나면 토지분할이 시작된다.
3. 1차 감정평가 실시
–1차 감정가가 정해진다.

대박꿀팁! : : : : :

1차 감정 시, 감정평가사는 총 세 명인데, 둘은 토지수용위원회에서 선출하고 나머지 한 명은 토지소유자들이 신청할 수 있다.

1. 대책위원회를 구성하라

감정평가사는 사업시행자, 시도지사가 각각 한 명을 선정한다. 그리고 또 한 명은 수용토지 소유자의 50% 인원 동의하에 추천할 수 있다. 그래봤자 2대 1인데 무슨 성과가 있으라구?라고 생각할 수 있지만 절대 그렇지 않다. 각각 보상 평가한 차액이 10% 이상일 경우 재평가를 하게 된다. 내 땅의 보상금을 결정하는 사람은 바로 국가공인자격을 가진 감정평가사란 걸 명심하고 또 명심하자. 내 땅의 권익을 보호해줄 사람을 내가 직접 추천하는 건 그만큼 중요한 일이다.

또 하나, 1차 평가에서 정해진 금액은 최종 보상금의 기준이 되므로, 이때 최대한 높은 금액을 평가받아야 한다. 특별한 경우가 아닌 한 2차, 3차 후 행정소송을 거쳐도 10% 이상 증액되지 않기 때문이다.

이 외에도 대책위원회에서 할 수 있는 것들이 또 있다. 공익사업법에서 정한 내용을 반드시 꼭 지켜야 한다는 생각을 버리자. 대책위원회와 사업시행자가 더 나은 내용의 합의를 이끌어낸다면, 그건 법적으로 유효하다.

대책위원회 현수막

예를 들어 축산의 경우 폐업보상 요건이 엄격하다. 기초자치단체를 둘러싼 모든 인근 시군구에 축사를 옮기지 못할 경우에 폐업보상을 해준다는 게 공익사업법의 골자다. 하지만 대책위원회가 시행자 측과 합의를 이끌어내면 보상을 받을 수 있다.

2. 보상협의회 활동을 하라

사업 면적이 10만㎡ 이상이고, 토지 소유자 숫자가 50인 이상이면, 시군구 단위로 보상 협의회를 필수적으로 설치한다. 이때 토지수용자들도 위원회원이 되어 의견을 개진할 수 있다.

4. 협의

–보상가격이 정해졌으니, 동의하겠냐고 묻는 과정이다.

5. 보상 절차

–보상금액이 마음에 들지 않을 경우 보상 절차를 밟아야 한다. 아무 것도 안 하고 그냥 버티는 것도 방법이다.

6. 수용재결신청

–사업시행자가 수용재결신청을 한다.

7. 감정평가사 선정

–토지수용위원회에서 2차 평가를 한다.

8. 이의신청

–재결금액에 만족하지 못한다면, 중앙 토지수용위원회에서 3차 평가 후 재통지한다.

9. 행정소송

–3차 평가에도 만족하지 못하면, 법원에 행정소송을 제기한다. 법원에서 마지막으로 4차 평가를 내린다.

"특별한 경우는 어떤 게 있을까요, 신중 씨?"

"그거야, 내 땅에 큰 공장이 있거나 몇십, 몇백 마리를 키우는 축사가 있을 경우 등 아니겠어요? 이때는 전문가의 도움을 받아 소송을 하면, 20억 원이란 보상금이 100억 원 넘게 늘어날 수 있다고 알고 있습니다만."

"맞습니다. 소나 돼지의 경우 뱃속의 새끼까지 숫자로 계산해 더 받을 수 있지요."

"그러려면 처음부터 일괄보상 신청을 해야 한다고 알고 있어요. 내용증명을 우편으로 시행사 측에 보내야죠. 왜냐하면 법에 '일괄로 보상하라'고 되어 있는데, 내가 요구하지 않으면 시행사는 '앗싸, 잘됐다' 하며 토지수용보상금만 줄 테니까요."

대박꿀팁! : : : : :

협의보상으로 손해 보는 경우도 있나? Yes!

내 땅에서 주유소나 공장을 운영했을 경우, 땅 밑이 기름으로 오염됐을 수도 있다. 이때 수용절차를 그대로 따를 경우 시행자가 이를 알아서 처리한다. 하지만 만일 협의보상으로 갈 경우, 이 제거비용은 땅 주인이 다 부담해야 한다. 그러므로 토지오염 여부를 꼭 확인하고 협의보상을 할지 말지를 정해야 한다.

출처 : 김은유 외 2인, 《공익사업 토지수용보상금 아는 만큼 더 받는다》, 파워에셋

보상금 두 배 올리는 법, 형질변경

보상 계획이 곧 시작될 거라는 사실을 빨리 파악하는 것이 중요하다. 이는 마을 공청회와 주민 공람회에서 하는 발표를 통해 알 수 있다. 앞에서 이들의 일정을 파악해두라고 말한 걸 기억하는가? 이런 알짜 정보들이 오고가기 때문이다. 형질변경 즉 지목변경은 보통 4~6개월 정도 걸린다. 그러므로 보상 계획 일정을 미리 알아야 전략을 짤 수 있다.

형질변경이란 푹 꺼진 땅을 채우거나 평지보다 더 올라온 땅을 깎아내려 평평하게 만드는 작업 등을 말한다. 형질변경 작업으로 지목을 바꿀 수 있다. 농지는 다른 목적으로 쓰고자 할 때 필요한 허가인 농지전용허가를, 산지는 산지전용허가를 통해 변경이 가능하다. 보통 대지〉전〉답〉임야 순으로 가격이 높다. 임야와 전은 보상금액이 최대 두 배는 차이난다. 이때 지목보다 현황이 더 중요하다. 즉 직접 눈으로 봤을 때 밭인지, 논인지, 임야인지 확연히 구분되어야 한다는 뜻이다. 물론 서류까지 변경을 해야 뒤탈이 없다는 사실도 꼭 기억하자.

내 땅의 일부만 수용될 때

내 땅의 일부만 수용될 때도 있다. 수용되고 남은 땅이 100평 이하면 여러모로 애매해진다. 팔기도, 건물을 올리기도, 농사짓기에도 너무 작다. 이럴 땐 "이 코딱지만한 땅에서 무슨 농사를 짓겠냐?"며 이의신청을 하면 된다. 이 땅 역시 보상을 받을 수 있기 때문이다.

나 역시 내 땅의 일부만 수용되어 화병으로 드러누울 뻔했는데, 운 좋게 전화위복을 맞은 적이 있다. 9년 전, 전북 부안의 주산면 땅을 샀다. 새만금 개발지 중에서도 외곽이라 평당 20만 원짜리였다. 그런데 어느 날, 나와 함께 땅을 산 회원에게 다급한 전화가 왔다.

"대박땅꾼님, 강제수용보상이 뭐래요? 저희 땅이 평당 12만 원에 수용된다는 내용의 우편물이 왔는데요?"

"뭐라구요? 12만 원이요?"

순간 앞이 캄캄했다. 확인해보니 도로가 4차선으로 확장되면서 내 금쪽같은 땅 100평이 수용된 것이다. 그때는 보상 절차 시 땅주인인 내가 뭔가를 할 수 있다는 것도 몰랐다. 그저 억울해 속을 끓였는데, 이게 웬일! 나머지 부분의 땅이 4차선 도로 옆 땅이 되면서 지가가 세 배까지 오른 게 아닌가! 하늘은 역시 내 편이구나 싶을 만큼 기분이 좋았다.

땅값을 올리는 공신 중의 공신은 바로 도로다. 땅의 일부가 도로로 수용된다면 이런 뜻밖의 기쁨을 누릴 수 있다. 내 땅 모양은 네모에 가까운 직사각형이라 더 운이 좋았다. 반면 옆의 땅을 산 회원은 죽상이 되었다. 가로로 길쭉한 땅이었는데, 일부만 수용되자 더 가느다란 실뱀모양이 되어버렸던 것이다. 나는 울적해 하는 그를 다독였다.

"실망하긴 이릅니다. 회원님, 보시다시피 뒤쪽은 맹지입니다. 언젠가는 저

대박꿀팁! :::::

토지수용보상에서 '도로의 가치'

땅의 일부가 도로로 수용되면 값이 껑충 오른다는 사실을 알았다. 그럼 여기서 역발상을 시도해 보자. 내 땅 옆에 도로가 있다면 보상금 역시 높아질까, 아닐까? 정답은 Yes!

땅값에 지대한 영향을 끼치는 게 도로이듯, 토지수용보상금 역시 도로 유무에 따라 달라진다. 만일 내가 갖고 있는 땅이 수용될 것 같은데, 맹지라면? 그때는 도로가 붙어있는 옆 땅을 사서 미리 합병해두자. 금전적 무리가 따르더라도 이렇게 하면 보상금을 훨씬 많이 받을 수 있다.

지주들이 회원님 땅을 사려고 서로 달려들 겁니다. 그때 비싼 값에 팔면 되지 않겠어요?"

농업손실 보상금 올리고 싶을 때

실제 농사를 짓고 있던 땅이라면, 농업손실 보상을 받을 수 있다. 더 이상 수확물을 얻을 수 없으니, 그에 대한 보상을 해주는 것이다. 실경작자에게 보상해주므로, 임차를 줬다면 임차인이 받게 된다. 농가 소득의 2년 치를 보상해 준다.

즉 나무를 심었다면 나무 판매금액을, 사과재배를 했다면 최근 2년 치 판매금액을 보상해 준다. 판매금액을 입증할 수 있는 건 영수증이다. 도매시장이나 농협에 판매한 후 받은 영수증을 꼭 갖고 있어야 한다. 그런데 이때도 억울한 일이 생길 수 있다. 옆 땅의 경작자는 같은 크기 땅에서 천만 원 소득을 올렸는데 나는 500만 원밖에 안 된다면, 보상금 역시 2분의 1밖에 안 된다. 그렇다고 마냥 배만 아파할 것인가? 다른 과수원에서 사과를 구입해 경작자 명의로 판매를 하면 이 역시 실적으로 인정돼 옆 땅의 경작자와 똑같은 금액을 보상받을 수 있다.

농기구 역시 더 이상 쓸 일이 없게 되었으므로, 감정평가 후 보상금을 받을 수 있다. 참고로 보상은 현금과 차용증서인 채권 둘 중 하나로 받을 수 있다. 채권으로 받을 때 현금에 비해 10~20% 높다는 것도 알아두자. 하지만 대체로 현금으로 받는 것이 좋다.

이쯤 되면 충분히 고개가 끄덕여질 것이다. 아는 만큼 더 많이 보상받는다는 말의 의미를 말이다.

세테크가 곧 땅테크

실질수령액을 높이는 방법 중에 하나는 바로 절세 전략을 잘 짜는 것이다.

"아니, 내 땅을 강제로 가져가는 것도 모자라 세금까지 내란 말인가요?"

이렇게 흥분하는 회원들이 많다. 하지만 억울해도 토지수용은 국가와 개인 간의 매매이기 때문에 세금을 내야 한다.

"신중 씨, 여기서 퀴즈 하나 내보겠습니다. 감정가에 불만이 없는데도 행정 소송하는 사람들이 있는데요, 굳이 왜 그런 피곤한 일을 자처할까요?"

"그거야 당연히 양도세를 덜 내기 위한 시간 끌기 작전이죠. 토지 취득한 시점에서 2년이 지나야 일반세율이 적용되니까요."

역시 모르는 게 없는 신중 씨. 양도세란 토지를 다른 사람에게 팔 때 내는 세금이다. 그런데 내가 토지를 매입한 지 1년 7개월 됐을 때 국가로 수용되었다면 즉 다시 말해, 취득한 지 1년 7개월이 됐을 때 수용된다면 5개월 차이로 양

대박꿀팁! : : : : :

양도세 과세 대상

소득세법 제88조

'양도'란 자산에 대한 등기 또는 등록과 관계없이 매도, 교환, 법인에 대한 현물출자 등을 통하여 그 자산을 유상으로 사실상 이전하는 것을 말한다.

양도세 종류

1. 양도세
2. 지방소득세 - 양도세의 10%
3. 농어촌특별세 - 양도세에서 감면세액의 일정 비율을 곱한 세액

도세를 많이 내야 한다. 그렇기 때문에 2년이 지날 때까지 시간을 끌 요량으로 행정소송을 하는 것이다.

세금감면 요건과 혜택

취득 시기	감면 혜택
사업인정 고시일 2년 전에 취득한 경우	1) 현금보상 : 15% 2) 채권보상 : 20% -채권보상 만기보유 3년 : 30% -채권보상 만기보유 5년 : 40%

세금 납부일

보상날짜 즉 양도일의 말일로부터 2개월 이내에 내야 한다. 예를 들어 4월 20일에 보상을 받았다면, 6월 20일까지가 두 달이지만 보통은 6월 말일까지 내면 된다. 만일 이 시기를 놓쳤다면 다음연도인 5월 1일~5월 31일에 꼭 납부해야 한다. 이때 무신고 가산세란 명목으로 20%를 더 내야 한다. 또 납부불성실 가산세란 명목으로 10,000분의 3을 더 내야 한다.

혹은 두 달 내에 분납해서 낼 수도 있다. 세금이 일천만 원 넘는 경우, 두 달 이내에 한 번, 그 이후 두 달 이내에 한 번 더 분납할 수 있다는 뜻이다.

물론 위의 사항을 개인이 다 알아서 할 수는 없다. 반드시 세무사의 도움을 받아 서류를 발급받아 국세청에 납부하는 것을 추천한다.

보상금 나눠 받으면 세금 줄어든다

보상은 협의를 할 수 있다. 협의를 통해 나눠서 지급받을 수도 있는데, 이렇게 하면 절세가 된다. 양도세는 1년 단위로 계산하기 때문이다.

예를 들어 총 보상금액이 5억 원이라면 올해 한 번, 내년에 한 번 나눠받을 수 있다. 양도세는 누진세가 적용되므로, 보상금액이 클수록 세금도 많다. 보상금을 분할해서 받으면 각 금액에 대한 세금을 공제하므로 높은 세율 적용을 피할 수 있다.

또 하나의 혜택은 양도세에 대한 기본 공제 혜택인 250만 원을 두 번 받아 총 500만 원을 공제받기 때문에 그만큼 절세가 되는 것이다.

양도세율 부과방법

보유기간	과세표준액	사업용 토지	비사업용 토지	누진공제
1년 미만	–	50%	50%	–
1년 ～ 2년		40%	40%	–
2년 이상	1,200만 원 이하	6%	16%	–
	1,200만 원 ～ 4,500만 원	15%	25%	108만 원
	4,500만 원 ～ 8,800만 원	24%	34%	522만 원
	8,800만 원 ～ 1억500만 원	35%	45%	1,490만 원
	1억500만 원 ～ 3억 원	38%	48%	1,940만 원
	3억 원 ～ 5억 원	40%	50%	2,440만 원
	5억 원 이상	42%	52%	3,540만 원

대토를 노려라

보상금 중에 세금을 안 내는 물건들도 있다. 영농손실 보상금에 대해서는 세금을 부과하지 않는다. 예를 들어 축사나 하우스 같은 지장물에 대해서는 세금을 안 낸다는 뜻이다. 절세를 위해 지장물에 대해 꼭 일괄보상 신청을 해야 한다는 걸 거듭 강조하고 싶다.

대토를 통해 절세할 수도 있다. 대토란 토지 수용일 기준으로 반경 20km 등 인근 허가 구역 안에서 같은 종류의 토지를 구입하는 걸 말한다. 그런데 수용 시점으로부터 1년 이내에 대토할 경우, 1억 원까지 취득세를 면제받을 수 있다. 이걸 몰라 취득세를 납부하는 회원들이 상당히 많아 안타까웠다. 납부하지 않아도 되는 1억 원에 대한 세금을 더 납부했다고 상상해 보자. 군이 다이어트 하지 않아도 살이 쭉쭉 빠지는 신기한 경험을 할 수 있다. 이때, 대토의 위치가 상당히 중요하다.

"신중 씨, 제가 서울에 살면서 경기도 화성에 농지를 갖고 있습니다. 그런데 그 땅이 수용되었어요. 그래서 대토를 할 경우 취득세를 내야 할까요, 안 내도 될까요?"

"당연히 내야죠. 재촌 자경한 농지의 경우 소재지 시군구, 연접된 시군구 혹은 집에서 농지까지 직선거리 20km 이내 거리에만 적용되니까요. 서울과 화성은 이 세 가지 조건 중 어디에도 포함이 안 되거든요."

정말 모르는 게 없는 놀라운 신중 씨다.

만일 내가 서울에 살지 않고 화성에 거주했다면, 직접 농사를 짓지 않았어도 취득세 면제 대상이다. 물론 1억 원 이상 되는 금액에 대해서는 성실히 납부해야 한다.

"그럼 제가 만일 경기도 김포시에 거주했는데, 인천시 서구에 사둔 농지가 수용됐어요. 참고로 두 곳의 직선거리는 40km입니다. 취득세 면제 대상일까요, 아닐까요?"

요건 좀 어려우니 신중 씨가 못 맞추겠지 하면서 그의 대답을 기다렸다.

"지도 좀 볼게요."

신중 씨가 우리나라 전도를 펼쳐보더니 이렇게 말했다.

"연접된 시군구네요. 그러면 감면되죠. 세 가지 조건 중 하나만 해당되면 되니까요."

횟수는 상관없다. 보상금이 10억 원이었다면, 한 번은 5억 원짜리 아파트를 사고, 몇 달 후 6억 원짜리 상가를 샀다면? 각각 1억 원씩 면제해서 총 2억 원을 감면받을 수 있다. 대토는 꼭 땅이 아니어도 된다. 부동산이라면 그 어떤 것도 상관없다.

이쯤 되면, 차마 양도세와 취득세의 차이가 뭐냐는 질문은 못하겠다. "날 뭘로 보고 그런 수준 낮은 질문을 하냐"며 화낼 것 같으니까.

참고로 취득세는 지방세고, 양도세는 국세다. 양도세는 토지 수용일로부터 2년 이내, 취득세는 1년 이내에 내야 하고, 직선거리는 각각 20km, 30km로 감면 조건이 다르다는 사실도 알아두자.

대토 이점 노린 꼼수 등장, 벌집주택

주민 아닌 외지인이 대토제도로 수익을 내는 방법도 있다. 수용 시점 기준으로 1년 전부터 거주했을 때 대토 혜택을 받을 수 있다. 수용이 확실하다는 정보를 입수했다면 최소 1년 전에 땅을 매입해 협소주택을 지어두는 것이다. 원래 주택을 짓기 위해서는 건축법상 허가를 받아야 하지만, 현행법상 연면적이 100m² 이하인 주택은 예외다. 허가 없이 신고만으로 가능하단 뜻이다.

실제로 2018년 8월 국가산업 후보지로 거론되었던 세종시의 한 마을에 이런 주택들이 다닥다닥 붙어 있었다. 실제 거주는 하지 않고 집만 지어놓는 이 주택을 일명 벌집주택이라고 부른다. 가끔씩 와서 라디오나 형광등을 켜놓고 가는데, 이는 전기세 납부 영수증으로 '이곳에서 살았다'고 우기는 꼼수를 부리기 위함이다. 사실 아무도 안 사는 유령집이지만 이렇게 집을 지어두면 지목이 대지로 변경되어 값이 뛰는 것이다.

수용확정이 되면 투자이익을 낼 수 있으므로 도전해볼 법하다. 실제로 내 지인은 약 10년 전, 경기도 포천시 주민공람회에서 특정 지번에 철탑이 들어설 것이라는 정보를 입수했다. 그는 해당 토지를 8천만 원에 매입한 뒤, 이동식 주택을 지어 지목을 대지로 변경했다. 실제로 1년 뒤 철탑이 들어서면서 그 땅

화성시 우정읍 일대의 벌집주택 ⓒ다음

은 3억 원에 수용됐다.

하지만 반대의 경우 그만큼 손실이 크다. 대부분 기획부동산이 땅을 매입해 8~10개 정도로 쪼갠 다음에 벌집주택을 지어 분양하는 경우가 많으므로 주의해야 한다. 최근에는 벌집주택을 법적 허점을 노린 투기성 주택이라 간주하고 단속까지 하는 분위기다.

대표적인 곳이 경기도 화성시인데, 수원전투비행장 이전 후보지인 화성시 우정읍 일대에는 이미 빼곡하게 벌집주택이 들어섰다. 이것을 주택으로 볼지, 별장으로 볼지 구분하겠다는 게 화성시의 입장이다. 만일 주택이 아닌 별장으로 구분된다면 일반 주택 대비 중과세를 40배 내야 한다. 꼼수 부리려다 뒤집힐 수 있으므로 주의가 요망된다.

매수, 매도에서
중요한 건 타이밍

"신중 씨, 땅을 살 때는 소신 있는 결단력이 필요합니다. 자꾸 이럴까, 저럴까 하다 매수 타이밍을 놓치고 후회하는 경우가 정말 많거든요."

"사실, 저도 그게 제일 어렵습니다."

웬일인지 풀이 죽은 신중 씨.

"신중 씨, '개미는 비가 올 것을 미리 알고, 낙타는 바람이 불 것을 미리 아는데, 사람은 미리 알지 못하고 반드시 개미가 둑을 쌓고 낙타가 울어야 알게 되니, 너무 우둔하지 않은가?' 이런 말 들어본 적 있으신가요?"

"정조의 어록 아닙니까?"

"맞습니다. 신중 씨도 역사 지식이 상당하시네요. 사실 저로 말씀드릴 것 같으면, 학창시절 다른 과목은 죄다 빵점이었어도 국사 성적만큼은 전교 1등 빵칠 만큼 높았답니다. 하하. 중요한 건 역사 속에서 현실에 필요한 지혜를 많이 얻을 수 있다는 겁니다. 자, 저 말의 의미를 땅 투자에 적용시켜 볼까요? 매수, 매도에서 중요한 건 타이밍을 잡는 거라는 뜻 아니겠어요?"

"음, 확실히 그런 것 같네요."

답사 중인 대박땅꾼

초보자가 저지르는 치명적 실수 두 가지

매매 목적으로 농지를 매입한 경우를 생각해 보자. 개발 예정일 때는 주변 땅값이 아직 많이 오르지 않은 상태지만, 일단 개발이 시작되면 그야말로 부르는 게 값이다.

이때 초보 투자자들이 저지르는 실수가 바로 신중 씨처럼 지나친 신중함이다. 싼 가격에 잡아 최고 가격에 팔겠다는 욕심을 버리지 못한다. "무릎에서 사서 어깨에서 팔아라"란 말을 주야장천하는 이유가 따로 있는 게 아니다. 정부 관계자가 아니고서야 바닥 시세를 파악하기는 거의 불가능하다고 봐야 한다. 실제로 내가 만난 한 부동산 중개사는 이런 말을 했다.

"여기 땅 주인들은 다 외지 사람이에요. 현지인들은 절대 못 사요. 왜인 줄 아세요? 몇 년 전에는 정말 쌌거든요. 그 가격을 알면서 오른 가격으로 사지 못하는 거예요. 몇 년 전 가격에 대한 미련을 못 버리고 망설이다가 기회를 놓치는 것이죠."

정말 뼈있는 말이 아닐 수 없다.

고수들은 어떻게 다를까? 그들은 바닥 시세로 좋은 물건을 잡는 건 황금알

낳는 거위를 얻는 것만큼이나 어렵다는 걸 잘 안다. 현재 시세보다 더 오를 거란 판단이 서면, 과거 시세가 어떠했든 생각하면 안 된다. 현재 시세가 부담스런 가격이라도 과감하게 투자한다. 어차피 몇 배는 남길 수 있으니 대출을 받아서라도 매입하는 것이다.

최악의 경우는 땅값이 아무리 바닥을 쳐도 지갑을 못 여는 경우다. 더 떨어질 거란 기대감에서다. 하지만 결과는 대개 뻔하다. 땅값은 더 이상 떨어지지 않고 좋은 물건을 놓치고 만다.

매도 시점 역시 마찬가지다. 초보자들은 최고 시점을 기다린다. '조금 더 기다리면 더 오를 거야'란 기대로 끝까지 버티다 결국 매도 타이밍을 놓친다. 고수들은 다르다. 약간의 아쉬움이 남을 때, 즉 머리끝까지 오르기 전인 어깨 시기에서 과감하게 매각한다.

정리해 보면 간단하다. 매입 시에는 가격이 올랐다고 포기하지 말고, 매도 시에는 욕심을 내려놓아 타이밍을 놓치지 말아야 한다.

대박꿀팁! : : : : :

토지 투자 지가 상승법칙 - 착공 직전 매입하고, 완공 직전 매도하라

보통 개발계획 발표가 났을 때 매입한다면 가격 면에서 우위를 점할 수 있다. 하지만 개발계획이란 건 무산될 수도 있는 법이다. 가장 안전한 시기는 '착공 직전'이다. 착공이 일단 시작되면 가격이 또 훌쩍 뛰기 때문에 그때도 늦지 않다.

매도 타이밍으로 적기는 '완공 직전'이다. 이때만 돼도 가격이 몇 배 더 올라 있으므로 절대 손해 보지 않는다. 하지만 완공 후까지 기다려도 무방하다. 왜냐하면 도로가 생기고 지하철이 완공되면 인구 유입률이 늘어날 거란 기대감에 투자자들이 몰리기 마련이다. 그들에게 매도한다면 훨씬 더 높은 가격에 팔 수 있다.

강원도 고성 땅,
평당 500만 원 실화냐?

"자, 신중 씨, 백문이 불여일견 아니겠어요? 이번 주말에 저랑 임장 한번 가시죠? 어느 지역 땅에 관심이 있으세요?"

"주말에 읽을 신간과 못다 읽은 부동산 신문이 쌓였는데…."

그가 혼잣말하듯 중얼거리더니, 갑자기 고개를 내저으며 말했다.

"네, 일단 가보죠. 아직도 기존의 패턴대로 생각하고 있었네요. 근데 제가 얼마 전 한 블로그에서 봤는데 말입니다. 정말 거짓 정보들이 난무하더군요. 아니, 아무리 남북한 분위기 때문에 파주와 고성 땅값이 폭등했다고 하지만, 고성 땅값이 평당 400만 원이라는 게 말이 되나요? 정말 사람을 호구로 봐도 유분수지."

신중 씨가 스마트폰으로 한 블로그에 포스팅된 글을 내게 보여 주었다. 정말 내 눈도 휘둥그레졌다.

"아시겠지만 블로그 같은 SNS에는 허위 정보가 많아 늘 조심해야 합니다. 물론 남북관계에 훈풍이 불면서 작년부터 땅값이 많이 올랐어요. 1위가 경기도 파주, 2위가 강원도 고성이긴 하지만 이건 좀 심하군요."

포스팅된 글이 진짜인지 확인하고 싶었지만 정확한 번지수가 적혀 있질 않아, 토지이용계획확인서도, 로드뷰도 확인할 수 없었다.

"이참에 첫 임장을 고성으로 가보시죠. 현장에 답이 있다는 걸 몸소 체험하게 해드리고 싶네요."

주말 아침 일찍, 신중 씨와 나는 강원도 고성으로 향했다. 고속도로가 잘 뚫려있어 춘천, 양양을 거쳐 속초를 지나 두 시간 만에 고성에 도착했다.

"신중 씨, 어떠신가요? 첫 임장을 떠나는 기분이."

"아침에 이 명언을 중얼거렸습니다. '어제와 동일한 행동을 하면서 내일이 바뀌길 바라는 건 미친 거다.'"

"누, 누구의 말이죠?"

"아인슈타인요."

"아하, 지금 신중 씨께 딱 필요한 말이네요. 지금 제가 고성군 중에서도 어디로 가는지 맞춰보실래요?"

"글쎄요, 가는 길에 중개사무소가 있으면 들르실 예정 아닌가요?"

"음, 이런 건 아마 어떤 부동산 책에서도 보지 못했을 겁니다. 하하, 지금 제가 내비게이션에 고성군청이라고 찍었거든요."

"땅 보러 가는데, 군청엔 왜 가는 거죠?"

대박꿀팁! ·····

부동산 중개사무소 고르는 법 세 가지

1. 군청, 시청 근처로 가라

낯선 곳으로 임장을 갈 때는 군청, 시청 근처로 가는 게
좋다. 부동산 중개사무소가 밀집되어 있기 때문이다. 여
기에 들르면 시, 군 단위 일대의 매물을 대략적으로 파
악할 수 있다. 비싼 땅이 밀집된 곳은 어디인지, 왜 비싼
지 등 시, 군 전체의 땅값 분위기를 파악해 큰 그림 그리
는 데 도움이 된다.

고성군청 근처의 측량사무실

또 한 가지 중요한 건 건축사무소와 측량사무소가 다 시청, 군청 근처에 밀집되어 있다는
점이다. 각각 한 군데씩 들러 땅을 매입할 예정이라고 말하고, 명함을 받아두자. 말이 잘
통하는 곳이라면, 매입 시 좋은 관계를 맺을 수 있다.

2. 공인중개사 이름 석자 내건 곳이 안전하다

여러 곳 중 이왕이면 공인중개사의 이름 석자를 내 건
곳으로 들어가라. 이를테면 '전은규 부동산' 이렇게 쓰
여진 곳 말이다. 원주민, 토박이란 수식어가 있다면 더
믿을 만하다. 거짓으로 이런 간판을 걸었다간 진짜 토
박이 중개사들이 가만히 놔두지 않을 테니, 쉽사리 거
짓말은 못한다. 또 안으로 들어갔을 때, 벽에 걸린 공인

고성군청 근처의 중개사무소

중개사 자격증 사진과 이름이 실제 중개사와 일치하는지도 확인하자. 혹여 나중에 법적
인 문제가 생겼을 때, 이름만 빌려 사무실을 운영하는 가짜 공인중개사라는 게 밝혀지면
골치 아파질 수 있기 때문이다.

3. 면, 동 단위 부동산 중개사무소도 들러라

시청, 군청 근처의 부동산 중개사무소에서 큰 그림을 파악했다면 동, 면 단위에 위치한
곳도 들르자. 이곳에서는 구석에 숨어 있는 알짜 매물을 소개받을 수 있다.

바닷가 근처, 억소리 나게 비싼 이유

고성 바닷가

고성군청은 고성 군 간성읍에 위치했 다. 군청으로 향하는 차창 밖으로 창창한 바다가 눈앞에 펼쳐 졌다.

"와, 바다 좀 보세 요, 신중 씨. 미세먼 지로 답답했던 가슴 이 뻥 뚫리지 않나요? 아기자기한 펜션들도 많네요. 저런 데서 며칠 머물면서 바다 구경 실컷 하면 정말 좋을 것 같죠?"

"먹고 사느라 바빠 이런 바다 본 지 정말 오랜만이네요."

"현장답사하다보면 우리나라 풍광이 그 어느 나라 못지않게 아름답다는 걸 실감하거든요. 그래서 땅에 더 욕심이 생기는 것 같아요. 저 창창한 바다 앞에 신 중 씨가 살 집 한 채 짓는다고 생각해 보세요. 상상만으로도 설레지 않으세요?"

"은퇴 후에 이런 곳에서 펜션 하나 운영할 수 있다면 더할 나위 없이 좋겠어요."

신중 씨가 말끝을 흐리며 막막한 시선으로 주변의 아기자기한 펜션들을 응 시했다.

"되는지 안 되는지 한 번 알아보죠. 자, 저기가 바로 군청이네요."

"진짜 대박땅꾼님 말씀대로 부동산 중개사무실이 모여 있네요?"

신중 씨의 눈이 휘둥그레졌다.

"땅 좀 보러 왔는데요. 투자할 땅이요."

"금액대는요?"

인심 좋게 생긴 공인중개사가 우리를 보더니 물었다.

"3억 원 정도요."

"3억 원이라…. 아시겠지만 요즘 자고나면 오르는 게 고성 땅값입니다. 오시는 길에 혹시 가진 해수욕장 보셨어요? 전망이 끝내주는데요."

오면서 봤던 그 바다를 말하고 있었다.

"거기 스퀘어루트라는 카페가 있어요. 그 자리가 재작년만 해도 평당 300만 원이었는데, 지금은 평당 500만 원이 됐어요."

아니, 땅 밑에 금덩이라도 묻혔나? 어떻게 작은 시골 땅 한 평에 500만 원일 수가!

"진짜 500만 원이에요? 아무리 남북철도 연결사업의 요충지가 고성이라지만, 너무 비싼 거 아닌가요?"

신중 씨도 놀랐는지 재차 물었다.

"허허, 생각해 보세요. 저 푸른 바다가 전부 손님들 것이 되는데, 그 정도 값은 치러야 하지 않겠어요?"

듣고 보니 그럴 듯했다. 한강 조망이 한 눈에 보이는 곳의 아파트, 제주 월정리 해변 땅값이 비싼 이유와 같을 테니 말이다. 슬쩍 신중 씨의 표정을 살폈더니, 낯빛이 어두워지는 게 역력했다. 과연 3억 원으로 저 바다를 구입할 방법은 없는 것일까?

"스퀘어루트 주변은 가격대가 다 그런가요? 지형에 단점이 있거나, 바다에서 100m라도 더 떨어져 있어 가격대가 낮은 땅은 없나요?"

"당연히 있죠. 가만있자, 3억 원대라…."

작년부터 남북관계 화해 분위기 모드로 대한민국이 들썩이고 있다. 최근 미국과 북한의 2차북미 회담이 별 성과 없이 끝나는 바람에 회의적인 반응도 나오고 있지만, 어디까지나 밀당 과정 아니겠는가? 회담의 결과에 따라 파주, 고성 땅값도 오르락내리락하고 있지만, 결과적으로 북한과 연결된 두 곳의 땅값은 계속 오를 것이라 전망한다.

중요한 건 한반도 평화체계 구축이라는 우리의 방향과 목표가 분명하다는 것이다. 문재인 정부는 평화의 절실함이 뼛속까지 꽉 차있다. 전쟁에 대한 불안감 해소 없이 경제성장도 어렵다는 것 역시 잘 알고 있다.

북한 역시 마찬가지다. 경제를 살려야 한다는 목표의식이 분명하다. 김정은 국무위원장은 젊은 지도자로서 정통성을 갖추길 열망한다. 북한 내부의 인민들로부터 진정한 지도자라는 인정을 받고 싶어하는 것이다. 그러려면 더 이상 핵무기만으로는 인민들을 설득하기 어렵다. 남북 평화체계 없이 경제성장 또한 불가능하다는 걸 그는 잘 알고 있다.

"나는 앞으로도 미국 대통령과 만날 준비가 되어 있다."

2019년 신년사에서 김정은 국무위원장이 한 말이 의미심장하게 다가온 이유다.

미국의 도널드 트럼프 대통령 역시 마찬가지다. 그의 목표는 '그 어려운 걸 내가 해냈어'란 우월감을 갖는 것이다. 클린턴, 오바마, 부시 전 대통령 중 그 누구도 북한과의 관계를 잘 풀어나가는데 성공하지 못했다. 하지만 그는 문재인 정부의 중재로, 돈 한 푼 안 들이고 북한 문제를 해결할 수 있는 절호의 찬스를 잡았다. 그는 그만의 정치적 셈법으로 결국 이 평화협상을 이끈 주인공으로 노벨평화상까지 노리는 욕심쟁이다.

결국 칼자루를 쥔 세 지도자의 공통적인 목표는 똑같다. 그러므로 다소 지연은 있을지언정, 북한과의 평화체계는 이루어질 수밖에 없다.

물론 곧장 남북통일이 된다는 뜻은 아닐 거다. 하지만 경제통일부터 차근차근 진행될 것이라 예상한다. 경제통일이 이루어지면? 남한의 기술력과 북한의 지하자원을 반도체의 원료로 사용할 경우 1경 4천4백조의 이익을 얻을 수 있다고 한다. (2014년 국회예산정책처) 남북협력이야말로 지금 같은 경제 불황에 거센 단비가 아닐 수 없다.

참고 : 팟캐스트 유시민의 알릴레오 1회, 문정인 대통령 통일외교안보 특별보좌관과의 대담

100% 완벽한 땅은
이미 남의 땅

"와, 저 건물이 스퀘어루트라는 카페네요. 저곳이랑 바로 앞 땅이 평당 500만 원한다는 명당 자리고, 저 뒤가 아까 중개사님이 말한 평당 160만 원인 땅인가 봅니다."

불과 한 블록 차이인데, 땅값이 3분의 1밖에 안 되다니! 게다가 계획관리지역이니 건폐율 40%로, 약 70평 이상 되는 건물을 충분히 올릴 수 있었다.

"신중 씨 어떤 가요? 180평에 평당 167만 원이니, 매매가가 딱 3억 원입니다. 아, 물론 전 몰빵보다는 분산투자를 하라고 권하

스퀘어루트 카페

강원도 고성군 죽왕면 가진리	

가진리 매물 위치 ⓒ네이버	가진리 매물 현장

지목 : 전	면적 : 180평
용도 : 계획관리지역	매매가 : 3억 원(평당 167만 원)

이 곳은 바다와 직접적으로 맞닿은 고성의 유명 카페 스퀘어루트 바로 뒤에 위치한 땅이다. 후면으로는 펜션들이 자리하고 있고 도로는 1차선에서 2차선으로 확장공사 중이다. 바닷가와 가까워 펜션 및 음식점 부지로 좋으며, 차후 도로확장과 유명 카페 입점으로 동반 지가상승을 기대할 수 있다.

고 싶지만 말입니다."

반으로 나눠 90평을 산다면 1억 5천만 원이면 투자가 가능하니 신중 씨에게 얼마나 좋은 기회인가 싶어, 눈물이 핑 돌았다. 첫 임장부터 이렇게 좋은 매물을 만나다니! 너무 기뻤는데 신중 씨의 표정은 떨떠름하기만 하다.

"대박땅군님, 땅이 푹 꺼진 게 마음에 들지 않습니다."

도로에 비해 땅이 많이 꺼진 건 맞다. 하지만 그건 단점이라고 할 수도 없다. 흙을 채워 메우는 성토작업만 하면 아무 문제가 되지 않기 때문이다.

"신중 씨. 세상에 100% 완벽한 사람이 없듯 땅도 마찬가지랍니다. 100% 완벽한 땅은 어디에도 없어요. 설령 있다 해도 벌써 품절됐을 걸요? 내 눈에 좋아 보이는 건 남의 눈에도 탐나는 법이잖아요? 게다가 그런 땅은 또 얼마나 비싸게요. 비록 랜드마크의 한 블럭 뒤지만, 도로선에 맞춰 성토하면 바닷가 조망하는데 아무 문제 없는 보석 같은 땅입니다.”

얼굴이 시뻘게질 정도로 열변을 토했건만 신중 씨의 안색은 밝아지지 않았다.

현재 말고 미래의 모습을 상상하라

“신중 씨, 저 미술관처럼 모던한 스퀘어루트 카페와 비교하면 그저 푹 꺼진 땅에 불과하니, 실망스럽죠? 하지만 땅을 메워 그림 같은 펜션을 올렸다고 상상해 보세요. 스퀘어루트와 겹치지 않으면서 푸르른 바다가 눈 앞에 펼쳐지겠죠? 조망권이 크게 뒤지지 않을 거예요. 월요일인데도 주차된 차량이 꽤 많은 것 보이시죠? 평일이 이정도인데, 주말이나 휴가철에는 차량이 얼마나 많겠어요? 미리 예약하지 않으면 펜션 룸도 잡기 어려울 거예요. 나중에 펜션 운영으로 노년을 보낼 수도 있지만 중간에 매도해도 좋을 것입니다. 랜드마크의 후광효과로 분명히 이곳 땅값은 최소 평당 200~300만 원은 오를 겁니다. 저기 보세요. 1차선에서 2차선으로 도로확장 공사를 하고 있네요. 다른 거 다 보지 않고 도로확장하는 것만

스퀘어루트 인근의 꺼진 땅

봐도 이 땅은 100% 오릅니다."

"신중 씨, 이곳은 계획관리지역으로 건폐율과 용적률이 높은 만큼 투자가치도 높습니다. 3억 원을 전부 투자하는 것이 걱정되신다면, 필지분할로 반만이라도 투자하세요. 그래도 90평이니까 펜션 짓는 데는 무리가 없습니다."

"다 맞는 말씀 같네요. 검토해 보겠습니다."

요모조모 따져보는 신중 씨가 신중한 표정으로 대답했다. 단박에 "이 땅 계약하겠다"라고 대답하지 않을 것은 알고 있었다. 책만 파던 백면서생이 그런 결단력을 갖는 건 쉽지 않으니까 말이다.

문제나 장애에 집착하는 사람과 기회를 보는 사람이 있다. '~ 때문에 안 돼'라고 생각하면 영영 하지 못한다. 하지만 문제를 직면하면 답이 보인다. 땅을 매입할 때도 마찬가지다. 장애물에 집착하지 말고 기회를 봐야 한다. 땅이 꺼져있는 게 흠이지만 성토만 하면 바닷가 조망권은 물론 동반 지가 상승효과도 얻을 수 있으므로 그 기회를 볼 수 있어야 한다.

Tip. 건폐율과 용적률이란?

건폐율과 용적률은 한 필지의 토지 위에 건축할 수 있는 건축물의 면적을 말한다. 해당 지역에 무분별하게 건물을 짓는다면 어떤 일이 발생할까? 조망권, 일조권 등이 훼손돼 생활의 불편함이 생길 것이다. 이를 방지하기 위해 법적 한계를 두어 지역의 밀도를 관리하기 위해 정해놓은 것이 바로 건폐율과 용적률이다.

건폐율 : 대지 면적에 건축면적의 비율, 즉 땅 위에 건물을 지을 수 있는 비율이다. 건폐율이 클수록 건물을 크게 지을 수 있다. 예를 들어 1,000m²에 건폐율이 70%라면 700m²까지 건물을 지을 수 있다.

용적률 : 건물의 높이, 즉 몇 층까지 지을 수 있는지 판단하는 비율이다. 똑같이 대지면적 1,000m²에 건폐율이 70%, 용적률이 350%라고 한다면 연면적이 3,500m²가 나온다. 건폐율 700m²에 연면적 3,500m²면 5층짜리 건물을 지을 수 있는 셈이다.

용도지역			건폐율	용적률
도시지역	주거지역	제1종전용주거지역	50%이하	50%이상 100%이하
		제2종전용주거지역	50%이하	100%이상 150%이하
		제1종일반주거지역	60%이하	100%이상 200%이하
		제2종일반주거지역	60%이하	150%이상 250%이하
		제3종일반주거지역	50%이하	200%이상 300%이하
		준주거지역	70%이하	200%이상 500%이하
	상업지역	중심상업지역	90%이하	400%이상 1,500%이하
		일반상업지역	80%이하	300%이상 1,300%이하
		근린상업지역	70%이하	200%이상 900%이하
		유통상업지역	80%이하	200%이상 1,100%이하
	공업지역	전용공업지역	70%이하	150%이상 300%이하
		일반공업지역	70%이하	200%이상 350%이하
		준공업지역	70%이하	200%이상 400%이하
	녹지지역	보전녹지지역	20%이하	50%이상 80%이하
		생산녹지지역	20%이하	50%이상 100%이하
		자연녹지지역	20%이하	50%이상 100%이하
관리지역	보전관리지역		20%이하	50%이상 80%이하
	생산관리지역		20%이하	50%이상 80%이하
	계획관리지역		40%이하	50%이상 100%이하
농림지역			20%이하	50%이상 80%이하
자연환경보전지역			20%이하	50%이상 80%이하

성토, 최대한 싸게 하려면?

형질변경에는 성토, 절토, 구조물 공사 등이 있다. 형질변경은 넓게 보면 토목공사에 해당한다. 토목공사의 사전적 정의는 이렇다.

"목재 · 철재 · 토석 등을 써서 도로 · 교량 · 항만 · 제방 · 댐 · 철도 · 건물 · 상하수도 등을 건설하는 공사의 총칭."

토목공사를 하는 이유는 좀 더 좋은 환경을 조성하고자 하는 이유도 있지만, 투자 목적일 때는 훨씬 더 비싼 값으로 매도하기 위함이다.

이 중 가장 비용이 적게 드는 건 흙을 쌓는 성토다. 특히 농지법에서는 높이가 2m 미만일 경우에는 개발행위허가를 안 받아도 성토할 수 있다.

성토할 때 좋은 흙을 사용하라는 원칙이 있다. 농지 담당직원들이 생각하는 좋은 흙은 황토다. 하지만 황토는 비싸기 때문에 대부분 농지를 성토할 때 즉 푹 꺼진 논을 매립할 때 위에만 살짝 황토로 바르고 아래는 모래흙을 사용한다.

그런데 간혹 모래흙으로 성토했다는 이유로 행정기관에 고발당하는 경우가 있다. 이 문제로 경찰서에서 호출이 오면 그야말로 대략 난감하다. 하지만 대답만 잘 하면 오히려 경찰서에서 직접 문까지 열어주며 배웅하기도 한다.

"왜 모래흙으로 성토를 하셨죠?"

"고구마야 황토에서 잘 자라겠지만, 전 땅콩을 심으려고요. 땅콩은 모래에서 잘 자라거든요."

"아, 그렇군요. 저희가 모르고 실수를 했습니다."

이렇게 해결할 수 있다.

또 하나의 팁은 위에서부터 1m까지만 좋은 흙을 쓰고 그 아래는 공사장에서 나오는 순환골재를 써도 무방하다. 담당자가 삽을 들고 와서 깊은 곳까지 파보지는 않기 때문이다.

5천만 원으로
남북 접경지역 투자, OK!

    우리는 다른 부동산 중개사무소에 들려 다른 매물도 검토했다. 바닷가 주변은 평당 몇 백만 원으로 최소 1억 원 이상이 있어야 투자가 가능했다. 하지만 조금만 국도 안쪽으로 들어오면 가격 차이가 심했다. 열 배에서 스무 배 이상 차이가 나는 곳도 있었다. 5천만 원 정도의 소액으로도 얼마든지 고성 땅을 매입할 수 있다는 사실이 믿어지는가? 이래서 언론에만 의존하지 말고 직접 현장을 밟아야 하는 것이다. 우리는 고성에서 가장 아름답기로 유명한 호수 송지호에서 설악산 안쪽으로 차를 타고 들어갔다.

    "해변에서 가까운 곳은 평당 100만 원이 훌쩍 넘지만 이 땅은 얼만가요? 평당 15만 원입니다. 1,500평이니까 2억 2,500만 원이에요. 생산관리지역이긴 하지만 도로 옆에 예쁘게 붙어 있어요. 네 명이 함께 필지분할하면, 인당 5천만 원이면 접경지역 땅을 가질 수 있는 것이지요."

내가 부동산 중개사무소에서 받아온 토지이용계획확인서와 실제 땅을 비교해 본 신중 씨의 입이 쩍 벌어졌다. 개발지와 크게 멀지 않은 곳임에도 이렇게 차이가 많이 난다는 게 믿기지 않는 모양이다. 이것이 바로 답사의 묘미다.

생산관리지역에서 숙박업, 음식점이 가능하다고?

　"또 하나, 이 땅의 대박 포인트가 있는데 혹시 아시겠어요?"

　"글쎄요, 이곳 지목이 답(논)이고, 용도가 생산관리지역이면 6차산업 승인을 받을 수 있지 않을까요? 그러면 숙박업, 음식점이 가능하잖아요."

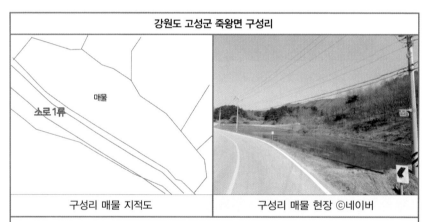

강원도 고성군 죽왕면 구성리	
구성리 매물 지적도	구성리 매물 현장 ⓒ네이버
지목 : 답 용도 : 생산관리지역	면적 : 약 1,500평 매매가 : 2억2,500만 원 (평당 15만 원)

지가가 많이 오른 바닷가 근처에 비해 국도 안쪽은 기회가 많은 곳에 해당한다. 또 생산관리지역이기 때문에 숙박업과 음식점 등으로 활용할 수 있다는 장점이 있다. 네 명이 분산투자시 5,000만 원 정도의 소액투자가 가능하여 가성비 투자가치가 있다.

6차산업으로 보물땅 된 생산관리지역

숙박시설이 가능한 용도지역은 상업지역과 계획관리지역 뿐이었다. 하지만 2017년부터 달라졌다. 농림축산식품부가 6차산업 육성 및 지원에 관한 법률 개정으로, 생산관리지역이라도 건축이 가능할 수 있도록 규제를 완화했기 때문이다. 6차산업이란 1차 산업인 생산, 2차 산업인 가공, 3차 산업인 유통을 연계하고, 정보통신기술 등 첨단 과학기술을 융복합해 농촌을 활성화하자는 정책이다.(1차×2차×3차= 6차 산업)

고령화, 유통구조 취약, FTA 등으로 갈수록 어려워지는 농촌살리기 방안으로, 농촌에서 농업생산과 가공·직판·외식·체험·숙박 등의 사업을 융복합하여 운영하는 시설을 말한다.

생산관리지역은 상업지역이나 계획관리지역보다 땅값이 훨씬 저렴하다. 위와 같이 농촌 융복합사업 시설을 활용한 숙박시설과 외식업을 생각하고 있다면 이곳을 눈여겨보자. 숙박시설은 허가 받지 않고도 건축이 가능하다는 점도 기억하자. 또한 농림지역이면서 농업보호구역일 경우, 관광농원으로 허가를 받은 후 숙박시설을 지을 수도 있다.

평당 10만 원대, 구거 옆 맹지

"산 밑의 이 땅이 바로 공매로 나온 땅이에요."

"대박땅꾼님, 오늘은 일반 매물 보러 온 건데 이런 땅까지 봐야 하나요?"

"신중 씨, 이왕 온 김에 경공매 물건도 같이 봐두면 더 많은 기회를 얻을 수 있지 않겠어요? 타이밍이 좋으면 바로 투자할 수도 있고요. 저는 경매 물건 보러 갔다 일반 매물을 매입한 적도 있고, 일반 매물을 보러 갔다가 경매 물건을 매입한 적도 많습니다."

"그럼 땅 보는 눈도 키울 겸 한번 보도록 하지요."

"좋은 생각이십니다. 자, 여기는 1,200평인데 평당 10만 원대로 1억4천만 원입니다. 계획관리지역이지만 맹지라는 단점이 있네요. 하지만 희망이 있습니다. 뭘까요?"

"흠, 구거가 있네요."

"정확히 보셨어요. 매물 앞쪽의 논까지 이어진 구거가 있죠? 100m 이상 멀찍이 떨어져 있는 게 아니라 매물 옆에 바짝 붙어 있어요. 저 논 주인분과 상의해 구거점용허가를 받을 수 있는지 확답을 받아야 합니다. 그런 다음 공매에 입찰하면 안전할 겁니다. 신중 씨, 지금이 2월이고 공매는 매주 10%씩 유찰되니까, 4월이 되면 반값인 7천 만 원대로 떨어지겠죠? 어떻습니까? 도전해볼 만한 가치가 있다는 생각 안 드세요?"

"아까 군청 근처의 측량사무소에 가서 견적을 뽑을 수 있겠네요."

"그렇죠. 제가 군청 근처로 가야 한다는 이유를 이제 아시겠죠? 구거점용허가 후 도로로 만든다면 비용이 얼마나 나올지 알아볼 수 있으니까요."

"흠, 한 번 지켜봐야겠네요."

신중 씨의 눈이 모처럼 반짝반짝 빛났다. 참고로 공매는 세금 체납으로 인해 생긴 압류 재산의 공개매각을 말한다. 집행기관이 한국자산관리공사라는 점, 인터넷 입찰이 가능해 편리하다는 점 등이 경매와 다르다. 단 현장 점검은 필수다.

물건용도	토지	감정가	140,658,000원	최저입찰가	126,593,000원
집행기관	한국자산관리공사	담당부서	강원지역본부	담당자	조세정리팀
위임기관	남양주세무서	처분방식	매각	물건상태	인터넷입찰진행중
물건정보					
소재지	강원도 고성군 토성면 인흥리	재산종류		압류재산(캠코)	
물건용도	토지	세부용도		답	
토지면적	4,137m²				

인흥리 매물 지적도	인흥리 매물 현장 ⓒ네이버

대박꿀팁! : : : : :

구거, 국가로부터 매입해 돈 버는 전략

나는 임장할 때 구거를 열심히 찾아보는 편이다. 맹지지만 구거가 있다면, 땅의 가치를 확 높일 수 있기 때문이다. 어찌나 구거를 보고 다녔는지, 도랑전문가라는 별명도 생겼다. 구거 공시지가는 농지에 비해 4분의 1이상 저렴하다. 따라서 수의계약을 맺은 후 국가로부터 매입할 수 있다면 그야말로 대박이다.

나는 2010년경, 구거점용허가를 받고 3년 간 세금을 내며 쓴 땅이 있었다. 혹시 몰라 미리 수의계약 신청을 해두었던 참이었다. 그런데 어느 날, 군청에서 허가가 났으니 사가라는 전화가 왔다. 이렇게 구거점용허가를 받아두면, 로또 맞은 것처럼 기쁜 일이 갑자기 찾아오기도 한다.

당시 주변 농지 시세가 평당 20만 원이었다. 나는 평당 5만 원으로 구거를 산 다음, 원래 가지고 있던 땅과 합필해 시세를 끌어올릴 수 있었다.

국유지 매각(불하) 절차

국유재산은 재산의 위치, 규모, 형상, 용도 등으로 봤을 때, 매각하는 게 유리하다는 판단이 서면 종합계획 심의를 걸쳐 매각한다.

-매각 방법

원칙은 공개경쟁입찰이지만 다음의 경우, 수의계약 방식으로 진행한다.

1. 폭이 좁고 긴 토지로 인접 사유 토지와 합필이 불가능한 토지

2. 국가지분의 토지를 공유 지분권자에게 매각할 때

쉽게 말해 뱀처럼 긴 모양 혹은 자투리땅이다. 이런 땅은 국가 입장에서 갖고 있어봤자 영양가가 전혀 없기 때문에 헐값에 개인에게 팔아넘기는 것이다. 그러므로 미리 수의계약을 신청해두자. 지금이야 허가가 까다로워져 허가 나는 것이 쉽진 않지만 불가능한 것은 아니니 신청을 하자. 땅값이 네 배나 오를 수 있는 절호의 찬스다.

현장답사도 식후경

강원도의 참맛을 느낄 수 있는 _ 동명막국수

메밀, 옥수수. 강원도 하면 떠오르는 먹거리들이다. 고소하고 담백한 메밀막국수와 메밀을 얇게 저며 부친 메밀전으로 강원도의 참맛을 느낄 수 있는 맛집이 동명막국수다. 이곳에서 막국수를 맛있게 즐기는 비법이 있다. 설탕 한 스푼, 식초 한 스푼, 들기름과 겨자를 조금 넣고 슥슥 비빈 다음 기호에 따라 얼음을 동동 띄운 동치미 국물을 붓는 것이다.

메밀의 성질은 차기 때문에 여름에 더위를 피할 때 먹으면 더할 나위 없이 좋다. 그렇다고 겨울에 먹지 못한다면 너무 아쉽다. 이럴 때는 단백질 가득한 고기 한 점 얹으면 금상첨화다.

바다가 한눈에 보이는 창가자리에 앉아 달달하면서 톡 쏘는 옥수수생동동주 한 잔 걸치면 무릉도원이 따로 없다.

살인의 추억은 잊어라,
전국 인구 증가율 1위 화성시

"대박땅꾼님, 송산 그린시티에 한 번 가보고 싶습니다."

웬일인지 신중 씨가 먼저 임장을 제안했다.

"경기도 화성요? 화성은 땅값이 많이 비쌉니다."

"제 예산으로 될지 안 될지 모르겠지만, 아시다시피 전국 도시 중 인구 증가율 1위라니, 어떤 곳인지 한 번 가보고 싶네요."

젊은이들이 몰려든다

아직도 경기도 화성하면 영화 〈살인의 추억〉을 떠올리는 사람들이 있다. 하지만 화성은 180도 달라졌다. 결코 만만한 도시가 아니다. 동탄신도시, 대기업 산업단지, 송산 그린시티 등으로 일자리 창출과 인구 증가가 가파르게 일어나고 있다. 신중 씨 말처럼 전국 인구 증가율 1위를 찍는 도시가 바로 화성시다.

통계청 인구이동 통계에 따르면, 2009년부터 2018년까지 10년간 전국 순이동 인구수는 화성시가 25만2,824명으로 가장 많았다. 특히 향남은 화성 시내에서도 동탄 다음으로 인구수가 많이 늘어난 지역으로 손꼽힌다. 인근에 기아자동차, 현대자동차, 향남제약단지, 발안산업단지, 장안산업단지 등 대규모 산업단지가 밀집해 있기 때문이다. 젊은이들이 일자리를 찾아 많이 모일 수밖에 없다. 화성이 수도권의 젊은 도시라 불리는 이유다.

교통 호재도 있다. 서해선 복선전철 향남역이 2020년 개통을 앞두고 있다. 향후 개통이 완료되면 신안산선과 연계해, 충남 홍성에서 서울의 여의도까지 1시간 이내 주파가 가능해진다.

여기에 송산 그린시티도 복합도시로 선보일 예정이다. 송산 그린시티는 55.59km²로 1,700만 평에 조성된다. 국제테마파크 복합개발 사업에 총 사업비 4조5,700억 원이 투자될 예정으로, 글로벌 수준의 공연장과 호텔, 쇼핑몰을 조성할 계획이다. 이번 사업으로 다시 11만 명의 고용창출효과가 나타날 것으로 화성시는 내다보고 있다. 이래저래 화성시의 인구는 앞으로 더 늘어날 것이다.

서해안 복선전철 향남역 공사 현장

굴다리, 도로 확장 청신호

"이 땅은 생산녹지지역이지만 용도 상향 가능성이 충분히 있어요. 왜일까요?"

"원래 도시 지역 내 생산녹지는 도시 확장을 위한 유보지역이니까요. 게다가 도로확장 공사를 하고 있네요. 뭔가 들어선다는 얘기겠지요?"

"맞습니다. 도로가 양쪽으로 두 개나 나있죠? 게다가 저기 굴다리가 있는데 저것도 참 의미심장하네요. 도로는 원래 4m인데 굴다리만 각 4m씩 8m 이상이 되니, 처음부터 도로를 넓힐 계획으로 만들었다는 의미가 되잖아요?"

"그런데 여기가 평당 118만 원이에요?"

"네, 여기 향남2지구 일대에 기아자동차 같은 산업단지가 많아 30~40대 주거 비율이 높아 좀 비쌉니다. 그래도 이 근처 인근 맹지가 평당 190만 원인 것

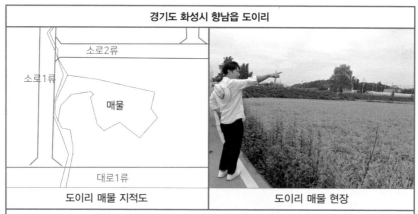

경기도 화성시 향남읍 도이리

도이리 매물 지적도	도이리 매물 현장

소로2류
소로1류
매물
대로1류

지목 : 답	면적 : 388평
용도 : 생산녹지지역	매매가 : 4억6,000만 원(평당 118만 원)

인근에 행정타운이 들어온다는 소식이 들리는 곳이다. 현재 생산녹지지역이나 용도 상향 가능성 높다는 특징이 있다. 특히 이 근처는 맹지도 평당 190~250만 원(지분)에 달하는데, 이곳은 도로에 접한 땅인데도 평당 118만 원 정도니 진주를 발견한 셈이다. 해당 토지 인근에 도로계획이 되어 있어 앞으로 지가 상승 여력이 높아 보이는 귀한 땅이다.

에 비하면 저렴하게 나온 편이에요."

"맹지가 190만 원이라고요?"

신중 씨는 400평도 안 되는 땅이 4억6천만 원이라고 해서 비싸다고 생각했는데 맹지가 190만 원이라고 하니 놀란 듯 얼굴이 하얘졌다. 화성시가 이 정도일 줄은 몰랐나보다.

근로자들의 생활권, 송산면 고정리

"신중 씨가 가보고 싶다던 송산 그린시티 인근이네요. 이미 많이 올랐죠. 아시다시피 호재 인근 지역은 같이 오르잖아요. 그린시티로 향하는 도로가 공사

경기도 화성시 송산면 고정리

고정리 매물 지적도	고정리 매물 현장 ⓒ다음

지목 : 답
용도 : 계획관리지역

면적 : 393평
매매가 : 3억9천만 원 (평당 약 100만 원)

이 땅은 합필하여 필지분할하려던 토지였으며, 도로는 분으로 따로 사야 했다. 3년 정도 이후 매도하면 많은 차익이 예상되는 곳이다. 인근 톨게이트가 완공이 되면 바로 평당 30만 원 이상은 더 오를 것으로 예상된다.

진행 중인데다 주변 톨게이트도 만들어지고 있네요. 그런 호재에 비해 이곳은 아직 저평가되어 화성시 전 지역 중 그나마 저렴한 곳이에요."

이 지역의 호재에 대해 듣기 위해 우리는 좀 전에 부동산 중개사무소에 들렀던 참이다. 친절한 중개인의 말에 의하면, 이 지역은 산업단지 근로자들을 위한 전원주택과 원룸이 밀집되어 있는 곳이라고 한다. 이곳의 원룸이 그나마 넓고 월세가 저렴하다는 이유로, 근로자들의 주거지역으로 인기가 좋다고 한다. 또 산업단지의 영향을 받은 공장과 창고부지도 인기가 좋을 거라고 했다.

"이곳에 원룸 부지용을 매입한다면 정말 딱이겠는데, 가격이 만만치 않네요. 하지만 매입할 수만 있다면 몇 년 안에 훨씬 높은 가격으로 되팔 수 있을 것 같고요."

현장답사도 식후경

하루의 피곤함을 달래주는 소주 한 잔 생각날 때 _ 우리닭발

회사일과 현장답사 등을 마치고 스스로에게 주는 선물로 소주 한 잔이 생각날 때 들르면 좋을 화성의 동네식당이다. 그저 그런 동네 술집이라고 생각하면 오산이다. 지역주민들의 단골 모임터로 지역의 쏠쏠한 정보 수집을 위해서도 들르면 좋은 곳이다.

낮에는 닭개장, 육개장 등의 식사를 하는 사람들이 넘치고, 저녁에는 쫄깃하고 불향나는 무뼈닭발과 멈출 수 없는 얼큰한 국물닭발에 소주 한 잔 기울이려는 사람들이 모여든다. 술 한 잔 아니더라도 매콤한 맛을 즐기려는 사람들, 가족과 함께 야식을 즐기려는 사람들로 포장 주문도 인기다.

세종시와 맞짱 뜰 날
머지 않은 당진

화성시 임장 후, 풀이 잔뜩 죽은 신중 씨는 한동안 내게 연락도 하지 않았다. 기다리다 지친 나머지 결국 내가 그에게 전화를 걸었다.

"신중 씨, 이번엔 당진 어때요? 당진에서 제가 진짜 끝내주는 매물을 찾았어요. 당진 시내 중에서 현대제철이 있는 송산이나 송악은 평당 100만 원까지 하는 거 아시죠? 하지만 약간 서쪽인 고대면과 석문면에는 평당 40~50만 원 하는 매물이 아직 있답니다. 계획관리지역에 석문국가산업단지 인근인데다 도로도 잘 닦여 있는 땅들이 그렇다는 거죠. 그래서 제가 세미나 때도 이 두 지역을 늘 추천했는데, 기억하시나요? 그런데 신중 씨, 이번에 제가 보고 온 땅이 평당 얼만 줄 아세요?"

"10~20만 원 하는 매물이라도 찾으셨나요?"

"헉, 어떻게 아셨어요오~~?"

석문국가산업단지 인입철도 2025년 완공 확정

충남 당진시의 계획관리지역 땅이 평당 20만 원이다. 이런 매물은 3~4년에 한 번 나올까 말까 하는 땅이다. 충남 서산 출신으로 충청도 사나이의 피가 흐르는 내가 즐겨 찾는 곳이 바로 당진이다. 하도 자주 가다보니, 운 좋게 매매가 6천만 원에 구입할 수 있는 땅을 찾게 된 거다. "심봤다~!"

바로 옆에 위치한 세종시만 해도 최소 2억 원 이상은 있어야 투자가 가능한데 그것에 비하면 정말 거저나 다름없지 않은가? "심봤다"를 세 번 외쳐도 모자랄 판이다. 나는 의기소침해진 신중 씨와 함께 당진으로 출발했다.

"신중 씨, 당진 석문국가산업단지 인입철도 건설이 이번 예타 면제 대상 사업으로 선정된 거 아시죠? 당진 지역 전문가인 저로서는 완전 빅뉴스랍니다."

"알죠."

"근데 왜 이렇게 의욕이 떨어지신 거예요? 무려 예산이 9천억 원이나 되는데 말이죠."

나의 호들갑에 신중 씨가 약간 웃음기를 띠며 입을 열었다.

"당진시 합덕읍에서 아산국가산단과 송산지방산단을 거쳐 석문면 석문산단까지 총연장 31km를 철길로 잇는 사업이고요. 충남 서북구 구가와 일반산업단지, 당진항, 서산 대산항 등에서 발생하는 대규모 산업 물동량과 주변 지역 여객 수요를 원활히 수송하기 위함이라고 지역신문에 자세히 나와 있네요."

신중 씨가 스마트폰으로 뉴스를 검색해 읽고 있었다.

"완공이 언제죠?"

"2025년 완공, 개통될 예정이라고 합니다. 현재 건설 중인 서해안 복선전철과 연계해서 철도망을 구축할 수 있어 아산, 당진, 서산 산업단지에 입주한 기업의 물류비용을 획기적으로 줄일 수 있겠다고 분석해 놨네요.”

한마디로 석문산단 인입철도 건설사업은 중부권 동서횡단철도 사업의 시발점이다. 중부권 동서횡단철도는 서산~당진~예산~아산~천안~청주~괴산~문경~예천~영주~봉화~울진을 연결하는 철도건설 사업이다. 그중 석문산단선은 합덕에서 석문산단까지 연결하는 사업으로 당연히 당진의 땅값에 영향을 미칠 수밖에 없다. 향후 당진은 세종시와 맞먹는 도시로 급성장할 수 있을 것이다.

평당 25만 원, 총 6천만 원으로 상가를 지을 수 있는 땅

“바로 여깁니다. 자, 보세요. 동쪽으로는 2030년에 들어설 소형 물류 경비행장 및 물류단지가, 남쪽은 유동인구 5만 명 이상의 주거단지가 분양 완료되었어요. 북쪽으로는 석문산단이 있고요. 어디 그뿐인가요? 위로 대산과 석문

삼화리 지역분석

을 잇는 도로와 당진 남북을 잇는 615번 메인도로가 지나갑니다. 이렇게 입지 좋은 땅을 발견한 저는 정말 어떤 능력을 타고난 걸까요? 하하하."

"음, 언덕진 땅이라 조망권도 좋겠네요. 계획관리지역이니 펜션이나 주택, 상가 다 될 것 같고요. 괜찮은 매물이네요."

"그렇죠? 도로가 아주 깔끔하게 앞에 나있어서 좋아요. 저희 회원들끼리 200 평씩 필지분할로 네 명이서 매입할 예정입니다. 신중 씨도 하나 선택하시죠?"

"글쎄요, 생각을 좀….."

역시 신중 씨는 너~~무 신중해서 탈이다.

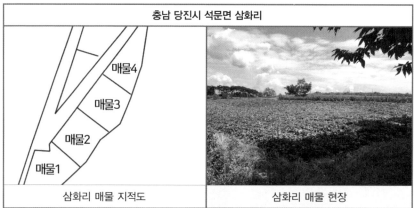

충남 당진시 석문면 삼화리

삼화리 매물 지적도	삼화리 매물 현장

지목 : 전+임야
용도 : 계획관리지역

면적 : 각 약 210~240평
매매가 : 5,300~6,700만 원
　　　　(평당 약 25만 원~28만 원)

2019년 착공을 목표로 하는 에어시티(경비행장)와 2km 거리에 위치하고 석문국가산업단지와는 3km 이내의 거리다. 올해 LNG 가스기지가 착공에 들어갈 예정이며 정부에서 적극적으로 추진하고 있는 '한국형 전기차 제조 클러스터' 사업이 석문산단 내에 조성된다고 한다.
이 땅은 송악IC 진출이 편리한 석문~대산간 도로도 인접해 있고, 당진 시내로 연결되는 유일한 도로인 615번 도로와도 인접해 중심지 진출이 용이하다. 특히 평당 약 20만 원대로 투자할 수 있는 몇 안 되는 기회의 땅이다.

현장답사도 식후경

얼큰하고 시원하게 _ 석문닭개장

닭개장은 예부터 한여름 무더위에 지친 몸을 보하기 위한 음식이다. 닭고기, 부추, 숙주나물 등이 가득한 빨간 국물의 닭개장으로 얼큰하고 시원한 맛을 느껴보자. 삼계탕과는 또 다른 별미고 육개장에서는 느낄 수 없는 특별함이 있다.

고춧가루 팍팍 뿌린 반찬이나 국물 없이는 뭔가 허전한 이들에게 안성맞춤이다.

닭고기를 충분히 우려낸 국물에 닭고기 살을 쭉쭉 찢어 넣고 야채를 곁들여 고춧가루로 간을 한 닭개장은 영양가 만점이다. 땀을 한 바가지 쭉 빼고 싶다면 송송 썰어진 고추를 과감하게 투하해 보자. 이 집의 별미인 아삭한 깍두기는 닭개장의 맛을 한층 업그레이드해 준다.

금싸라기 땅 새만금,
비상할 일만 남았다

"'새만금은 앞으로 서울, 부산, 제주도와 함께 4대 관광지가 될 것으로 본다. 2023년 세계 잼버리대회가 기점이 될 것이며, 무엇보다 국제도시로 성장하려면 국제공항이 들어서야 한다'라고 말씀하셨었죠? 작년 봄 세미나 때요. 이어 가을쯤에는 'GM대우 철수로 군산의 경기악화가 심화되니 정부가 이제 손을 쓸 거다. 그럼 공항 발표도 동시에 날 거라 본다'라고 말씀하셨고요. 근데 정말 국제공항에 8천억 예산이 투여됐네요. 어떻게 그렇게 귀신 같이 맞추셨어요? 와, 진짜 신기합니다. 저는 그렇게 공부했는데도 그런 혜안은 얻지 못했는데, 역시 대박땅꾼님은 뭔가 다르시네요."

"하하, 새만금은 제가 10년 넘게 투자해온 곳이랍니다. 그러니 얼마나 관심 있게 주시했겠어요. 답사까지 합치면 아마 거짓말 살짝 보태 천 번은 다녀왔을 걸요."

"천 번요?"

"네, 거의 그 정도 될 거예요. 국제공항 8천억 원 투자뿐 아니라 군산도 산업 혁신 차원에서 2천억 예산이 확정됐죠. 새만금 국제공항 예타 면제 발표 난 날, 제 전화통이 불났다니까요. 인근 땅 좀 추천해 달라는 분들이 어찌나 많던지요."

10여년 외사랑 끝에 결실 이룬 새만금 땅

나의 땅 투자는 새만금에서 시작되었다 해도 과언이 아니다. 직장 다니면서 땅 투자를 병행하던 햇병아리 시절부터 서해안이 내 눈에 들어왔다. 당시 세계 최강국으로 부상 중이던 중국과 가까울 뿐 아니라 이미 국가개발계획이 잡혀 있었기 때문이다.

새만금 사업은 잘 알려진 것처럼 전북 군산, 김제, 부안 인근의 해안을 매립해 글로벌 복합도시로 조성하는 사업이다. 시작은 1991년부터였다. 총면적은

새만금 방조제

서울 여의도의 140배인 409km², 총사업비는 약 22조 원이다. 당시 2020년까지 계획한 면적의 73%를 조성한다는 게 정부의 목표였으나 환경단체 반발, 정부 교체 등으로 지지부진했다. 하지만 나는 확신했다. "국가가 저렇게 넓은 땅에 일을 벌려놨는데 그냥 놔둘 리 없어"라는 믿음이 있기 때문이다. 느긋하게 천천히 가자란 심정으로 부안 일대 중심으로 땅을 사들이며 늘 지역신문과 정부 발표에 촉각을 곤두세웠다.

그러던 중 2011년에 호재가 터졌다고 착각한 사건이 일어났다.

"삼성, 새만금 신재생에너지 용지에 20조 원 규모의 투자 계획을 밝히고 양해각서(MOU)체결."

나는 환호성을 질렀다. 내친김에 투자자금을 더 끌어들여 부안 일대의 땅을 사들였다. 하지만 5년 뒤, 삼성은 관련 사업을 잠정 보류한다는 선언과 함께 발을 쏙 뺐다. 배신감에 온몸이 부르르 떨렸다.

'삼성이 어떻게 내게 이럴 수가!'

삼성은 나란 존재를 알지도 못하건만, 믿었던 친구가 내 돈 떼어먹고 도망간 것 같은 괘씸함에 불면의 밤을 보냈다. 퀭한 얼굴로 몇 날 며칠을 좀비처럼 돌아다니던 나는 큰 깨달음 하나를 얻었다.

'MOU는 믿을 게 못 되는 거였어, 확정발표가 아니면 일단 의심해 봐야하는구나.'

부안 변산은 더 이상 폐허 아닌 미래 국제도시

나는 한 달에 두 번은 꼭 제주도에 간다. 회원들과 답사는 물론 개인적으로 땅을 보러가는 일도 잦다. 그때마다 꼭 우측 창가 자리를 예약한다. 제주도행은 서해안 라인을 따라가므로 높은 곳에서 새만금 매립상황을 한눈에 볼 수 있다. 현장에서는 변화가 잘 와닿지 않지만, 비행기 창문 밖으로 보면 달라지는 모습이 확연히 보인

비행기 창가에서 찍은 새만금

다. 그렇게 나는 희망의 끈을 부여잡곤 했다. 다소 느릴 뿐 변화가 있다는 확신이 들었으니까.

그 즈음 우연히 TV에서 영화 〈변산〉을 보게 되었다.

"내 고향은 폐항, 내 고향은 가난해서 보여줄 건 노을밖에 없네."

고향이 전북 부안군 변산읍인 주인공 학수가 고등학교 시절에 쓴 시다. 짧은 한 줄인데 왜 그리도 심금을 울리던지. 부안이야말로 제2의 내 고향 같은 곳이니 더 그랬다. 영화 배경이 된 곳도 내소사, 채석강 등 내가 휴가지로 자주 갔던 곳들이라 눈물나게 반가웠다. 배우 김고은이 분한 선미가 찰진 사투리로 하는 말들은 또 어찌나 가슴에 꽂히던지.

"언제까지 피해다닐 것이여. 니는 정면을 안 봐. 그건 너에 대한 예의가 아녀, 고향에 대한 예의가 아녀."

이제 변산은 학수가 씁쓸해하던 예전의 폐항이 아니다. 서울과 부산, 제주도와 함께 나란히 대한민국의 4대 도시로 거듭날 테니까. 나는 영화 속 방황하는

학수의 두 손을 꼭 잡은 채 이렇게 말하고 싶었다.

"학수야, 변산은 예전에도, 지금도 아름답지만 앞으론 더 찬란해질 거야. 고향을 부끄러워하지 말어. 너에 대한 예의가 아녀, 고향에 대한 예의가 아녀."

나의 읊조림을 배신하지 않는 듯, 드디어 작년 9월 전북 새만금 지역의 개발을 주도할 새만금 개발공사가 출범했다. 그간 민간과 공공 사이를 오락가락하며 투자자들의 마음을 들었다 놨다 하더니, 문재인 대통령 취임 후 공공주도의 개발방식을 선언한 것이다.

"새만금 개발사업 속도 내라. 새만금 개발공사 설립은 국민과 전북도민과의 약속이다."

문재인 대통령이 직접 국무회의 주재 자리에서 이렇게 언급하며 공사 설립 당위성에 힘을 실어주었다.

"최근 현대중공업 군산조선소 가동 중단, 한국 GM 공장 폐쇄 등으로 군산을 포함한 전북 지역경제가 어려움을 겪고 있고, 많은 주민이 충격과 상실감에 빠져 있다. 새만금 개발사업의 속도를 높여 지역발전의 비전을 가시적으로 보여줌으로써, 지역민들이 빠른 시일에 안정을 되찾고 일자리와 지역경제의 활력을 회복할 수 있도록 노력해 주길 바란다."

이 기사를 접한 나의 믿음은 더욱 확고해졌고, 새만금 답사에 더욱 열을 올렸다. 답사 회원들에게 "10년도 아니다, 이제 5년 후면 판세가 달라질 거다"라고 자신 있게 말하면서.

사실 지자체 사업이 틀어지면 대체불가하다. 하지만 정부가 대책을 마련해 주기도 한다. 경북 경주 역시 방사능폐기장이 들어섰지만, 그에 따른 보상으로 정부가 다른 개발을 제시한 것처럼 말이다. 군산 역시 경기회복 차원에서 정부가 다른 개발을 제시할 것이고 그와 동시에 새만금 투자발표도 조만간 날 거라고 확신할 수 있다.

아니나 다를까 그로부터 한 달 후, 정말 예타 면제 대상지로 새만금과 군산에 예산이 편성된 거다. 산업혁신과 국제공항 유치를 위한 비용이다. 이걸 보고 신중 씨가 귀신같다고 말한 것이다. 해당 지역 뉴스를 꾸준히 보고 분석하다 보면 이런 예상이 가능해진다. 물론 몇 번의 시행착오를 거쳤지만 값진 공부였으니 미련은 없다.

새만금에서 개성을 거쳐 유럽까지

새만금은 단순히 서해안 호재에 그치지 않는다. 교통망이 이를 증명한다. 앞으로 서해안 복선전철 완공으로 개성에서 새만금까지 대략 한 시간 반이면 이동할 수 있게 된다. 서해안 복선전철이 새만금에서 송산, 홍성 구간까지 연결되기 때문이다. 이제 군산 대야역에서 서해안 복선전철, 대곡~소사선, 경의선 연결을 통해 북한의 개성을 거쳐 중국으로 들어가는 거대한 서해축이 형성될 것이다.

남북한 화해무드가 서해안인 새만금까지 영향을 끼치고 있다는 뜻이다. 문재인 정부 역시 전북지역에 대해 이렇게 말했다.

"동북아 경제 허브, 그리고 중국과의 경제교류 중심지가 될 곳이 바로 새만금이다. 핵심 인프라를 빠른 시간내 구축해 새만금이 환황해 경제권의 거점이 되도록 최선을 다하겠다."

이를 위해 새만금은 한반도를 X축으로 관통하는 교통망을 구축해 추진할 예정이다. 전북지역은 호남선과 전라선, 장항선 등이 이에 활용될 거라고 전망한다.

특히 현재 진행 중인 새만금 인입철도를 주목해 보자. 군산시 대야역에서 새만금 신항을 잇는 노선으로, 타당성 조사가 진행 중이다. 국토부의 제3차 국가 철도망 기본계획의 사업기간은 2025년까지지만, 새만금 신항만 건설과 함께 새만금 물류산업 복합단지를 조성하고, 한중 경협단지와 시너지 효과를 내려면 좀 더 빨리 끝내야 한다. 2022년까지 완공 계획을 세운 이유다.

지난해 개성 판문점역에서 열린 남북철도 연결 착공식을 기점으로 남과 북의 철도 혈맥이 이루어질 거란 기대가 크다. 완공이 되면 우리가 그토록 염원하던 신경제지도가 완성되어 세계 물류시장 변화를 일으킬 수 있다. 정부가 추진하는 남북철도는 중국과 러시아를 거쳐 유럽까지 뻗어나가는 걸 목표로 하고 있다. 새만금에서 철도를 타고 유럽여행을 떠날 수 있을 뿐만 아니라 제품을 수출한다면 어떨까? 해운수송보다 운송비용과 시간이 절반 이상 단축되므로, 국제적 물류 수요 역시 크게 증가할 것이다. 이제 새만금은 유라시아 교통의 구심

부안 청호저수지 ⓒ네이버

점이자 세계로 뻗어나갈 창구 역할을 톡톡히 해낼 일만 남았다.

"신중 씨, 새만금이 얼마나 비약할 것인지 이쯤 되면 감이 오지 않나요? 물론 저는 새만금 땅값이 급등하는 걸 우려하는 편입니다. 서서히 올랐으면 하는 바람입니다. 아직 기회는 많으니까요."

"대박땅꾼님, 저는 새만금 땅을 매입하고 싶습니다. 군산은 너무 비싸죠?"

신중 씨 입에서 드디어 매입이란 단어가 나왔다.

"맞습니다. 군산은 늦은 감이 있죠. 김제는 절대농지라는 단점 때문에 한번 묶이면 언제 풀릴지 모르고요. 하지만 부안은 다르죠. 잘 아시겠지만 앞으로 국

전북 부안 계화면 의복리

의복리 매물 지적도	의복리 매물 현장 ⓒ네이버

지목 : 대지	면적 : 104평
용도 : 제2종 일반주거지역	금액 : 1억800만 원 (평당 약 100만 원)

현재 새만금 명품복합단지 내에 예상되는 배후주거지로, 계화, 창북리와 더불어 가장 인기 있는 곳에 해당한다. 새만금 개발지와 1km거리, 의복리 내의 상업지역과 30m 초근접 거리로, 제2종 일반주거지역이다. 평당 100만 원이라서 다른 새만금 지역에 비해 비싸게 느껴질 수도 있다. 상업지 대체지로서 이용이 가능하기 때문이다. 2020년 완공예정인 남북2축도로의 특급 수혜지인 의복리는 지가상승 폭이 클 거라 예상된다. 인근에 위치한 청호저수지와 약 1km 거리로 조망이 좋아, 고급 펜션이나 전원주택지로도 수요가 많을 것으로 기대된다.

제업무지구와 관광레저 역할을 하게 될 거고요. 아직까지 5천만 원 내외로 투자할 곳들이 있죠. 신중 씨, 투자금액이 3억 원이었죠? 제가 정말 끝내주는 1억짜리 매물을 보여드릴게요. 전망도 좋아 펜션 용도로도 손색이 없을 겁니다."

"신중 씨, 삼국지에서 삼국을 통일한 사람이 누구죠?"

"사마의의 자손이었죠."

"네. 마지막에 이기는 사람은 인내심 강하고 신중한 사람이라는 교훈을 주는 것 같죠? 사마의는 만년 2인자인 잠용이었잖아요. 하지만 스스로를 믿고 누가 알아주지 않아도 꾸준히 공부했으며 토론하길 즐겼다고 하지요. 책으로 배운 지식은 실천으로 꼭 옮겼고요. 조조처럼요. 저는 진정한 지식은 행동과 결합될 때 비로소 완성된다는 걸 땅 투자를 통해 배웠답니다."

Tip. 예비타당성조사란?

사회간접자본(SOC), R&D, 정보화 등 대규모 재정 투입이 예상되는 신규 사업에 대해 경제성, 재원조달 방법 등을 검토해 사업성을 판단하는 절차다. 선심성 사업으로 인한 세금 낭비를 막기 위해 1999년 도입했다. 해외사업에 대한 예비타당성조사는 2011년 도입됐다.

타당성조사가 주로 기술적 타당성을 검토하는 반면, 예비타당성조사는 경제적 타당성을 주된 조사 대상으로 삼는다. 또한 조사도 타당성조사의 경우 사업 시행기관이 담당하는 반면, 예비타당성조사는 정부의뢰로 국책연구기관인 한국개발연구원(KDI)이 담당하며, 조사기간은 6개월(긴급사안은 3개월)이다.

하지만 2018년 4월 17일 기획재정부가 국가재정법을 개정하고 이에 따른 후속조치로 당일부터 국가연구개발사업의 예비타당성조사를 과기정통부로 위탁했다. 이에 따라 과기정통부는 R&D 예타 대상 사업 선정과 조사, 수행 전문기관 지정, R&D 지침 마련 등 R&D 예타 업무를 포괄적으로 수행하게 된다. 총사업비가 500억 원 이상이면서 국가 재정지원 규모가 300억 원 이상인 건설사업, 정보화사업, 국가연구개발사업 등이 대상이다.

공공건설사업의 경우에는 예비타당성조사를 통하여 타당성이 검증된 경우에 한하여 타당성조사·기본설계비→실시설계비→보상비→공사비의 순서로 예산을 반영하도록 되어 있다.

출처 : 네이버 지식백과

현장답사도 식후경

뽕잎향 솔솔 나는 따끈한 죽 한 그릇 _ 김인경 원조바지락죽

전라도는 맛있는 음식으로 유명하고, 그중에서도 김인경 원조바지락죽을 빼면 섭섭하다. 부안에 가면 꼭 들르는 맛집이다. 주문받은 다음 죽을 쑤기 때문에 약 25분 이상 기다리는 센스가 필요하다. 벽을 빼곡하게 채운 유명인들의 사인은 기다리는 25분을 금방 지나가게 해준다. 사인을 구경하다 보면 어느새 25분이 지나고 음식이 나온다.

부안의 특산품인 뽕잎바지락죽이 이곳의 주메뉴다. "넉넉한 기다림 속에 넉넉한 맛이 나오고 넉넉한 건강이 생겨납니다." 메뉴판 아래 써놓은 문구가 마치 10년 이상 묵혀둔 새만금 땅을 바라보는 내 심정 같다.

오랜 기다림 끝에 맛있게 먹는 낙이란! 노란 바지락과 푸릇한 뽕잎은 눈을 즐겁게 해주고, 뽕잎향은 코를 즐겁게 해주고, 퍼지지 않은 깔끔하고 부드러운 죽은 입을 즐겁게 해준다. 많은 양과 친절한 서비스는 마음을 즐겁게 해주고, 뽕잎바지락죽 1만 원이라는 저렴한 가격에 나의 지갑이 비명을 지르지 않아도 되니 이또한 즐겁지 아니한가?

2강. 부동산 투자 레벨 테스트

1. 새만금에 투자해야 한다고 할 때 '움푹 파인 개발지 인근 토지'와 '흙이 쌓인 개발지 인근 토지' 중 어느 토지에 투자하는 것이 좋을까?

① 움푹 파인 개발지 인근 토지

② 흙이 쌓인 개발지 인근 토지

2. 다음 노란 깃발이 의미하는 바가 무엇일까?

① 토지보상 협의 진행 중

② 토지보상 진행 중

③ 토지보상 완료

3. 다음 중 어떤 토지에 투자하는 것이 좋을까?

① 묘 1기가 있는 땅

② 축사단지가 있는 땅

4. 다음 중 어떤 것이 절대 농지일까? 그렇게 생각한 이유를 설명해 보자. (시각적인 특징만 참고)

①

②

3장
50대 도전녀, 임야로 인생역전하기

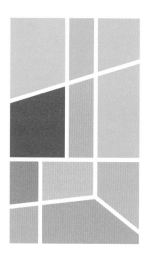

세종~청주,
12분 만에 간다

"하도 엄마들이 세종시 노래를 불러서 한 번 가보려고요."

카페에서 운영하는 세종시 답사 신청란에 이런 글을 남긴 도전녀 씨. 땅 투자는 처음이라고 했다.

10년 넘게 답사를 진행하면서 격세지감이란 말을 요즘처럼 많이 실감한 적도 드물다. 남성 회원들만 바글거리던 초창기 때와 달리 여성 회원수가 점점 늘고 있기 때문이다. 무척 바람직한 현상이라 흐뭇해 하고 있던 중, 문득 오래전 그날이 떠올랐다. 답사지로 향하는 승합차량에 마지막으로 한 여

여성 수강생을 위한 대박땅꾼의 외부강연

성 회원이 탔던 그날 말이다.

한눈에 봐도 그녀는 당황한 기색이 역력했다. 죄다 시커면 남성 회원만 차 안에 가득해서 그런 것 같았다. 그녀에게 최대한 사근사근 말을 걸어주었지만, 도통 반응이 없었다. 그저 망연히 창밖만 바라볼 뿐이었다.

"불편해 하지 마세요, 저희 나쁜 사람들 아닙니다. 하하하."

내 말에 다른 남성 회원들도 같이 껄껄 웃어 주었다. 그녀의 어색함을 풀기 위해 모두 애쓰는 눈치였다.

"자, 잠시 쉬어가겠습니다."

휴게소에 도착했다. 다들 차량에서 내려 화장실에 들리거나 커피 한 잔씩 마시고 10분 후에 다시 탑승하기로 했다. 그런데 그녀의 모습이 보이질 않았다. 휴대폰으로 전화를 걸었지만 받질 않았다. 불안한 예감이 스쳤지만 내 예감이 맞지 않길 바라며 말했다.

"조금만 더 기다려보죠."

내가 애써 침착하게 말하는데, 한 회원이 손가락으로 창문 밖을 가리켰다.

"어, 저기?"

그녀가 후다닥 달려가더니 모범택시의 문을 열고 있는 게 아닌가? 다급한 마음에 택시를 부른 모양이었다. 답사지로 가는 내내 슬프기도 하고 조금은 웃기기도 했다. 우리 나쁜 사람 아닌데…. 여자 혼자 모르는 남자들과 차를 타고 어딘가를 가는 것이 불안했나보다.

지금은 평일 답사에 주부님들이 더 열성적으로 참여할 만큼 상황이 역전됐다. 출근한 남편을 대신해 토지 투자에 나서겠다고 두 팔 걷어부친 열혈 회원이 얼마나 많은지 모른다.

넘사벽 땅값, 예타 면제 지정으로 더 껑충

안타깝게도 답사에 오지 못한 도전녀 씨. 전날 토지 공부를 너무 열심히 하느라 새벽에야 잠을 잔 탓이란다. 결국 그녀는 내게 따로 답사 신청을 해왔다.

"세종시 땅 좀 한 번 봤으면 좋겠습니다."

"세종시 가는 게 소원이시라면, 제가 이뤄 드릴게요. 한 번 가시죠."

그렇게 우리는 세종시를 첫 임장지로 선택했다.

"도전녀 씨, 세종시는 말해 뭣하겠어요. 신도시 크기가 5~24km²인데 세종시는 무려 465km²잖아요? 게다가 최근 예타 면제 시로 지정된 거 아시죠? 뉴스 검색 한번 해볼까요?"

"어제 꼼꼼히 사전 조사했는데, 다시 한번 숙지할게요."

도전적인 자세로 스마트폰을 검색하는 도전녀 씨. 될성부른 나무는 떡잎부터 다르다고, 토지 공부에 임하는 자세부터 남다른 도전녀 씨가 예사롭지 않아 보인다.

"세종과 청주 사이를 잇는 고속도로에 8천억 원이 투입됐네요. 사업구간은 세종시 장군면에서 청주시 남이면까지 총 20km. 32분 걸렸던 두 도시를 이제 12분 만에 오갈 수 있게 됐어요. 이로써 대산과 당진, 영덕을 잇는 동서4축이 완성될 것이라네요. 12분이라니! 그렇지 않아도 호재가 많은 세종시인데, 땅값이 더 치솟겠어요. 진즉에 땅 사둔 엄마들은 얼마나 좋을까요?"

"뭐 꼭 세종시 땅만 땅은 아니잖아요? 분명 도전녀 씨만의 토지가 어딘가에 있을 겁니다."

"그렇겠죠? 저도 부자 엄마 좀 되보겠어요. 파이팅!"

두 주먹을 불끈 쥔 그녀의 눈빛이 이글이글 타올랐다.

스마트시티 효과, 80평 폐가부지 18억

스마트시티는 세종 5-1생활권에 83만 평 부지로 조성되는 사업이다. 5G세대,(이동통신의 다섯 번째 세대라는 뜻으로, 5G의 속도는 4세대(LTE)의 최대 20배인 20Gbps에 이른다. LTE로는 2GB 영화를 내려받는 데 16초가 걸린다면 5G에서는 단 0.8초면 된다.) 운전자가 조작하지 않아도 자동으로 주행하는 자율주행차, 보안기술인 블록체인 등 4차 산업혁명 기술을 적용한 행복도시로, 창조적 기회를 제공하겠다는 포부로 추진되고 있다.

도전녀 씨와 나는 스마트시티 인근인 부강면으로 향했다. 과연 이 주변 땅값은 어떨지 궁금했기 때문이다.

"이곳은 명학산업단지 근처인데다 스마트시티 일대라 평당 500~700만 원이에요. 농지가요. 물론 계획관리지역 내 농지지만요."

주변의 시세를 알아보기 위해 문을 열고 들어간 부동산 중개사무소의 공인중개사가 한 말이다. 도전녀 씨와 나는 헛웃음을 터뜨릴 수밖에 없었다. 너무

18억 원짜리 폐가 앞에서

기막혀서 말이 나오지 않을 정도였다. 농지는 아무리 작아도 500~1,000평이니 무려 25~70억 원이란 뜻이다.

"그럼 대지는 얼마인가요? 평당."

"2천만 원 정도예요. 저희도 기가 막혀요. 6년 전에 비해 10배나 오른 거예요."

"오다가 저기 앞 폐가가 있는 부지를 봤는데, 거긴 얼만가요?"

도전녀 씨가 호기심이 생겼는지 물었다.

"아, 거기요. 폐가라고 무시하면 안 돼요. 80평인데 18억 원이에요. 거기가 얼마나 핫한 땅인데요."

"부안의 폐가는 2천만 원이었는데! 솔직히 사람도 별로 없는 썰렁한 도시가 뭐 이리 비싼 거야?"

혼자 중얼거리는 듯 말했는데, 목소리가 너무 컸나? 공인중개사가 귀신같이 알아듣고 친절하게 답해 주었다.

"하하, 낮에 와서 그래요. 다들 산업단지에서 일하고 있으니까요. 저녁에 와

대박꿀팁! : : : : :

부강역 뒤쪽 땅은 절대 사면 안 돼!

부강역 사거리는 평당 1천만 원이다. 하지만 뒤쪽 땅은 반대로 완전히 싸다. 8년 동안 단돈 1만 원도 오르지 않았다. 문화재가 있기 때문이다. 스마트시티 인근이 대박 호재란 이유로, 뒤쪽 땅이라도 사겠다고 덤볐다간 큰일 난다.

부강역 정문 방향

보세요. 퇴근한 젊은이들이 얼마나 많은데요. 이쪽은 원룸 월세가 35만 원밖에 안 되거든요. 그러니 젊은 직장인들 주거지는 다 이쪽일 수밖에요. 여기 원룸은 공실이 하나도 없어요."

"그럼 여기에 원룸을 지으면 대박 나겠네요?"

이번엔 내가 궁금해 물었다. 하지만 역시 돌아온 건 부정적인 대답뿐이었다.

"안타깝게도 부지가 없어요."

평당 100만 원 이하 땅 있는 곳, 조치원 인근

투자가치가 있으면서, 평당 100만 원 이하로 살 수 있는 땅이 있는 곳은 조치원읍 인근이다. 연서면 고복리의 생산관리지역 땅인데 평당 약 70만 원대로, 총 매매가는 1억 7,000만 원이다. 이 매물을 소개해준 해당지역의 이장님께서 꿀팁까지 알려 주셨다.

현황도로

"세종시에서 도시지역 땅을 살 때 주의해야 할 사항이 있어. 녹지지역은 도로가 없으면 전부 맹지거든. 사도가 있어도 허가 받기 쉽지 않아. 반면 도시지역 밖의 관리지역은 지적도상 도로가 없어도 현황도로가 있으면 허가가 난다니까? 과거 새마을운동 시절 닦아놓은 도로라서 그래. 사실 이건 아무나 알려주지는 않는데, 세종시만의 특별 조례법이야. 알고 있으면 좋지."

"무슨 말인지 잘…."

도전녀 씨가 고개를 갸웃거렸다.

"음, 세종시에서 녹지지역 내의 땅을 사면 10년은 묵혀두어야 한다는 뜻이지요. 맹지는 여간해서는 잘 오르지 않으니까요."

"그러니까 세종시의 관리지역을 사야 한다는 것이지요? 그나저나 너무 비싸네요. 수도권도 아니면서…."

"세종시가 동, 서, 남, 북쪽에 있는 도심 인구들을 전부 빨아들이는 블랙홀

세종시 연서면 고복리	
고복리 매물 지적도	고복리에 위치한 배밭

지목 : 전
용도 : 생산관리지역

면적 : 245평
매매가 : 1억7,000만 원

세종시에 흔치 않은 평당 70만 원짜리 토지다. 현재 인기 많은 지역과는 거리가 있지만, 조치원은 세종시에서 개발하려고 노력하는 지역이다. 더불어 인근에는 드라이브 코스로 인기가 좋은 곳들이 많다. 그래서 카페나 가든형 음식점들도 증가하는 추세다. 전원생활이나 토지 투자 보유시에는 이처럼 조금은 저평가된 지역을 찾아보는 것도 좋은 방법이다.

같아서 그렇답니다. 북쪽으로는 천안, 서쪽으로는 공주, 남쪽으로 대전, 동쪽으로는 청주로 둘러싸여 있거든요. 도로망이 바뀔 때마다 인구 유입율은 더 높아질 수밖에요. 게다가 2025년에 서울~세종고속도로가 개통되면 서울 사람들도 이쪽으로 더 많이 몰리겠죠? 가격에 다소 거품도 있겠지만, 당분간 더 오르지 않을까요?"

"세종시 땅은 여러모로 제겐 어렵겠어요. 하지만 오늘 큰 공부했네요. 제 수준에 맞는 땅 투자법 좀 알려주세요, 대박땅꾼님!"

현장답사도 식후경

구수하고 진한 삼계탕 _ 돌기와집

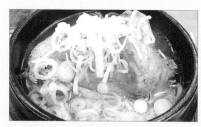 

돌기와를 얹어 지은 식당이라 이름이 돌기와집인 곳이 있다. 양 많은 한방삼계탕이 단돈 1만 원이다. 싸다고 안에 들어간 재료가 부실하거나 닭이 작을 것이라고 생각하면 오산이다. 닭이 잘 안 보일 정도로 송송 썰어낸 파 고명을 살짝 걷어내면 인삼, 마늘 등 몸에서 열 팍팍 나는 재료들이 가득 들어 있다. 그리고 속에서 상당히 큼지막한 뽀얀 닭 한 마리의 자태가 우아하게 드러난다.

보기만 해도 기분이 좋아진다. 살은 야들야들하고, 잡내 따윈 없고, 오랫동안 푹 고아진 듯 국물이 진하고 구수한 게 일품이다. 단 돈 1만 원인데 이렇게 알짜일 수가! 더욱 놀라운 것은 보신탕도 1만 원이라는 것이다. 보신탕도 맛이 있는지 주문하는 사람이 꽤 많았다. 언제나 발 디딜 틈 없이 사람이 많지만 메뉴를 통일하면 제법 빨리 나오니 기분 좋게 한 그릇 먹을 수 있고, 가격에서나 맛에서나 만족하고 또다시 찾게 될 것이다.

경매로 싸게 낙찰 받은 임야,
산림청에 팔자

농지는 줄이고 산지는 자연보호를 위해 개발을 억제하고 있는 게 요즘 추세다. 우리나라의 산지 중 25%가 국유림인데 앞으로 35%까지 늘릴 예정이라고

파주지역에서 흔히 볼 수 있는 크고 작은 임야들

한다. 그렇다면 10%를 어떻게 늘린다는 뜻일까?

"어떤 뜻일까요? 도전녀 씨."

"개인 땅을 국가가 사들이지 않을까요?"

"맞습니다, 딩동댕~! 개인이 소유한 큰 산들을 산림청에서 매입한답니다. 물론 비싼 값을 쳐주진 않겠지만 이걸로도 충분히 땅테크가 가능하답니다."

임야로 보상 최대한 많이 받으려면

"어떻게요?"

"여러 번 유찰된 경매물건이라면 싸게 낙찰받을 수 있겠지요? 덩치가 큰데다 여러 하자가 있는 임야라면 더더욱요. 전국에 평당 1천 원도 안 되는 임야가 꽤 많거든요. 그런 매물을 찾아 산림청에 문의해 보면 됩니다. 만일 매입 가능하단 답변을 듣게 된다면 자세히 알아보는 것이 좋습니다. 나라에서 산다면 감정가격으로 보상받을 수 있답니다. 도전녀 씨, 한 번 도전해 보실래요? 아참, 여기서 포인트는 낙찰받은 뒤 '2년 이상 보유'해야 한다는 거예요. 그래야 양도세 6% 감면받으면서 새롭게 책정된 감정가액으로 보상받을 수 있으니까요."

"네, 무조건 할래요. 도와주세요, 대박땅꾼님."

망설임이 전혀 없는 게 마치 성급 씨를 보는 것 같았다.

"그렇다면 제가 매물을 검색해 보겠습니다. 아무래도 도로 없는 맹지거나 보전관리지역의 임야면 훨씬 싼 값에 낙찰받을 수 있으니 그것부터 살펴 볼까요?"

소재지	경기도 가평군 조종면 신상리	물건종별	임야
토지면적	5,064㎡	건물면적	–
감정가	135,062,000원	최저가	(34%) 46,326,000원

신상리 경매물건 지적도	신상리 경매물건 항공뷰 ©네이버

"1,531평에 4천만 원대 매물이에요. 무려 34%까지 떨어졌네요. 경매물건의 북동측과 북측은 경사가 심하지만 경매물건까지 차량진입이 가능하고 완전한 자연림이에요. 일부 개간허가를 득해 공사를 진행하다가 중단한 모양이네요. 용도가 자연보전권역에 농림지역이에요. 이런 땅은 산림청에서 사가지 않겠어요? 신상리, 운악리, 봉수리 등 인근에 골프클럽이 많네요. 캠핑장과 펜션이 밀집되어 있는 지역이에요. 땅의 특성상 크게는 아니어도 분명히 오를 겁니다."

"4천만 원대면 도전해 볼 만한 가격이네요."

"물론이죠. 임야의 경우 경락대출금액이 다른 토지보다는 적게 나오지만, 대출을 이용하면 더욱 적은 금액에도 투자가 가능해요."

토지의 경락잔금대출은 지목별로 대출금액이 다르다. 보통 전, 답 같은 농지와 과수원, 대지는 낙찰가 대비 80% 정도의 경락잔금대출이 나온다. 다만 임야는 낙찰가 대비 20% 정도로 생각하고 임하는 것이 좋다.

"경매로 투자하고, 2년 후에 감정가가 2천만 원만 올라도 웬만한 재테크 저리 가라 아닐까요?

"네, 아주 마음에 드는 땅입니다."

도전녀 씨가 아이처럼 신나했다.

"대박땅꾼님, 이렇게 숨겨진 보물같은 땅이 또 있을까요? 이번엔 저도 한번 찾아볼게요. 대박땅꾼님의《당신의 땅을 가져라 - 경매편》으로 공부했으니 할 수 있어요."

도전의식이 강한 도전녀 씨!

"그, 그러실래요?"

"네, 찾아보고 말씀드릴게요."

하지만 아무리 기다려도 도전녀 씨는 아무 말이 없었다. 열심히 임장을 다닌 뒤라 그럴까? 차 안에서 조용히 기다리다 보니 졸음이 몰려 왔다. 인내심을 발휘하려 애썼지만 역시 역부족이었다.

"도전녀 씨, 숙제로 내드릴게요. 오늘 안에는 힘들 것 같아서요, 하하."

며칠 후, 그녀에게 카톡이 왔다.

"대박땅꾼님, 이 매물 어때요? 3천 평에 4천만 원대에요."

"여기는 연천군이네요. 접경지역의 군사보호구역이 해제되는 추세니까 괜찮겠네요. 대단하신데요? 이런 걸 다 찾고."

"실은 큰아들이 찾아줬어요. 옆에서 지켜보기 답답했는지 직접 찾아보더라구요."

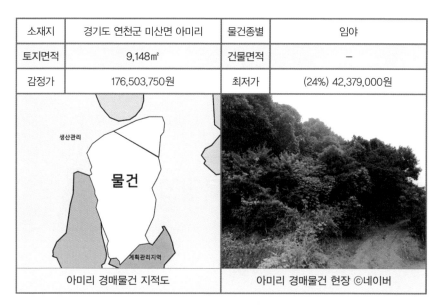

소재지	경기도 연천군 미산면 아미리	물건종별	임야
토지면적	9,148㎡	건물면적	–
감정가	176,503,750원	최저가	(24%) 42,379,000원

아미리 경매물건 지적도	아미리 경매물건 현장 ⓒ네이버

"잘 찾으셨네요. 이 두 매물 다 도전하시겠어요?"

"고민해 봤는데, 대박땅꾼님이 골라주신 게 더 좋을 것 같아요. 이 물건도 괜찮아 보이기는 한데 한꺼번에 종잣돈을 다 써버리는 건 부담스럽고 한 가지만 할게요."

"잘 생각하셨어요. 그럼 나머지 7천만 원은 다른 데 투자해 보죠."

500원에 구입한 나무,
1만 원에 판매하는 목테크

"첫 땅을 가진 기분이 어떠세요?"

도전녀 씨는 비교적 쉽게 해당 임야를 낙찰받았다. 드디어 그토록 원하던 지주가 된 것이다.

"물론 기분 좋죠. 근데 동네방네 자랑했더니 친구들이 놀리는 거 있죠? 1,500평이나 되는 산을 2년 동안 어떻게 갖고 있냐구요. 등산이나 와야겠다나요?"

"그럼 그 땅을 놀리지 말고 최대한 활용해 볼까요?"

임야, 놀리지 말고 돈나무 심자

땅을 매입한 다음 마냥 놀리기 아쉽다면 나무 재테크 일명 목테크에 도전해 보자. 나무를 심어 팔면 의외로 큰 수익을 올릴 수 있다. 물론 심고 관리하는 수고가 따르겠지만, 이 수고를 최소화하려면 기르기 쉽고 잘 팔리는 나무를 선택하면 된다.

전문가들이 가장 추천하는 나무는 가로수용이다. 공해 적응력이 높고 기르기

어린 묘목을 심어놓은 토지

쉬워 수요가 가장 많기 때문이다. 느티나무, 왕벚나무, 이팝나무, 은행나무 등이 가로수용이다.

"목테크요? 그럼 산에 씨앗을 뿌려야 하나요?"

"하하, 그러기엔 시간이 너무 많이 걸리니까 묘목을 직접 심거나 다 자란 성목을 심어 더 가치 있는 나무로 만든 다음 되파는 게 좋지 않을까요? 보통 초보자들에게는 2~4년생 묘목이 가장 적합하다고 하네요. 무엇보다 큰 비용 안 들이고 시작하기 쉬운 재테크법이고요."

"3년생 묘목이 부담 없을 것 같아요. 큰 나무는 어떻게 옮겨 심어야 할지 막막하구요."

나무는 성장에 따라 종자에서 묘목 → 묘목에서 중간묘 → 중간묘(또는 묘목)에서 성목, 이렇게 3단계로 나눌 수 있다.

묘목일수록 키우는데 손이 많이 가지만, 저렴하게 구입해 높은 가격에 팔 수 있는 장점이 있다. 물론 도전녀 씨처럼 임야 면적이 넓을 땐 성목을 키우는

게 이득이다. 하지만 초보자인 걸 감안할 때 2단계를 시도해 보는 것이 좋다. 어린 묘목인 1~2년생을 50cm 간격으로 재배해 2~3년 동안 키우면, 높이 2m 내외 직경 3~4cm 정도의 중간묘가 된다.

어린 묘목은 단돈 500원이면 구입할 수 있다. 하지만 중간묘가 되면 5천 ~1만 원에 팔 수 있다. 5천~1만 원에 중간묘를 구입해 심은 뒤 5년 뒤에 직경 12cm 이상의 나무가 되었을 때 팔아도 된다. 이런 성묘는 15만 원 정도다. 성묘의 경우 잘 키우기만 하면 나무의 가치가 수백만 원에서 수천만 원으로 오르기도 한다. 하지만 초보자가 시도하기는 다소 부담스러울 테니, 1단계나 2단계를 시도하는 것이 좋겠다.

"한 달에 한두 번 정도 병충해 방지작업이나 가뭄을 대비해 물을 주는 등의 수고는 필요해요. 하지만 500원짜리 나무를 2년 후에 1만 원에 판다고 생각해 보세요. 그루당 무려 20배 수익을 올리는 셈이니 대박 아닌가요?"

"어머나, 정말 꿈만 같아요. 이러다 저 진짜 금방 부자 되겠어요. 목테크 당

나무를 키우는 중

장 시작할래요. 산에서 좋은 공기도 마시고 돈도 벌고! 2년 동안 그냥 놀리나 했는데, 이런 것도 재테크가 된다니 정말 신기해요. 지금 당장 나무 사러 가야겠어요. 근데 나무는 어디서 사죠?"

"도전녀 씨, 묘목은 주로 봄에 거래돼요. 중간 상인인 수집상을 통하거나 온라인 거래 사이트 등을 이용할 수 있어요. 아직 시간이 있으니 천천히 알아보도록 합시다."

대박꿀팁! : : : : :

임야에서 나무 키울 때 꼭 알아야 할 것 두 가지

1. 나무를 키우는데 특별한 자격이나 허가는 필요 없다. 하지만 지목이 임야라면, 나중에 출하할 때 관할 지자체나 산림청에 굴취 허가 또는 신고를 해야 한다.

지목상 임야에서 키우는 나무

2. 감나무, 산돌배나무, 밤나무처럼 열매가 열리는 유실수를 심고 싶다면, 산지전용허가를 받아 지목을 전으로 바꿔야 한다.

잃어버린
조상 땅을 찾아라

"나무 관리는 잘 하고 있나요, 도전녀 씨?"

그녀는 산 전체에 다 심을 수는 없고, 1천 평의 땅에 묘목을 심었다고 했다.

"그럼요, 어디 그냥 나무인가요? 돈나무잖아요! 첫 임야 낙찰에 성공하고, 나무 재테크까지 하면서 갱년기 증상도 싹 사라진 거 있죠? 매주 산에 가서 피톤치드로 힐링도 하고, 자식 키우듯 돈나무를 가꿔서 그런가 봐요. 정말 제2의 인생을 멋지게 시작한 기분이랍니다. 처음엔 놀리던 친구들도 이제 다 저를 부러워해요. 그래서 제가 어떻게 한 줄 아세요? 노는 땅 놔두면 뭐하나 싶어 친구들에게 빌려줬어요. 같이 나무 심자구요. 물론 수익의 일부를 저에게 나눠줘야죠. 아무리 친구들이라도 세상에 공짜는 없잖아요?"

"정말 수완이 좋으시네요. 그런 생각을 다 하시다니! 어쨌든 건강까지 좋아지셨다니 정말 다행입니다."

"다 대박땅꾼님 덕분이죠. 근데 정말 이상하죠?"

"뭐가요?"

"세종시 땅이 자꾸 어른거려요. 어젠 세종시 땅을 사는 꿈까지 꿨어요. 어휴, 나무 키워 판매하려면 3년은 기다려야할 텐데. 저희 조상님들은 뭐하시나 모르겠어요. 꿈에 한 번 나와서 로또번호라도 알려주시지 않고요. 호호호."

"그러게 말입니다. 저희 조상님들도 다들 뭐가 그리 바쁘신지 꿈에 나타나지 않으시네요. 하하하."

그때 번뜩하고 떠오르는 게 있었다.

"조상님? 아, 맞다. 도전녀 씨 혹시 조상 땅 찾기 서비스라고 들어보셨어요? 혹시 도전녀 씨가 모르는 조상님 땅이 어딘가에 있을지도 몰라요!"

4억 원짜리 조상 땅이 떡하니 나타난다면?

조상 땅 찾기 서비스는 재산관리를 소홀히 했거나 미등기 토지, 불의의 사고 등의 이유로 조상 소유의 토지를 파악할 수 없는 후손에게, 전산망을 통해 조상 땅을 찾아주는 서비스다.

"우리 조상 땅이 있단 얘길 들었는데, 당최 어딘지 모르겠단 말야."

집안 어른들로부터 한번쯤 이런 말을 들었다면 신청해볼 만하다. 단 조상님의 존함을 알고 있어야 한다. 충청남도가 전국 최초로 이 제도를 시행했는데, 지난 2017년 한 해 동안 이 서비스를 신청한 후손이 16,945명이었다고 한다. 지난 2012년에 비해 6~7배나 증가한 숫자다. 이들 가운데 6천여 명이 조상 명의로 된 51km²의 땅을 찾았는데, 이는 무려 여의도 면적의 17배에 달하는 크기다.

전국 지자체에서는 조상 땅 찾기 서비스를 진행 중이다

"개별공시지가로 약 4억5천만 원 가치의 조상 땅이 있다는 걸 알게 된 후손도 있다고 하네요."

"4억5천만 원요? 와, 진짜 부럽네요. 혹시 모르니 저도 애들 아빠 퇴근하면 물어봐야겠어요. 저희 부모님께도 여쭤보고요. 정말 있다면 초대박일 텐데요!"

신청자격

사망한 토지 소유자의 재산상속인이 직접 방문해 신청

−1960년 이전 사망자의 재산상속은 장자상속으로 호주상속인이 재산상속인이 됨.

−1960년 1월 1일 이후 사망자는 배우자, 직계비속 모두 상속인이 됨.

−직계비속이 여러 명인 경우, 촌수가 같으면 그 직계비속들은 동순위로 상속인이 되고, 촌수가 다르면 더 가까운 직계비속이 먼저 상속인이 된다.

예) 자녀가 여러 명인 경우 이들은 동순위로 상속인이 되며, 직계비속으로서 자녀와 손주가 있을 때, 자녀가 손주보다 우선 상속인이 된다.

신청방법 및 장소

가까운 시, 군, 구청 및 서울시, 광역시, 도청의 조상 땅 찾기 담당부서를 방문해 신청하면 즉시 조회(열람)할 수 있다.

자료 열람 범위 및 처리

전국의 토지 조회(열람)

기타범위

채권확보, 담보물권 확보 등 이해관계인이나 제3자에 대한 개인정보는 조회불가

근거법령 : 개인정보 보호법 제35조(개인정보의 열람)

구비서류

제적등본(찾고자 하는 사람의 사망일자가 등재되어 있는 제적등본)

기본증명서 또는 가족관계증명서(토지 소유자가 사망하여 그 상속인이 신청하는 경우에만 해당)

신청인의 신분증(주민등록증, 운전면허증 또는 주민번호가 포함된 장애인등록증)

수수료

없음

임야 탐색전!
산높이, 경사도, 나무수 살피기

아쉽게도 도전녀 씨에게 숨겨진 조상 땅은 없었다. 나도 혹시 몰라 장롱 깊이 고이 간직해둔 족보를 꺼내 보았다. 증조할아버지 성함으로까지 다 신청해 보았지만, 허사였다. 그 덕에 어릴 때 일찍 돌아가신 할아버지를 비롯해 증조할아버지의 존함까지 알게 된 게 이득이라면 이득이었다.

"그런 건 없더라고요. 저희 조상님들은 다들 가난하셨나봐요, 호호호."

도전녀 씨 역시 화통한 성격답게 크게 웃으며 말했다.

나 역시 아무런 연고가 없었다고 전하자 도전녀 씨는 넌지시 앞으로의 투자 방향에 대하여 말했다.

"전 다시 임야 투자에 도전하고 싶어요. 제 생애 첫 토지가 산이어서 그런지 자꾸만 산이 좋아져요."

"네, 임야도 매력적이죠. 하지만 공부할 게 많고 까다롭습니다."

산지(임야) 구분

보전산지	임업용산지	임업생산 기능 증진을 위한 산지
	공익용산지	재해방지, 자연생태계, 국민보건휴양증진 등의 공익기능을 위한 산지(공원이라고 생각하면 쉽다.)
준보전산지		보전산지 외의 산지

투자용 산지, 토임이 으뜸

보전산지는 투자용으로 추천하지 않는다. 농지로 치면 절대농지처럼 개발 제한이 많기 때문이다. 국가에서 산림보전을 위해 지정한 것이라, 공익 등 특별한 경우가 아닌 이상 개발 허가가 잘 나지 않는다. 또 용도 중에 산림보호구

현황상 밭으로 사용되는 토임

역도 역시 마찬가지다. 개발 허가가 어려울 뿐 아니라 임야의 경사도가 25도 이상 가파르기 때문에 잘 살펴 보아야 한다.

가장 좋은 임야는 단연 '토임'이다. 토임은 토지 임야의 준말로, 토지대장상 지목이 임야로 등록되어 있지만, 구릉지 형태로 경사가 완만한 땅을 말한다. 주로 현장에 가보면 밭으로 사용하고 있는 경우가 많다. 현황상 밭이므로, 일반 임야보다는 비싸나 지목이 밭인 전보다는 저렴하다. 무엇보다 개발비용이 적게 들고, 옆에 도로가 나있는 경우가 많아 여러 모로 이득이다.

구릉지하면 낮은 임야를 개간해 심은 감자가 제일 먼저 떠오른다. 감자하면 떠오르는 지역은 강원도다. 우리나라 지역 중 강원도에 토임이 가장 많다는 뜻이기도 하다.

이러한 산지를 개발하기 위해서는 산지전용 허가를 받아야 한다. 산지전용이란 산지 조림, 숲 가꾸기, 임목의 벌채, 굴취 등 임산물의 채취 등을 위해 산지의 형질을 변경하는 행위를 말한다. 산지전용 허가를 받아야 택지나 공장, 도로, 스키장 등으로 지목을 변경할 수 있다.

산지전용 허가 절차
산지전용 허가 신청서 접수
↓
대체산림자원조성비(산지전용부담금) 및 복구비 산정
↓
대체산림자원조성비(산지전용부담금) 및 복구비 납부일 통지
↓
납부 후 허가 완료

산지전용 허가 절차를 보면 알 수 있듯, 신청서를 접수한 후 곧장 허가가 나는 게 아니다. 공무원들이 대체산림자원조성비(산지전용부담금) 및 복구비를 산정하기 위해 현장답사를 거친다. 그들이 현장에서 확인하는 세 가지는 첫째,

산높이, 둘째, 나무
수, 셋째, 경사도다.

임야의 경사도와 입목비율은 개발시 확인이 필요하다

이에 따라 허가의
유무가 결정된다.
문제는 조례별로 세
가지 모두 조금씩 다
르다는 것이다. 그
러므로 토목측량설
계사무소에 의뢰해
정확한 측량과정을 거친 후, 허가가 가능한지 조례 확인을 먼저 해야 한다.

첫째, 산높이의 경우 같은 경기도권이라도 동탄은 해발 100m까지, 화성은
65~100m로 제한 기준이 조금씩 다르다. 대체로 도시지역은 해발 600m 이상
은 개발 허가가 나지 않는다.

둘째, 임목 본수도라 일컫는 나무수는 산에 심어진 나무의 비율을 말한다.
산의 나무는 모두 실측 대상이다. 직경 10cm 이하의 나무로 20그루 미만이어
야 개발 허가가 쉽다. 가끔 차를 타고 도로를 달리다 보면, 산의 나무들이 시들
시들 죽어가는 모습을 본 적 있을 것이다. 지주들이 산지전용 허가를 받기 위
해 한 그루 한 그루 차근차근 죽이고 있는 것이다. 자연고사목이면 산지전용
허가를 내주기 때문이다. 그런가하면 나무가 한 그루도 없는 벌거숭이산도 많
다. 이미 지주가 작업을 완벽하게 완료한 것이다. 특히 수도권과 전북 전주시
같은 도시는 임목 본수도 기준이 까다롭다.

마지막으로 경사도. 경기도 광주는 통상 20도, 강원도 양평 · 가평 등지는

25도 미만, 용인시는 15도, 김해시는 11도, 부안은 12도 등 시군마다 차이가 크다. 공사 시 낙석이나 붕괴 우려 때문에 엄격히 제한하는 지역이 많다.

토지측량설계사무소 상담은 필수

이런 것들은 모두 어디서 확인할 수 있을까? 토지이용계획확인원에는 절대 나오지 않는다. 먼저 산림청의 산지정보조회를 클릭하면 위의 정보와 함께 토양 상태 등에 대해 대략 파악할 수 있다. 그래도 개인이 철저히 분석하기 힘든 게 임야다.

도대체 임야는 왜 이렇게 복잡한 걸까? 농지야 주로 1년 생 작물을 경작하지만 임야는 후대까지 물려줄 나무가 자라는 곳이기 때문이다. 당연히 농지에 비해 장기적, 직접적으로 사람이 사는 환경에 지대한 영향을 끼칠 수밖에 없다. 산맥을 따라 흐르는 물 역시 우리에게 소중한 자원이다. 실제로 강원도의 임야 투자를 할 때 가장 까다로운 규제 요소가 상수보호, 물임을 기억하자. 문화재 역시 개발 제한 요소다.

이런 저런 요소들이 너무 복잡하니 그냥 포기할까? 그러기엔 농지에 비해 훨씬 싼 가격으로 넓은 내 땅을 가질 수 있는 것이 임야이기 때문에 포기하기에는 아쉬움이 남는다.

그렇다면 해결 방법은 무엇일까? 바로 토지측량설계사무소에 들러 전문가에게 상담을 받는 것이다. 이 방법이 제일 안전하다.

산지전용부담금 납부액 계산법

허가 통지가 왔다면 산지전용부담금을 납부해야 최종 허가를 받을 수 있다. 산지전용부담금 납부액 산정법은 다음과 같다.

산지전용면적(m²) × (단위면적당 고시금액+해당 산지 개별공시지가의 1,000분의 10)*

(* 개별공시지가의 1,000분의 10을 반영하지만 상한선은 단위면적당 금액 4,480원/m²임.)

– 산림조성비 부과방법 –

대체산림자원조성비는 산림청에서 매년 단가를 고시한다.

구분	단위면적당 고시금액(m²기준)
준보전산지	4,480원/m²
보전산지	5,820원/m²
산지전용 제한지역	8,960원/m²

대박꿀팁! : : : : :

전용허가를 받지 않아도 되는 경우가 있다고? Yes!

산림법 시행년도는 1962년이다. 만일 그 이전부터 건물이 있었다면, 지목이 임야라도 대지로 전용허가 받지 않고 사용할 수 있다.

반면 농지는 1973년 이후 허가 신청을 받았다. 마찬가지로 그 이전부터 농지 외에 다른 용도로 사용하고 있었다면 농지전용허가를 받지 않아도 된다.

양평으로 이사하면 우리 아이
스카이대학 갈 수 있다고?

도전녀 씨의 다음 도전은 무엇일까?

"아파트 팔고 시골로 이사 가고 싶어요."

양평 전원주택 마을 ©네이버

"갑자기 무슨 일이라도 있으셨나요?"

"25년간 아파트에 살았는데 그것도 질리고, 무엇보다 친구 따라 강남 아니 친구 따라 시골 가고 싶어서요."

도전녀 씨의 고민

은 이랬다. 전원주택 부지를 매입해 이사한 친구가 있는데, 표면적 이유는 도심 생활에 질려서였다고 한다. 하지만 실상 속내를 들여다보니 더 큰 이유가 있었다고 한다. 농어촌특별전형을 염두에 두고 이사를 한 것이란다.

"저도 둘째아이 좋은 대학교에 보내려고요. 시골로 이사하면 농어촌특별전형으로 스카이대학에 보내기가 수월해지잖아요. 저희 둘째가 이제 고등학생이 되는데, 첫째만큼 성적이 안 나와서 고민이에요."

농어촌특별전형 노리는 엄마들의 성지, 문호리

"과장 조금 보태서 꼴등만 안 하고 웬만하면 인 서울 대학에 합격한다는 곳이 있긴 한데 말이죠."

"그럼 저희 아이도 인 서울이 가능할까요? 조금 더 노력해서 스카이로 날아갈 수 있을까요?"

나도 장담은 못하지만 어쨌든 입시생 자녀를 둔 엄마들이 가장 많이 선호하는 곳이 있긴 하다. 바로 양평군 서종면 문호리다.

"경기도 양평하면 스키장밖에 생각을 못했는데, 정말 전 엄마 자격도 없나 봐요. 당장 알아봐야겠어요. 이참에 임야 투자로 전원주택을 지을 수 있도록 도와주세요. 자금은 최대한 만들어 볼게요. 남편도 애들 대학 때문이라고 하면 반대하지 못할 거예요."

역시 추진력 하나는 기가막힌 도전녀 씨다운 답변이었다.

우리는 양평군 문호리에 주택을 지을 수 있는 임야 부지를 뒤지기 시작했다. 시골땅이라고 하대했다간 큰코다치는 곳이 양평군 문호리다. 양평 중에서

송파–양평 고속도로 예상 노선 ⓒ네이버

도 서쪽에 위치한 문호리는 서울과 가깝다. 10년째 제자리걸음인 서울 송파~
양평 고속도로 개통이 확정되면, 두 구간 거리가 30분대로 좁혀진다. 현재 양
평군수가 가장 공들이는 부분이 바로 이 교통망이라고 하니 기대해도 좋다.

물론 문호리는 지금도 인기가 많다. 한강 조망과 다양한 편의시설로 고급단
독주택이 밀집되어 있다. 안타깝게도 서울은 맑은 하늘보다 뿌연 미세먼지 덮
인 하늘을 보는 날이 더 많아졌다. 갑갑하고 숨도 제대로 못 쉬는 도심생활에 물
린 사람들이 별장 같은 집을 짓고 전원생활을 누리는 곳이 바로 문호리다.

또 하나, 문호리가 유명한 건 학군 때문이다. 농어촌특별전형을 노리는 현
대판 맹모들이 이곳으로 몰려들고 있다. 양평의 대치동으로 불릴 만큼 학군이
우수하기 때문이다. 명문고등학교가 인근에 있다. 소위 스카이(서울대, 고려대, 연
세대)라 불리는 대학교에 매년 평균 50명씩 합격시키는 걸로 유명하다. 매년 절

반 이상의 학생이 서울 소재 대학교에 합격한다. 서울대 합격자만 13년 연속 두 자릿수를 기록하기도 했다. 수시공략 방식으로 경쟁력을 갖춘 것이다. 이곳 학생들의 학업성적은 상당히 우수한 걸로 알려져 있다. 내신 경쟁이 치열해 차라리 정시를 노리려는 학생들이 늘어나는 기현상이 생기는 이유다.

"도전녀 씨, 드디어 찾았어요! 이 매물 좀 보세요. 주택을 지을 수 있는 임야 중 가장 값이 싼 매물 중 하나예요. 보전관리지역이네요. 단독주택이나 3층 이하의 다가구주택을 지을 수 있을 거예요! 전원생활을 꿈꾸신다고 하였으니, 3층 이하 범위 내에서 주택을 지으시면 됩니다."

"음…. 평당 약 110만 원에 2억9백만 원! 콜, 이곳에 투자해야겠어요."

경기도 양평군 서종면 문호리

계획관리지역

보전관리지역

물건

농림지역

| 문호리 물건 지적도 | 전원주택지 임야 ⓒ네이버 |

지목 : 임야
용도 : 보전관리

면적 : 189평
매매가 : 2억900만 원 (평당 약 110만 원)

전원생활을 하길 원한다면 주변에 전기, 상수도 등이 들어올 만한 여력이 되는지 확인하는 것이 중요하다. 이 토지는 주변에 이미 전원주택이 만들어져 있어서 전기와 상수도 공급에 큰 차질을 빚지 않을 것으로 보인다. 또 문호리는 고급 전원단지로 유명하다. 일대의 시세보다 약 2,000만 원 정도 저렴하게 나와 실사용 목적인 분들에게 좋은 기회가 될 것이라 생각한다.

문호리가 인기 있는 마을로 급부상한 이유 중 또 하나는 매달 셋째주 토요일과 일요일에 열리는 리버 (River)마켓 때문이다. 벼룩시장 일명 플리마켓이 저렴한 물건이나 중고품을 판매하는 장터라면, 리 버마켓은 고품격 웰빙 장터라는 표현이 더 어울릴 것 같다. 이 지역에 거주하는 예술가들과 농부들의 손에서 탄생한 작품이 진열되기 때문이다. 태양빛에서 건조시킨 건표고, 천연효모 시골빵 같은 천연 먹거리부터 결 고운 나무로 만든 가구, 도예가가 직접 구운 그릇 등 눈호강을 하다보면 저절로 지갑 이 열린다. 주말마다 사람이 바글거리지 않는 날이 없다. 한파 몰아치는 한겨울에도 굴하지 않고 활 기가 넘친다. 널찍한 주차장임에도 차량이 빼곡하게 들어설 정도로 인기만점이다.

현장답사도 식후경

시원한 계곡에서 먹는 구수한 누룽지백숙 _ 예사랑

졸졸졸 흐르는 계곡 앞에서 누룽지 백숙 정도는 먹어줘야 양평에 가봤다고 말할 수 있을 것이다. 맛도 좋고 고즈넉한 분위기도 좋아 각종 매스컴에서 소개하여 꽤 많은 사람에게 알려진 곳이다.

백숙 조리시간이 50분이나 걸리므로 예약은 필수다. 그만큼 불에서 은근하게 끓인다는 뜻 이다. 백숙에서 불맛이 느껴지고 담백하고 깔끔해 남녀노소 누구나 좋아할 만하다. 살은 그냥 녹는 듯 발라진다. 마지막에 먹는 누룽지죽도 일품이다.

양도 많아 먹어도 먹어도 줄지 않는 화수분같다. 백숙을 먹고 차 한 잔 여유있게 하고 있노 라면, 졸졸졸 흐르는 계곡물 소리가 자장가로 들릴 수 있으니 주의가 요망된다.

요리 솜씨 기막힌 도전녀의
닭도리탕집 대박났네

"저도 요리는 자신 있어요."

양평에서 닭백숙을 함께 먹을 때부터 도전녀 씨가 제일 많이 한 말이다.

그러더니 며칠 후 내게 전화해 그녀가 이렇게 말했다.

"대박땅꾼님, 저도 이참에 양평에서 닭도리탕집 한 번 해보려고요. 통나무로 건물을 지을 거예요. 제 임야에 친구 한 명이 성목을 심었거든요. 그거 베다 쓰려고요. 친구한테 터 내주길 정말 잘했지 뭐예요. 남편도 퇴직하면 뭐할까 고민 중인데, 이참에 주방보조로 재취업하면 될 것 같아요. 호호호."

도전녀 씨의 도전정신과 행동력은 나를 능가한다. 정말 나의 수제자로 삼고 싶을 만큼 맘에 드는 부분이 아닐 수 없다.

"근데, 자금은 얼마나 있으신데요?"

"주택 부지 사고, 집 짓는데 다 써서 하나도 없어요. 그냥 남편 퇴직금 땅겨서 시작하려고요. 시작하고 나면 운영이야 어떻게 되겠죠, 뭐. 지금 잘 자라고 있는 나무들도 있구요. 이참에 나무를 좀더 심어야겠어요."

며칠 사이에 그녀는 은퇴를 앞둔 남편과 모든 상의를 끝낸 듯 했다. 나는 그녀에게 꼭 맞는 경매물건을 찾아 보기로 했다.

"도전녀 씨, 이 매물의 장점은 뭘까요?"

"세 번이나 유찰됐네요? 그럼 제가 네 번째로 낙찰받는다면 1억이 안 되는 금액으로 매입할 수 있겠네요? 진짜 꼭 됐으면 좋겠어요. 게다가 완경사지에 도로가 있어요. 음식점을 내려면 도로가 필수니까 딱인 거 맞죠?"

"네, 잘 보셨어요. 음식점이니까 상하수도 문제도 해결해야 하겠죠?"

"그건 어떻게 하는 거예요?"

"주변에 집이 있다고 적혀 있네요? 거기서 끌어오면 된답니다. 게다가 자연

소재지	경기도 양평군 서종면 문호리	물건종별	임야
토지면적	1,653㎡	건물면적	–
감정가	249,603,000원	최저가	(34%) 85,614,000원

문호리 경매물건 지적도	문호리 경매물건 현장 ⓒ네이버

녹지지역이니 건폐
율이?"

"500평에 20%니
까, 100평?"

"네, 맞습니다. 부
정형 모양이지만 주
차장이 필요하니 전
혀 문제없을 거고요.
산지전용 허가 받은
다음에 가장 먼저 뭘 해야 할까요?"

숲 속 별장처럼 만든 통나무 컨셉의 음식점

"나무가 있으니 굴취작업하면 될 것 같은데요?"

"네, 그 정도면 거의 완벽합니다. 근데 정말 요리 솜씨 좋다는 말을 믿어도
될는지요. 아무리 입지가 좋아도 손맛이 있어야 합니다."

"아휴, 제가 손맛 하나는 타고 났다니까요. 제가 만든 닭도리탕은 둘이 먹다
셋이 죽어도 모른다고 남편이 얼마나 칭찬을 하는데요. 호호호. 진짜 그런지
안 그런지 대박땅꾼님도 와서 드셔 보세요. 친구들 왕창 데리고 오세요. 그 중
에 단 한 분도 맛없단 말 못할 걸요? 개업식날 제가 화끈하게 쏠게요."

그녀는 일사천리로 일을 진행시켰다. 드디어 개업식날, 나는 진짜로 내 친
구들을 왕창 데리고 양평으로 갔다. 진짜 맛있었냐고? 내 친구들 몇 명이 죽었
는지 나도 잘 모르겠다. 갈 땐 일곱 명이었는데, 올 땐 세 명밖에 없었던 것 같
기도 하고…. 대박집이 되는 건 시간문제다.

3강. 부동산 투자 레벨 테스트

1. 다음 사진 중 어떤 경우를 맹지로 볼까? 이유를 설명해 보자.

① 가드레일이 있는 곳

② 구거가 있는 곳

2. 강원도에 귀농해서 살려고 하는 A씨가 있다. 어떤 토지를 추천하는 것이 좋을까?

① 암반이 곳곳에 있고, 토질에 돌이 많지만 시세 대비 저렴하게 나온 개발지 인근 200평

② 경사도 24도에 달하는 임야지만 사실상 토임에 가까운 150평

3. 급매로 나온 토지 중에 한 토지에 투자하려 한다. 당신은 어떤 토지에 투자하겠는가?

① 인삼밭으로 사용하고 있는 토지

② 현재 폐축사인 토지

4. 은퇴 후 귀농하려 한다. 총 현금 1억 원을 쓸 수 있을 때 어떤 토지에 투자하는 것이 좋을까?

① 농업진흥구역 3,000만 원 토지 200평

② 계획관리지역 7,000만 원 토지 100평

4장

60대 노신사,
노후와 건강 두 마리 토끼 잡기

농사, 꼭 시골로 이사해 지으란 법 있나

"귀농하고 싶은데, 아내 반대가 너무 심해요. 농사짓자고 졸혼할 수도 없고⋯. 난감하네요."

60대의 점잖아 보이는 노신사 씨가 조용한 말투로 고민을 털어놓았다. 사실 은퇴 후 이런 걸로 부부싸움하는 회원이 많다. 결국 싸우다 지쳐서 귀농을 포기하는 경우도 봤고, 혼자 내려가는 경우도 봤다.

"귀농교육도 받으시고, 농업대학까지 졸업하셨다니! 준비를 아주 철저히 하셨네요. 그렇지만 이론과 실전은 다를 수 있습니다. 농사만큼 어려운 것도 없다고 하잖아요. 일단 주말농장처럼 소규모로 시도해 보시고 귀농을 결정하는 것도 나쁘지 않을 것 같은데 어떠신지요? 그리고 꼭 시골로 이사 가야만 농사를 지을 수 있는 건 아니란 사실, 아시지요?"

주말체험 영농 목적으로 시작하라

농업인이 되려면 시골로 주소지를 옮기고 직접 농사를 지어야 한다. 하지만 꼭 농업인만 농사지으란 법 있나? 주말체험 영농 목적으로 농지를 취득하면 도시민도 서울에 살면서 가끔씩 내려가 농사를 지을 수 있다. 농업인과 달리 통작 거리에 제한이 없기 때문이다.

주말체험 영농 목적은 죽어가는 농촌을 살리기 위한 정책의 일환으로, 도시민들에게도 일정 면적 이하의 농지 소유를 인정하자는 의미로 만들어졌다.

매입한 전, 답, 과수원에 농작물은 물론 다년생 식물도 재배할 수 있으며, 가축이나 곤충도 키울 수 있다. 주말체험 영농 목적의 땅 면적은 300평($1,000m^2$) 이하여야 한다. 세대주 기준이 아니라 세대원이란 것도 꼭 알아두자.

예를 들어 노신사 씨 명의로 부안에 200평 농지를 사고, 배우자 명의로 제주도에 200평의 농지를 매입하는 것은 불가능하다. 총 합산해 400평이 되므로 주말체험 영농 목적이 아니라고 보는 것이다.

집 앞의 밭을 일구는 풍경

주말체험 영농 목적으로 구입한 땅 역시 농지취득자격증명서(농취증)를 발급받아야 한다. 하지만 농업인이 필히 제출해야 하는 농업경영계획서는 제출하지 않아도 무방하다. 농업경영계획서는 보통 1,000m² 이상 농지를 취

주말농장 표지판 ⓒ네이버

득할 때 농취증을 발급받기 위해 지자체에 제출하는 것으로 주말체험 영농에서는 내지 않아도 된다.

주말농장용 땅 역시 일반 농지와 똑같이 비닐하우스나 농막 설치가 가능하며, 농지전용허가를 통해 주택도 지을 수 있다.

매입 후 3년 이상 보유하면, 사업용 토지로 인정되어 양도세 혜택이 있다. 단 매매는 가능하나 임대는 안 되고 농지법상 휴경도 안 된다. 만일 해당부서에 적발되면 강제 처분되므로 꼭 기억해야 한다.

Tip. 농업인의 기준

재촌자경의 의미

농업인의 의미를 정의할 때 보통 재촌자경이란 말을 자주 쓴다. 주말체험 영농 목적은 여기서 자경 조건만 충족시키면 된다.

재촌이란?

농지 소재지와 같은 시, 군, 구에 실제 거주하거나 농지 소재지로부터 직선거리 20㎞ 이내의 연접 시, 군, 구에 거주하는 것을 말한다.

자경이란?

농지에서 농작업의 2분의 1 이상을 직접 경작하는 것을 뜻한다.

100% 발급되는 농취증

농취증은 농지를 매입하거나 경매에 입찰 시, 현행법상 면적에 관계없이 발급받아야 하는 서류다. 요즘은 지방활성화정책 등 농사짓기를 장려하는 분위기라 농취증은 쉽게 발급받을 수 있다.

인터넷으로 농취증 발급 받는 시대

10여 년 전 처음 땅 투자를 시작해서 지금까지 내가 가장 많이 투자한 지목은 바로 농지다. 그래서 농취증을 엄청 많이 받아야 했다. 하지만 그때는 농지법이 강화되는 시점이라 농취증을 발급받으려면 상당히 애를 먹어야 했다. 해당 읍, 면사무소에 가면 담당 공무원이 까칠하게 나오기 일쑤였다.

"서울에 살면서 어떻게 여기서 농사를 짓겠다는 건가요?"

"이장님 확인 도장을 받아오세요."

결국 그냥 발급해 달라고 읍소하기도 했었는데 지금은 인터넷으로도 쉽게 발급받을 수 있다. 2018년 7월 5일부로 '민원 24' 홈페이지를 통해 가능해졌다. 공인인증서로 본인 확인 후 구비서류를 첨부해 신청하면 4일 이내에 발급된다. 수수료는 1천 원이다. 만일 반려될 경우, 전화로 확인한 뒤 방문해야 하지만 그 외에는 모두 인터넷만으로도 가능하다.

농지취득자격증명서							
농지 취득자 (신청인)	성명(명칭)	홍길동		주민등록번호 (법인등록번호)		123456-7891011	
	주소	전북 부안군 계화면 계화리 000 - 000					
	연락처			전화번호			
	소재지		지번		지목	면적(m²)	
취득 농지의 표시	전라북도 부안군 계화면 계화리		00-00		전	415.00	
	전라북도 부안군 계화면 창북리		00-00		답	320.00	
취득목적	농업경영						

귀하의 농지취득자격증명신청에 대하여 「농지법」 제8조, 같은 법 시행력 제7조 제2항 및 같은 법 시행규칙 제7조 제4항에 따라 위와 같이 농지취득자격증명을 발급합니다.

20xx년 xx월 xx일

전북 부안군 계화면장 000 [인]

경매 입찰 시, 농취증 필요한지 확인 필수

농지를 경매로 낙찰받을 때도 농취증이 필요하다. 경매 시작 전에 해당 시 군청, 읍사무소에 문의해 농취증 필요 여부를 미리 확인하는 것이 좋다. 일반 매매와 다른 경우가 있기 때문이다.

예를 들어 땅을 매입할 때 주거지역은 농취증이 필요 없지만, 경매에서는 다르다. 용도가 제1종 일반주거지역이라고 하더라도, 지목이 전이나 답일 경우 농취증 때문에 문제가 발생할 수 있다. 보통 담당 공무원이 항공측량기로 확인했을 때 농사짓고 있는 걸로 확인되면 '농취증 필요'라고 법원에 요청하기 때문이다. 사실 필요 없는데 말이다.

이런 경우 '나는 농취증을 신청했지만, 지자체에서 필요 없다고 했다'는 의미로 '신청반려사유서'를 지자체에서 발급받아 제출하면 된다.

혹은 농취증이 필요한 것을 알았음에도 부득이한 사유로 농취증을 미제출하게 되는 경우가 있다. 그러면 낙찰도 받지 못하고, 입찰보증금도 반환받지 못하는 상황에 처하는데, 이때는 '농지취득자격증명 미제출 사유서'를 받아보자. 이 사유서를 제출하여 법원이 받아줄 경우에는 입찰보증금을 반환받을 수 있게 된다.

이처럼 농취증이 필요한지의 여부를 확인하지 않으면 입찰보증금을 받지 못하는 억울한 일이 발생할 수도 있다. 우여곡절 끝에 보증금은 돌려받더라도, 원하던 귀한 경매 물건은 낙찰이 물 건너 가버리므로 꼭 확인을 해야 한다.

사건번호	20xx타경 123	물건번호	7	물건종류	전
감정평가액	34,692,000원	최저매각가격	22,203,000원	입찰방법	기일입찰
매각기일	20xx년 xx월 xx일 10:00 제 1호 법정				
물건비고★	농지취득자격증명 또는 농지가 아니라는 증명서 제출 (미제출시 보증금 미반환)				
물건소재지	(전) 경상남도 합천군 율곡면 00리				
담당	창원지방법원 거창지원 / 경매00계				

별장처럼
사용할 수 있는 농막

"참 신기합니다, 제가 농사를 짓게 됐다는 사실이요. 근데 예상은 하고 있었지만 농작물은 사람 손이 참 많이 가네요. 그래서 이동식 별장 같은 걸 지어야 할 것 같아요. 장시간 농사에 집중려면요. 주말체험 영농 목적 농지에도 농막 짓는 게 가능하지요?"

"네, 맞습니다. 저도 제주도 무릉리에 농지를 갖고 있는데

농막형 주택

요. 거기에 농막을 지을 예정이랍니다. 농막은 농지개발에 필요한 농지전용허가가 없이도 지을 수 있고, 사실 말이 농막이지 별장이나 다름없어요. 저랑 같이 괜찮은 농막 짓는 업체 방문해 보실래요?"

노신사 님이 농막을 짓겠다는 말을 하자, 나까지 신이 났다. 요즘 나도 농막 지을 궁리 중이었는데 왠지 통한 느낌이랄까? 이참에 같이 구입하면서 할인해 달라고 할까? 즐거운 상상을 하면서 차에 올라탔다.

복층구조에 주방, 화장실까지

농막 즉 농막용 이동식 주택은 농지에 지을 수 있는 가설 건축물이다. 논이나 밭에만 설치할 수 있는데, 크기 제한 면적이 바닥 기준으로 20m² 그러니까 약 6평 정도다. 7평 이상은 안 된다. "6평이 무슨 별장이냐?"라고 비웃으면 안된다. 다락방을 올리면 복층구조가 되어 10평이 넘게 지을 수 있기 때문이다. 게다가 요즘은 인테리어나 색상도 얼마나 다양하고 멋있게 나오는지 웬만한 소형 아파트보다 잘 나온다. 냉장고, 에어컨 등 풀옵션으로 세팅된 농막을 보면 아마 깜짝 놀랄 거다.

횡계3리 농막 ⓒ네이버

농막의 화려한 변신이 가능해진 건 관련 법 규정이 달라진 덕이다. 전기와 수도 설치 등이 가능해졌기에 주방과 샤워부스 설치는 물론 지역에 따라 화장실까지 만들 수 있게 됐다. 여름에는 시

원하게 휴가 장소로, 그리고 겨울에는 단열 잘 되는 전기판넬을 이용하여 따뜻한 사랑방처럼 머물 수 있다. 이쯤 되면 나만의 작은 별장이라는 표현이 딱 맞지 않을까?

농막이야? 주택이야?

만일 땅의 지목이 대지라면, 같은 이동식 주택이라 해도 농막이 아닌 주택이 된다. 그럴 때는 당연히 인, 허가 비용이 들어간다. 하지만 농막은 그런 절차가 필요 없고, 해당 면사무소 등 지자체에 신고만 하면 된다. 만일 농지에 농지전용허가 과정을 거치고 도로와 배수로 등을 만드는 개발행위허가를 받아야 한다면 시간과 금전적으로 더 많은 공을 들여야 한다.

농지에 별도 허가 절차 없이 '가설건축물 축조신고'만으로 설치 가능하다는 점이야말로 농막의 큰 장점이다. 하지만 주택이 아니므로 농막 지을 때 꼭 지켜야 할 사항들이 있다.

먼저 가설건축물 상 바닥에 결로, 곰팡이가 생길 수 있으므로 땅에서 살짝 띄워놓아야 한다. 또 농막을 집처럼 사용하면 곤란하다. 가끔씩 머무는 용도로 활용해야 한다. 따라서 전입신고는 불가능하다. 물론 지자체별로 가능한 곳도 있으나, 법률상 주거시설로는 사용 불가라고 되어 있다. 따라서 누군가 민원이라도 넣으면, 불법 건축물 대상으로 철거되는 불상사가 생길 수 있다. 마지막으로 주택이 아니란 점에서 일반 이동식 주택과 달리 3년마다 가설건축물 존치기간 연장 신청을 해야 한다. 연장 횟수는 제한이 없으므로 형식적인 거라 여겨도 무방하지만 연장 신청은 꼭 해야 한다.

잘 사용하다가 농막이 더 이상 필요가 없어질 경우에는, 미련 없이 원래대로 원상복구 시키자. 화물차에 실어 버리면 되므로 처분하는 것도 간단하다.

구입에서 설치까지 한 달이면 끝!

농막을 얹히기 전에 포크레인을 불러 바닥을 평평하게 하는 작업을 해야 한다. 이후에 자갈이나 잡석을 깔아두면 농막 설치 준비 완료! 단 정화조 설치의 경우 지자체별로 조금씩 달라서 지역 담당 공무원과 협의를 해야 한다. 대부분은 이동식 정화조만 허용되기 때문에 간이화장실을 설치한다.

농막은 미리 샘플을 보고 고른 후, 필요한 옵션을 요구하면 설계업자가 맘에 쏙 들게 만들어준다. 비용은 2천만 원에서 4천만 원 사이다. 옵션을 많이 넣고 다락방을 이용한 복층구조로 올릴수록 더 비싸지겠지만, 대략 이 정도 선이면 가능하다. 제작기간은 대략 한 달 정도다. 화물차에 실어 해당 위치에 안착시키면 끝이다.

자, 이제 농막이 도착했다면 당일이나 1~2일 후에 설비업자를 불러 수도와 정화조 배관을 연결하고 전기업자를 불러 전기도 연결하자. 이 둘 모두 포함해 총 비용은 대략 150만 원 선이면 가능하다.

공무원이 정화조 설치 허가를 안 내줄 때

나와 같이 별장 아니 농막을 구입한 뒤, 비슷한 날짜에 화물차로 출발시킨 노신사 씨. 그런데 몇 시간 후 그가 내게 다급하게 SOS를 외쳤다.

"대박땅꾼님, 문제가 생겼어요."

"아니, 무슨 문제인가요? 농막이 너무 예뻐 심장에 문제라도 생기셨나요?"

"그게 아니라, 정화조를 설치하려는데요. 환경과에서는 문제 없다 하고 건축과에서는 안 된다고 합니다. 법 개정이 된 걸로 아는데 왜 이러는 건지 모르겠네요."

이같은 사태가 생긴 이유는 정화조 설치 여부가 아직까지 공무원 재량인 지자체들이 있기 때문이다. 하지만 방법이 있으니 크게 걱정하지 않아도 된다.

"노신사 님, 혹시 주변에 농막이 있는지 찾아보세요. 그리고 공무원에게 따지세요. 저기는 해주고 나는 왜 안 해주냐고. 사람 차별하냐고, 이참에 큰소리 좀 쳐보세요. 바로 허가내줄 겁니다."

Tip. 농막의 정화조 설치 되는 거 아니었어?

농막은 농사를 짓다가 쉬거나, 장비 등을 보관하기 위해 대지가 아닌 농지에 설치할 수 있는 시설물이다. 하지만 도시민이 농막을 설치할 경우 세컨드하우스 개념으로 사용하는 것을 지자체가 모를 리 없다. 그래서 농막용 컨테이너를 하루든, 이틀이든 숙소개념으로 사용한다면 정식 건축허가를 득하라고 말하는 지자체들이 있는 것이다.

2012년에 전기, 수도, 가스시설 설치로 지침을 완화했고, 2016년에는 도시민의 주말농장 농막에 대한 규제가 더욱 완화되었다.

그럼에도 정화조에 관련한 사항에는 아직까지도 논쟁이 분분하다. 현행 농지법상에는 농막 내부에 정화조, 화장실 등에 대한 설치를 별도로 제한하는 사항은 없다. 건축법과 하수도법에서는 관계법령에서 정한 설치 및 신고 등의 절차를 이행해야 한다고 하기 때문이다. 이러하다 보니 최종 설치에 대한 가능 여부를 해당 지역의 허가권자가 판단하게 된다.

실제로 농림수산부나 환경과 등에서 정화조 설치가 불가능하지 않다고 해도, 해당 관청 건축과에서는 명문화된 문구가 없다며 안된다고 하는 경우가 더러 있다.

따라서 이동식 화장실을 설치할 것인지, 정화조를 설치할 것인지는 미리 주변의 농막을 조사하고 지자체에 확인을 한 후 결정하는 것이 가장 확실하다.

증여와 상속,
농지는 상속이 이득

"대박땅꾼님, 아버님이 시골에 농지를 갖고 계시는데요, 나중에 저한테 상속해 주신다고 합니다."

"상속요? 몇 평이나요?"

"뭐, 그냥 소소합니다. 자투리 농지예요."

"아, 그럼 공시지가를 확인해 보셔야 해요. 대체로 농지는 상속이 이득이지만, 아주 예외적으로 증여받는 게 이득인 땅도 있거든요."

"제가 그런 부분은 잘 몰랐네요. 상속이 나을까요, 증여가 나을까요?"

재벌이 자녀에게 재산을 증여하면서 편법으로 탈세했다는 뉴스를 심심치 않게 접할 수 있다. 자녀나 배우자에게 재산을 물려주는 방법은 상속과 증여 두 가지가 있다.

상속이란 사람의 사망으로 인한 재산상 법률관계의 포괄적 승계를 말한다.

재산상의 권리와 의무의 일체가 이어지고 이어받게 된다. 막 태어난 갓난아이라도 출생신고 후 상속을 받을 수 있다.

그에 비해 증여는 대가없이 자기의 재산을 상대방에게 주겠다는 의사를 표시하고 상대방이 이를 승낙함으로써 성립하게 되는 계약이다.

문제는 세금이다. 최대한 세금을 적게 내는 것이 관건이다. 그렇다면 농지는 어떻게 처리하는 것이 유리할까?

부모나 배우자의 경작기간이 인정되는 상속

결론부터 말하면, 땅이 크고 비쌀수록 상속이 여러 가지 면에서 더 유리하다.

첫째, 상속받은 농지는 개인간 임대가 가능하다.

둘째, 양도소득세 감면 혜택이 있다. 부모님이 돌아가시기 전에 농지 소재지에서 거주하며 농사지은 기간이 5년이면 상속 후 자식이 3년간 거주하며 농

시골 농지 답사하는 대박땅꾼과 회원들

사를 지을 경우 양도세가 1억 원 감면된다. 부모님의 농사 경력이 인정되기 때문이다.

만일 부모님이 농지 소재지에서 8년간 거주하며 농사를 짓고 돌아가셨는데, 상속 받은 자식이 농사지을 의향이 없다면 3년 이내에 매도할 수 있다. 이때 역시 부모님의 8년 자경기간이 그대로 인정되기 때문에 양도세가 감면된다.

사업용 토지의 양도세 감면 혜택 기준이 재촌, 자경 8년이라는 세법 때문에 그렇다. 즉 상속의 경우 부모와 자식의 경작기간이 합산된다는 뜻이다.

증여는 어떨까? 일단 증여받는 자녀가 농취증을 발급받아야 한다. 만일 자녀가 대학생이라면 주말체험 영농 목적으로만 증여가 가능하다. 증여는 이런 번거로움과 나이 제한이 있다. 또한 1996년 이후에 증여 받았을 경우, 개인 간 임대할 수 없다. 임대하면 강제매각 처분 대상이 된다.

양도소득세 감면은 어떨까? 부모님이 농지 소재지에 거주하며 농사지을 때 증여 후 돌아가셨다면 부모님의 경작기간이 몇 년이든 의미가 없다. 증여받은 자녀가 8년간 다시 재촌자경해야 양도세 감면 혜택을 받을 수 있다.

5천만 원 이하의 농지라면, 증여가 유리

하지만 증여가 더 유리한 경우도 있다. 통상적으로 농지 증여와 상속 시, 개별공시지가 기준으로 세금을 매긴다. 이때 개별공시지가가 5천만 원 이하의 농지라면 성인 자녀에게 증여할 때 증여세 자체를 부과하지 않는다. 10년간 5천만 원까지 증여세가 비과세되기 때문이다. 그런데 5천만 원이 넘어가면 누진세율이 적용되어 1억 원 이하는 10%, 5억 원 이하는 20%씩 세금납부를 해야 한다.

결과적으로 5천만 원 이하의 농지일 경우에는 증여가 유리하고 그 이상이라면 상속이 유리하다.

제2 경부고속도로
인근 투자 안성맞춤

"대박땅꾼님, 제 아내가 농막에 놀러오면서 시골생활에 대해 진지하게 생각해 보는 것 같습니다. 차타고 조금만 나가면 바로 도심이니 큰 불편이 없다는 걸 알게 된 거지요."

"요즘은 교통망이 워낙 잘 갖춰져 있어서 차만 있으면 시골생활도 별 불편함이 없지요. 하하."

"네, 이참에 저도 대박땅꾼님과 땅 좀 보러 다닐 수 있을런지요? 투자용 땅도 좋고 농사 지을 땅도 좋습니다. 단기간에 투자해서 차익을 얻을 수 있는 방법과 전망 좋은 곳에 집 짓고 농사지을 계획 둘다 생각해 보려고 합니다."

"좋은 생각이세요. 일단 첫 임장이니 가까운 곳으로 가시지요. 안성 어떠세요?"

"축사 많은 그 안성 말인가요?"

"지금은 많이 달라졌어요. 시에서 축사를 지속적으로 없애고 있거든요. 현재 남아 있는 축사의 70%가 사실 불법건축물이라 조만간 더 정리될 겁니다. 안성은 현재 저평가 되어 있지만, 몇 년 후에는 크게 달라질 것입니다."

세종과 서울을 잇는 제2 경부고속도로의 교두보 역할을 할 안성시. 세종과 안성을 잇는 라인은 2024년 6월 완공을 앞두고 있다. 안성시의 가장 큰 지역호재다. 포도밭 일대에, 축사 특유의 악취로 경기도지만 왠지 경기권이 아닌 것 같던 안성. 하지만 앞으로는 달라질 것이다. 서울과 충남권은 물론 인근 경기지역의 인구까지 끌어들일 수 있게 되는 등, 변화의 급물살을 타게 될 테니까.

개발지 근처 도로 옆 농업보호구역, 100% 해제!

경기도 안성시 보개면 북가현리

북가현리 매물 위치 ©네이버   북가현리 매물 현장 ©네이버

지목 : 답
용도 : 농업보호구역

면적 : 250평(750평 3개 분할)
매매가 : 1억1,200만 원(평당 45만 원)

이 토지는 제2 경부고속도로의 고삼휴게소 스마트 IC 900m 거리에 위치한다. 325번 국도는 지금은 2차선이지만, 일부구간이 4차선으로 확장될 예정이다. 단독주택 및 근생까지 건축이 가능하여 투자용과 귀촌용 모두 활용하기가 좋은 토지에 해당한다.

"이 땅은 평당 45만 원인데, 농업보호구역입니다. 전국팔도를 돌아다녀도 농업보호구역을 찾는 건 쉽지 않으니 아주 귀한 땅이지요. 농업보호구역의 장점을 아시는지요?"

"절대농지와 달리 경지농지가 잘 안 되어 있어 조만간 용도가 바뀔 땅 아닌가요?"

"아주 잘 이해하고 계십니다. 서울과 세종 사이 고삼휴게소 스마트 IC와 900m 거리이고, 앞에 도로가 잘 닦여 있어요. 농업보호구역에 축사가 있음에도 불구하고 이 정도 가격이면 비싼 편이긴 해요. 세 필지로 나눴기 때문에 평당가가 떨어진 걸 감안해야 하니까요. 하지만 입지나 용도로 봤을 때 앞으로의 미래가치를 고려하면 1억 원 정도는 투자할 가치가 충분한 땅입니다."

"그런가요? 무조건 시세보다 저렴한 게 중요한 건 아니군요. 그런데 대박땅꾼님, 농업진흥구역과 농업보호구역의 차이가 뭐죠? 비슷해서 헷갈리네요."

"좋은 질문입니다. 용도 중에는 이름이 비슷해서 초보자들이 비슷하게 생각하지만 실제는 다른 것들이 많죠. 농업진흥구역과 농업보호구역도 그 중의 하나구요. 농업진흥구역은 간단히 말해서 절대농지라고 말하는 농림지를 생

농업진흥구역에서 농업보호구역이 된 땅

각하시면 됩니다. 즉 농사만 지을 수 있는 토지라는 이야기죠. 하지만 농업보호구역은 건축행위가 가능해진 토지입니다. 우리가 보고 있는 북가현리는 앞서 말한 입지적 이점으로 인해 농업진흥구역에서 해제되어 농업보

호구역이 된 토지로 볼 수 있어요."

"아, 제2 경부고속도로의 휴게소와 IC로 인한 수혜를 받고 있다는 거죠? 대박땅꾼님이 '개발지 3km 이내에 투자하라'고 했던 3km 법칙을 책에서 읽었던 기억이 나네요!"

보개물류단지 옆 계획관리 땅의 미래

"이 땅은 더 저렴한 평당 35만 원입니다. 계획관리지역인데 말이지요. 서울 ~ 세종 고삼휴게소 스마트 IC와 1.6km 인근 위치입니다. 어? 바로 옆 토지의 주택이 다 지어졌네요? 지난 번에 답사왔을 때만 해도 공사가 한창이었는데

경기도 안성시 보개면 북가현리

북가현리 매물 위치 ©네이버	북가현리 매물 현장

지목 : 전
용도 : 계획관리

면적 : 333평(999평 3개 분할)
매매가 : 1억1,700만 원(평당 35만 원)

이 토지는 제2 경부고속도로의 고삼휴게소 스마트 IC 1.6km 거리에 위치한다. 또 인접한 325번 국도는 4차선으로 확장 예정인 곳이기도 하다. 이 토지는 주변이 취락지구인 계획관리 토지이지만, 주변 농업진흥구역 용도의 토지가 농업보호구역 용도로 풀리는 등의 변화를 맞이하고 있다.

말이죠. 여기는 주변이 취락지구인데다 325번 국도의 4차선 확장 예정이란 호재가 있어요. 이건 1억 원 초반대로 300평 넘는 부지를 구입할 수 있는 좋은 기회예요. 용도도 계획관리지역이니 건폐율도 높아 창고나 주택 부지로도 손색이 없을 거고요. 건물을 올려 지목을 대지로 바꿔 매도하면 더 큰 차익을 낼 수 있겠지요? 안성시의 계획에 따르면 약 17만 평의 보개물류단지가 2020년에 준공예정이에요. 이렇게 될 경우 인근에 창고가 많이 필요하지 않겠어요?"

"저도 미래가 그려집니다. 다만 아내를 데려왔다면 귀농 생각을 다시 쏙 집어넣었을 것 같네요. 허허."

현장답사도 식후경

엄마표 된장찌개가 그리울 때 _ 장나라

가끔 된장찌개가 못 견디게 당길 때 찾는 곳이다. 엄마표 된장찌개 맛을 닮았기 때문이다. 값비싼 식재료 때문에 화려한 반찬이 올라오진 않지만, 맛과 정성 만큼은 상 한가득이다. 그래서인지 정겨운 찌개 하나, 밑반찬 몇 개만으로도 배가 든든히 채워진다.

우렁과 된장으로 끓인 된장찌개는 뱃속뿐 아니라 맘의 허기까지 채워주는 메뉴다. 도심 생활에 지치고, 사람들에게 치일 때 제일 생각나는 음식은 마블링꽃 아름다운 꽃등심도 아니고, 잘 숙성된 회 한 접시도 아닌 그저 풋풋한 고향의 맛, 추억의 맛인 소박한 된장찌개 아닐까? 특별히 짜지 않아 더 좋다. 청국장도 냄새가 진하지 않고 가격도 착해 꾸준한 인기를 누리는 메뉴다.

하수처리시설 현대화로
상권 확장될 제주도

이미 오를 대로 올랐지만 그래도 제주도 땅은 언제나 매력적이다. 노신사 씨와 그의 아내를 모시고, 제주도행 비행기에 올랐다. 아내에게 귀농생활의 청사진을 그려줄 땅으로 노신사 씨가 제주도 땅을 꼽았기 때문이다.

"저는 처음에 농막, 농막 하는데 허름한 창고에 몇 천만 원을 들이다니, 남편이 이제 미쳐가는구나 라고 생각했어요."

노신사 씨의 아내는 실망과 황당함을 안고 시골로 내려갔다 세련된 농막을 보고 깜짝 놀란 눈치였다.

"경치 좋은 곳에서 힐링하는 느낌이더라고요. 남편도 저희 시아버님처럼 농사일을 보람 있어 하는 것 같고요. 저야 뭐 심심하면 서울에 올라와 친구들 만나면 되니까요. 집안에 틀어박혀 하루종일 삼식이 놀이하는 남편을 보면서 늘그막에 복창 터질 바엔 귀농도 나쁘지 않겠다 싶더라고요. 게다가 제주도라

제주 송악산 풍경

면 공기도 좋고 경치도 좋을 것 같구요. 제주도에 가자고 하길래 바람도 쐬고
싶고 해서 겸사겸사 따라 나왔어요."

"제주도를 보시면 귀농에 대한 환상이 커지실텐데요, 하하."

"왜 아니겠어요? TV에서 연예인들이 사는 제주도 집들을 보면서 부러워 죽
는 줄 알았죠. 하지만 저희는 저희 형편에 맞게 가야죠. 그래도 눈호강은 할 수
있지 않겠어요? 호호."

예타 면제로 다양한 카페 음식점 늘어날 것

금슬 좋아 보이는 노신사 씨 부부에게 나는 제주도 호재에 대해 짧게 소개
했다. 신세계나 다름없는 영어교육 도시와 2020년에 최종 완공 예정인 신화월
드, 그리고 2021년 완공 예정인 제2 첨단과학기술단지까지.

"세계7대 자연경관지로 관광수입이 5조6천억 원에 달한다는 얘긴 들어보

셨는지요? 연간 1,500만 명의 관광객이 놀러 온다고 합니다. 외국인들의 제주도 투자도 늘고 있고요. 부영그룹이 제주 중문에 국내 최대 규모 복합 리조트 단지를 조성할 예정이라고 하니, 관광객은 앞으로 더 늘어나지 않을까요? 무엇보다 가장 큰 호재로 급부상한 건 올해 발표한 예타 면제에 제주도 하수처리시설 현대화 계획이 잡혔다는 겁니다. 지원 금액은 4천억 원이고요. 하수처리시설 현대화가 이뤄지면 어떤 변화가 일어날까요?"

"당신이 맞춰봐요."

"내가 어떻게 알아요?"

그의 아내가 눈을 흘겼다. 노신사 씨가 그럴 줄 알았다는 듯 씩 웃으며 대답했다.

"하수처리시설이 필수인 카페나 음식점이 더 늘어나겠지요?"

"맞습니다. 관광지로서의 격을 한층 더 갖추게 될 겁니다. 늘어나는 관광객의 취향을 저격할 다양한 종류의 음식점과 카페가 훨씬 더 많아질 거예요. 그러려면 땅이 필요할 테니, 지금 매입하면 외식사업을 하려는 사람들에게 비싸게 되팔 수 있을 겁니다."

저평가된 제주 서쪽 땅에 집중하라

"백문이 불여일견이라고 하지요? 일단 이 땅 좀 보세요. 재미있는 땅 같지요? 제주 메인도로인 1132 해안도로와 가까운 곳입니다. 제주 전 지역으로 빠르게 이동할 수 있다는 뜻이지요. 해변과의 거리는 약 1km입니다. 관광객이 많이 찾는 모슬포항, 신방산, 용머리해안, 송악산, 마라도여객항 등이 인근에 있어요.

제주도 서귀포시 대정읍 신도리	
신도리 매물 지적도	신도리 매물 현장 ©네이버

지목 : 전　　　　　　　　　　　면적 : 121평
용도 : 계획관리　　　　　　　　매매가 : 1억900만 원(평당 90만 원)

제주도의 메인도로인 1132도로는 투자시 많은 이점이 있다. 해안도로의 특성상 바다 조망이 펼쳐져 있고, 교통의 이동이 편리하다. 때문에 제주도 토지투자를 할 때는 1132도로와 얼마나 인접한지를 확인하는 것이 중요한 투자포인트다.

제주 동쪽은 제2 국제공항 등의 이슈로 토지거래허가구역으로 묶였거든요. 그 여파로 지금은 서쪽지역으로 관심이 집중되고 있답니다. 아직 가격이 저렴

1132 해안도로

한 곳이 많이 있기 때문이지요. 물론 시간이 지날수록 더 오를 테지만요."

"제주도 땅값이 평당 100만 원대라니!"

노신사 씨가 믿어지지 않는 듯한

말투로 중얼거렸다.

"서쪽은 잘만 찾으면 100만 원 이하 땅도 있답니다. 고고도미사일방어체계 (THAAD사드)배치에 따른 한류금지령으로, 중국인들이 많이 빠졌어요. 하지만 다시 또 투자붐이 일겁니다. 그러면 서쪽 땅값도 폭등할 거고요."

제주도는 지난 2010년 부동산투자 이민제도를 도입했다. 이는 도내 부동산에 일정금액 이상 투자하는 외국인에게 영주권을 부여하는 제도다. 이후 외국인들의 토지투자가 늘어났는데, 그 중 대다수가 중국인이었다. 중국인이 잠시 주춤한 지금이 바로 제주도 투자 적기다.

제주도 한월읍 한림리	
한림리 매물 위치 ⓒ네이버	한림리 매물 현장
지목 : 전 용도 : 자연녹지지역, 자연취락지구	면적 : 258평 매매가 : 2억5,800만 원(평당 100만 원)
제주도의 특성상 귀농이나 귀촌을 할 예정이라면 주변 취락지구에서 멀지 않은 곳을 잘 파악하는 게 중요하다. 제주도는 전기와 상하수도 등이 닿지 않는 곳이 있기 때문이다. 하지만 이렇게 자연취락지구가 조성된 곳이라면 이러한 고민은 피해갈 수 있다.	

"이곳은 한월읍 중심지에 속한 곳으로, 입지가 아주 최고입니다. 협재해수욕장까지 4분 거리, 에메랄드 해변으로 유명한 곽지과물해변과도 5분 거리에 인접했어요. 역시 제주 메인도로인 1132 도로와 한림읍 중심지로 가는 신설

2차선도로와도 초근접 거리에 위치하고요. 자연취락지구로 건폐율이 60% 완화되어, 개발 시 다양한 업종이 가능하답니다. 아까 제가 제주도의 가장 큰 호재가 뭐라고 했지요?"

"예타 면제 대상 선정으로 상권이 더 발달하게 될 거라고요."

이번에는 노신사 씨의 아내가 자신 있게 외치듯 말했다.

"맞습니다. 이런 땅도 금세 인기가 솟구치겠지요? 교통망이 끝내주니까요."

현장답사도 식후경

오겹 흑돼지의 맛과 바다의 멋이 함께하는 제주향토음식점 _ 고향흑돼지

제주시 서쪽에 위치한 한림읍의 맛집이다. 한 번 가면 자동으로 단골이 되어 찾게 되는 곳이다. 제주도에서 나고 자란 오겹 흑돼지에 활전복구이, 딱새우, 활저녹사시미 등이 불판에서 쫄깃하게 구워진다. 고기가 적당히 익으면 주인장이 와서 불쇼를 보여 준다.

불 맛까지 더해진 도톰한 고기는 먹기도 전에 보는 것만으로 입안 가득 침을 돋운다. 멜젓과 마늘기름장도 불에 데워 먹어야 제 맛이다. 관광객도 많지만 현지인도 자주 찾는 이곳은 맛뿐 아니라 통유리 밖으로 펼쳐진 바다가 예술이다. 창가 자리에 앉게 되는 행운이 따르는 날, 제주 땅에 투자하면 복이 따를지도 모르겠다.

농업경영계획서
작성만 잘하면 만사 OK!

"농지를 매입하셨으니 본격적으로 농사짓기에 들어가셔야죠? 그런데 그 전에 작성하셔야 할 서류가 있지요?"

"네. 농업경영계획서 작성해야 하잖아요."

"맞습니다. 법무사 찬스를 사용하면 100% 통과지요. 그런데 굳이 돈 들이지 않고 개인이 혼자 알아서 해도 됩니다. 크게 어렵지 않아요. 누락 부분 없이 잘 기재해서 신청하면 다 발급을 받을 수 있습니다."

지인은 이장 이름을 써라

농업경영계획서는 간단히 앞으로 어떤 땅에 어떤 작물을 어떤 방식으로 농사지을 거라는 계획에 대한 서류다. 취득 대상 농지의 면적과 대상 농지에서 농업경영을 하는데 필요한 노동력과 농업기계장비 시설의 확보 방안 등을 기재해야 한다. 즉 소유농지의 향후 이용 실태를 파악하겠다는 뜻이다. 아래대로만 작성하면 반려될 염려는 없다. 반려되는 경우는 농취증 없이 신청할 때, 농지법을 위반하여 불법형질한 농지일 때다.

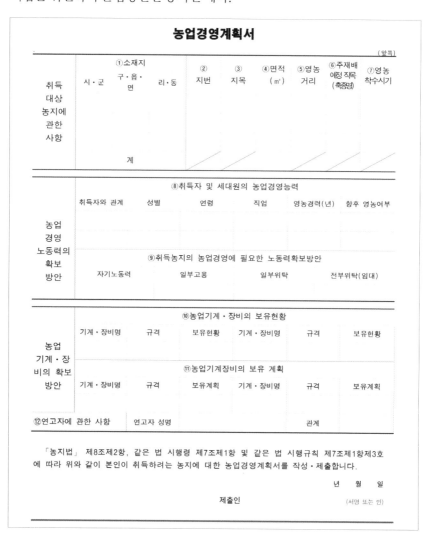

농업경영계획서

(앞쪽)

취득대상 농지에 관한 사항	시·군	①소재지 구·읍·면	리·동	②지번	③지목	④면적(m²)	⑤영농거리	⑥주재배 예정 작목(축종명)	⑦영농 착수시기
		계							

농업경영 노동력의 확보 방안	⑧취득자 및 세대원의 농업경영능력					
	취득자와 관계	성별	연령	직업	영농경력(년)	향후 영농어부
	⑨취득농지의 농업경영에 필요한 노동력확보방안					
	자기노동력		일부고용		일부위탁	전부위탁(임대)

농업기계·장비의 확보 방안	⑩농업기계·장비의 보유현황					
	기계·장비명	규격	보유현황	기계·장비명	규격	보유현황
	⑪농업기계장비의 보유 계획					
	기계·장비명	규격	보유계획	기계·장비명	규격	보유계획

⑫연고자에 관한 사항	연고자 성명		관계	

「농지법」 제8조제2항, 같은 법 시행령 제7조제1항 및 같은 법 시행규칙 제7조제1항제3호에 따라 위와 같이 본인이 취득하려는 농지에 대한 농업경영계획서를 작성·제출합니다.

년 월 일

제출인 (서명 또는 인)

①~④번 소재지, 지번, 지목, 면적

토지이용계획확인원을 보고 작성한다.

⑤번 영농거리

통작거리 제한이 있으므로 '20㎞ 이내'라고 써야 한다.

⑥번 주재배 예정작목

논이면 벼, 밭이면 콩 등이라고 쓰면 된다. 나중에 담당 공무원이 서류와 현장을 비교하거나 대조하지 않으므로 아무 거나 써도 무방하다.

⑦번 영농 착수 시기

다음 해 봄철인 4월이라고 쓰는 것이 좋다. 씨 뿌리고, 모내기하는 철이기 때문이다.

⑧번 취득자 및 세대원의 농업경영능력

취득자인 농업인과 같은 세대원의 이름을 쓰면 된다.

⑨번 취득농지의 농업경영에 필요한 노동력 확보 방안

취득자의 노동력 '50% 이상'이라고 써야 한다. 재촌자경의 원칙을 기억하는가? 자경이기 때문에 농업인의 노동력이 50% 이상이라는 기준에 부합해야 한다.

⑩번 농업기계, 장비의 보유 현황

신규농업인의 경우 패스!

⑪번 농업기계, 장비의 보유 계획

호미, 경운기 등 아무 거나 써도 무방하다.

⑫번 연고자에 관한 사항

농지소재지에 연고자가 있다면 이름을 쓰고, 관계란에 '지인'이라고 쓰자. 이때 이장 어르신의 이름을 쓰는 게 제일 좋다. 사전에 양손 무겁게 이장님 댁을 찾아뵙고 친해지면 효과 만점이다.

제출인 서명란

원래 법원에 들어가는 서류는 도장이 필수지만 일반행정기관은 정자체로 이름 쓴 후 사인을 해도 무방하다.

⑬소유농지의 이용현황

소재지				지번	지목	면적 (㎡)	주재배작목 (축종명)	자경여부
시·도	시·군	읍·면	리·동					

⑭임차(예정)농지현황

소재지				지번	지목	면적 (㎡)	주재배 (예정)작목 (축종명)	임차 (예정)여부
시·도	시·군	읍·면	리·동					

⑮특기사항

기재상 유의사항

⑤란은 거주지로부터 농지소재지까지 일상적인 통행에 이용하는 도로에 따라 측정한 거리를 씁니다.

⑥란은 그 농지에 주로 재배·식재하려는 작목을 씁니다.

⑦란은 취득농지의 실제 경작 예정시기를 씁니다.

⑧란은 같은 세대의 세대원 중 영농한 경력이 있는 세대원과 앞으로 영농하려는 세대원에 대하여 영농경력과 앞으로 영농 여부를 개인별로 씁니다.

⑨란은 취득하려는 농지의 농업경영에 필요한 노동력을 확보하는 방안을 다음 구분에 따라 해당되는 난에 표시합니다.

　가. 같은 세대의 세대원의 노동력만으로 영농하려는 경우에는 자기 노동력 란에 ○표

　나. 자기노동력만으로 부족하여 농작업의 일부를 고용인력에 의하려는 경우에는 일부고용란에 ○표

　다. 자기노동력만으로 부족하여 농작업의 일부를 남에게 위탁하려는 경우에는 일부 위탁 란에 위탁하려는 작업의 종류와 그 비율을 씁니다.

　　[에 : 모내기(10%), 약제살포(20%) 등]

　라. 자기노동력에 의하지 아니하고 농작업의 전부를 남에게 맡기거나 임대하려는 경우에는 전부위탁(임대)란에 ○표

⑩란과 ⑪란은 농업경영에 필요한 농업기계와 장비의 보유현황과 앞으로의 보유계획을 씁니다.

⑫란은 취득농지의 소재지에 거주하고 있는 연고자의 성명 및 관계를 씁니다.

⑬란과 ⑭란은 현재 소유농지 또는 임차(예정)농지에서의 영농상황(계획)을 씁니다.

⑮란은 취득농지가 농지로의 복구가 필요한 경우 복구계획 등 특기사항을 씁니다.

⑬, ⑭번 소유농지의 이용현황, 임차(예정) 농지현황

현재 어떤 작물이 자라고 있는지를 쓴다. 휴경상태라면 자경 여부란에 '휴경'이라고 쓴다.

⑮번 특기사항

공란으로 놔두어도 된다.

법제처 사이트 접속 → 네모 창에 '농지법' 타이핑 → 법, 시행령, 시행규칙 중 '시행규칙' 클릭 → '별지 제4호 서식' 클릭

대박꿀팁! : : : : :

그래도 반려될까 불안하다면?

다음의 절차대로 행동하면 만사 오케이니 아무 걱정하지 말자.

일단 제출 시에 해당 공무원의 이름을 알아둔다 → 제출 후 해당 읍, 면, 동사무소 홈페이지에 접속, 칭찬하기를 클릭한다 → 해당 공무원에 대한 칭찬글을 작성한다.

바람직한 예)

"어제 떨리는 마음으로 농업경영계획서를 제출했습니다. 처음 해보는 거라 불안하고 초조했는데, 담당자이신 ***께서 어찌나 친절하게 대해주시던지! 긴장감이 싹 사라졌네요. 확실히 작은 읍면의 공무원분들이 일처리도 잘하고 정감 넘친다는 걸 실감하고 왔네요."

다음날 윗선에서 칭찬글을 확인한 후, 담당 공무원에게 잘했다는 말 한 마디 건넬 것이다. 그러면 담당 공무원이 어떻게 할까?

은퇴 전이라면,
직업 없는 배우자 명의로

"농업대학에 다니셨으니 농업인이 되면 각종 혜택이 주어진다는 것도 잘 아시겠지요?"

"네, 대략은 숙지했습니다."

"그럼 중요 포인트만 짚어볼까요? 이왕 농업인이 되실 거라면, 땀 흘린 만큼 보상을 받으셔야하니까요. 농업인이 되면 귀농 정착을 위해 정부 보조금을 2% 저리로 가구당 3억 원 한도 내에서 빌려주고 있습니다. 또한 주택을 구입하거나 신축하는 비용 7,500만 원까지 지원을 받을 수 있고요. 혹시 필요하시다면 잘 활용해 보세요."

노신사 씨는 아내와 상의해 농지를 매입하여 그 위에 주택을 지을 계획을 갖고 있었는데 그동안 아내의 반대로 계획을 추진하지 못하고 있었다. 그런데 아내가 제주도에 다녀온 후 노신사 씨의 의견에 따르기로 했다.

그림같은 시골 전원주택

드디어 아내와 함께 본격적인 귀농 라이프를 멋지게 시작할 수 있게 된 것이다. 노신사 씨처럼 은퇴 이후라 별도의 직업과 소득이 없을 때는 농민이 되기 쉽다. 하지만 되고 싶어도 조건 때문에 안 되는 경우도 많다. 세법상 농민이 가능한 경우, 불가능한 경우를 알아보자.

세법상 농민이 되기 위한 조건

앞에서 자경의 원칙을 충족시켜야 농민이라고 했다. 소유 농지에서 농작업의 2분의 1 이상을 자기 노동력에 의해 경작 재배해야 한다.

여기서 2분의 1의 정확한 의미를 알아둘 필요가 있다. 꼭 하루 중 반나절을 말하는 게 아니기 때문이다. 배나무를 심은 후 1년 중 한두 달만 고생해 수확을 했다고 가정해 보자. 그렇다면 이 역시 자경으로 인정한다. 그러니 노동 시간에 연연하지 않아도 된다.

시골에서 흔히 볼 수 있는 농가주택

만일 노신사 씨의 아버지 명의의 땅에서 농사를 짓고, 아버지가 일을 조금씩 거드셨다면 가족 경영이 된다. 이럴 때도 자경으로 인정된다.

마지막으로 종합소득금액이 연 3,700만 원 미만이면 가능한데, 이는 부부합산 금액이 아니다. 노신사 씨는 은퇴한 이후인데다 그의 아내도 전업주부이므로 해당사항이 아니다. 하지만 만일 노신사 씨가 은퇴 전이었다면 어땠을까? 대기업에 다닌 그의 연봉이 자격요건에 해당 되지 않으니 이럴 때는 직업이 없는 아내 명의로 땅을 사야 한다.

농가주택 역시 마찬가지다. 이때 편법이지만 위장전입을 해도 큰 문제가 되지 않는다. 다만 땅이 있는 동네 말고 연접된 시, 군이 안전하다. 옆 시, 군까지 담당 공무원들이 조사를 나가지 않기 때문이다. 직업이 없는 아내 명의로 집을 산 후, 직업이 있는 가족은 다른 지역으로 퇴거시키면 된다. 농업인은 세대원 기준으로 판단하기 때문이다.

만일 노신사 씨가 부동산 중개사무소를 운영하는 사업자였다면? 농민이 된 이후 사업까지 동시에 하며 연간 1억 원을 벌었다면, 실제 경작을 했더라도 자경이라 보지 않는다. 농사지으면서 다른 일로 연간 1억 원을 버는 건 불가능하다고 간주하기 때문이다. 단 다가구 주택 매입 후 임대업을 하는 등의 임대사업자는 가능하다. 임대업은 매일 업무를 봐야 하는 일이 아니기 때문에 농사지을 시간이 충분할 것으로 간주하는 것이다. 그 외 공무원, 전문직 종사자, 회사대표, 학생 등은 모두 불가능하다.

월 300만 원 수익을 올리는 태양광

상가보다 높은 수익률을 올려주는 절대농지도 있다는 사실을 아는가? 절대농지에 꼭 농사만 지으란 법은 없다. 농업대학 졸업자인 노신사 씨는 배나무 과수원 농사는 물론 태양광 발전시설에도 관심을 가졌다.

지난 2018년 5월 1일부터 농업진흥구역 내 건축물 지붕에 태양광 허가가 가능해졌다. 문재인 정부의 재생에너지 3020 정책으로 신재생에너지인 태양광 발전사업을 농촌에 개발하자는 취지의 일환이었다. 농업진흥구역에서 운영 가능한 태양광 발전소는 버섯재배사, 식물재배사, 곤충사육사, 농기계창고

태양광 발전시설 설치 ©네이버

등이다. 이곳에서 일평균 발전시간을 3.7시간으로만 계산해도, 가중치 1.2일 때, 월 250만 원, 가중치 1.5면 290여 만 원의 수익이 발생한다. 초기 설치비용이 약 2억 원 정도 들어가지만 금세 만회 가능한 월 수익을 낼 수 있다.

이 정책 발표 후, 태양광 설치 가능한 땅이 평당 10만 원 이상으로 매도되었다. 농민들의 노후대책으로 이만한 것도 없질 않겠는가? 진즉에 이 계획을 세웠던 노신사 씨는 미리 가능한 땅을 매입해 두었다고 말했다.

Tip. 농지원부 발급만 받으면 무조건 끝? No!

농업인이 되면 농지원부를 만들어 여러 혜택을 볼 수 있다는 얘기를 많이 들어봤을 것이다. 하지만 혜택이 아니라 자칫 손해가 되는 경우가 생길 수 있으니 조심해야 한다. 농지원부를 발급받고 나면 납부해야 할 세금액이 많아진다. 또 농업경영체 등 추가 가입해야 하는 번거로움도 있다.

사실상 농지원부는 연금이 필요한 경우 몇 가지 이득이 있고 세제 혜택도 받을 수 있다는 장점이 있다. 하지만 세제 혜택은 소득에 따라서 달라질 수 있으니 각종 세제 혜택을 살펴보고, 그 중 자신에게 해당되는 것이 무엇인지 또, 주의사항은 무엇인지 꼼꼼하게 따져보고 신청하자.

농지원부란?

농지 소유에 따른 정보를 파악해 효율적인 관리와 이용을 하기 위해 작성한 장부다. 읍, 면사무소에 직접 가서 신청하거나 인터넷을 통해 신청할 수 있다. 농취증과 똑같이 '민원24'에서 하면 된다.

각종 세제 혜택

1. 토지 소재지 및 연접지역 시군구에 2년간 거주한 후 이전등기할 때 – 취등록세 50% 감면
2. 농지원부를 보유하고 8년 이상 재촌, 자경이 입증될 때 – 과세 기간별로 2억 원 한도 내에서 양도세 100% 감면
3. 농지원부를 보유하고 3년 이상 재촌, 자경 후 양도하고 1년 이내에 대체 농지 구입할 때 – 양도세 100% 감면
4. 대출 받을 때 – 근저당 설정하면 등록세 및 채권 전부 면제
5. 농업인 자격 증명
6. 농촌의 일부세금 및 공과금 보험료 등 감면 혜택 – 연금보험료, 의료보험료 500% 지원

7. 농지전용 시 – 농지전용부담금 면제

8. 농업인보험료 지원 신청 가능

9. 고등학생 자녀 학자금 면제

10. 농촌 자녀 대학 장학금 우선지원

신청요건

농지의 소유권을 증명하는 게 아닌 경작현황을 파악하는 것이므로, 세대 간 농지가 300평 이상의 면적일 때, 또는 비닐하우스, 고정식 온실, 버섯재배사 등의 면적이 300평 이상일 때 가능

구비서류

[직접 농사지을 때]

– 소유권을 증명할 수 있는 등기부등본이나 토지대장

– 마을 이장님 등의 확인이 필요한 경작확인서

[임대할 때]

– 임대차 계약서

– 토지대장

– 마을 이장님 등의 확인이 필요한 경작확인서

주의사항

1. 농지 취득 후 2년 이상 자경하지 않고 2년 내 매각하거나, 다른 용도(축사나 기타)로 사용하면 감면된 취득세가 추징된다.

2. 등본상 한 세대에 농지원부 중복 발급이 불가하다. 따라서 가족경영시 농지원부가 발급되어 있는지 먼저 확인해야 한다. 만약 이미 발급을 받았다면 새로 발급을 받고자 하는 세대원이 세대 분리를 해야 발급받을 수 있다.

3. 경작하는 사람이 농지원부를 발급받을 수 있다. 즉 임대를 하여 임차인이 받으면 농지소유자는 농지원부를 발급받을 수 없다.

4. 농지원부만 받고 농업경영체 등록을 하지 않으면, 농업인일지라도 보조혜택을 누리기가 힘들다. 따라서 농업경영체 등록도 함께 해야 한다.

5. 자경을 하더라도 사업이 너무 잘되어, 근로 및 사업소득이 연 3,700만 원 이상이면 혜택이 줄거나 없을 수 있다. 또 다른 사업자등록증을 가지고 있는 경우에도 세금 감면 혜택이 줄거나 없을 수 있다.

농지전용부담금 안 낼 수 있다

농지, 현황으로 판단한다

토지대장에 전, 답, 과수원으로 되어 있다면 현황이 무엇이든 농지다. 이 세 가지 지목에 해당하지 않더라도, 3년 이상 농사를 지었다면 모두 농지로 본다. 농지를 구입해 농사를 짓거나 개발을 하려면 농지법에 대한 개괄적인 내용을 알아야 한다.

적어도 담당 공무원과 3분 이상 대화할 만큼의 지식을 쌓는 게 좋다. 사실 담당 공무원의 말을 무조건 신뢰하는 것도 곤란하다. 농지법대로 모든 게 원칙적으로 진행되는 건 아니기 때문이다. 변수가 많은데, 담당 공무원 역시 이를 100% 다 숙지하지 못한 경우가 많다. 담당 공무원의 말에 이상한 점은 없는지 파악하고 이의제기를 할 수 있어야 한다.

지목이 전, 답, 과수원이면 현재 농사를 짓든 안 짓든 농지다. 논에 벼농사뿐

아니라 나무를 심거나 반대로 과수원에 벼농사를 지을 수도 있다.

　구거와 유지는 어떨까?

　구거(하천보다 규모가 작은 4~5m 폭의 개울)와 유지(댐, 저수지, 소류지, 연못 등의 토지와 연, 왕골이 자생하는 배수가 잘 안 되는 토지)는 모두 현황으로 판단한다. 두 곳에서 농사를 짓고 있다면 농지로 간주한다는 뜻이다.

농지전용부담금을 내지 않으려면

　노신사 씨처럼 열성 농업인이 될 예정이라면 농지를 매입해 농사에만 집중하면 된다. 하지만 농사를 짓다 마음이 바뀌어 다른 용도로 개발하고 싶어질 수도 있다. 마음이란 게 호떡 뒤집듯 확확 달라지기도 하니 말이다.

　이럴 때 농지전용허가를 받기 위해 농지전용부담금을 납부해야 한다. 금액은 개별공시지가의 30%로 제법 출혈이 크다. 하지만 감면받거나 안 낼 수 있는 방법도 있으니 잘 숙지해야 한다.

농지전용부담금을 감면받을 수 있는 방법은 다음과 같다. 농업인 주택, 농축산업용 시설, 농수산물 유통, 농수산물 가공시설, 마을회관 등 농업인의 공동생활 편의시설, 농수산 관련시설과 양어장, 양식장 등 어업용 시설을 설치하기 위해 농지를 전용하는 경우에는 감면해 준다.

양어장은 농지전용부담금 100% 감면대상이다. 보통 어업인이 물고기를 키워 판매할 목적으로 만드는데, 크기는 9천 평까지 가능하다. 농지에 양어장을 설치하면 내수면 어업신고를 해야 한다. 이후 양어장으로 2년 이상 사용하면 사업용 토지가 되므로 농지전용부담금을 감면받을 수 있다.

군이 양어장에 물고기나 다슬기, 개구리 등을 키우지 않아도 된다. 허가 받은 이후 무조건 5년이 지나면 사업용 토지가 되는 지목이 바로 양어장이란 사실도 알아두자.

농지에 축사를 지을 때도 농지전용허가를 받지 않아도 된다. 그러니 농지전용부담금도 발생하지 않는다. 농지에 가축을 키운다 해서 그 어떤 법적 조치도 취할 수 없기 때문이다. 시골에 가보면 논 한 가운데 떡하니 축사가 있는 이유다. 농지에 지렁이를 키울 수도 있고, 돼지를 키울 수도 있다. 농지에 돼지를 키우다고 고발 당하는 경우가 있는데, 이는 개의치 않아도 된다.

28가지 지목 중, 공장 유원지, 묘지 등에 3년 이상 농사를 지으면 그 역시 농지로 간주한다. 하지만 예외도 있다. 건축물 대장에 농지로 올라와 있다 하더라도, 1972년 이전부터 건물이 있었다면 농지가 아니다. 이때부터 농지개혁법이 실시되었기 때문이다.

간혹 농지에 주택이 있을 때, 담당 공무원이 농취증을 요구할 수 있다. 그럴 때는 주택이 지어진 년도를 파악해야 한다. 만일 1969년에 지어진 건물이 있다면 농지전용허가 없이 지목을 변경할 수 있다. 단 건축허가 등의 절차는 지켜야 한다.

한 가지 덧붙이자면, 시골에서는 상당히 많은 곳에서 구거를 허가받지 않은 채 임의로 매립해 사용하고 있다. 임의로 구거를 흙으로 매립하여 텃밭 정도로 가꾸는 것은 애교로 넘어가주기 때문이다. 하지만 본격적으로 시멘트로 구거

일반적인 구거   농지로 사용하고 있는 구거

를 매립하면 불법이다. 나중에 지적을 받을 수 있으니, 매립할 때부터 원상복구를 각오해야 한다.

이런 경우처럼 농지로 사용하던 구거의 지목을 바꿀 때에는 농지전용허가를 받아야 할까? 아니면 구거전용허가를 받아야 할까? 정답은 농지법상 농지에 해당하여 후에 도로 등으로 사용하고자 할 경우에는 농지전용허가를 받아야 한다는 점을 기억하자.

대박꿀팁! : : : : :

대지에 텃밭을 가꾼다고? 날벼락 맞을 일

주거지역에 상가를 짓기 위해 땅을 산 지인이 있었다. 그런데 거기에 울타리를 치더니 3년간 텃밭을 가꾸었다. 이때 지목이 농지로 바뀐다는 사실을 몰랐던 것이다. 결국 3년 후에 건물을 지으려고 하는데, 지자체 기관으로부터 농지전용부담금을 내야 한다는 날벼락 같은 소리를 들었다. 결국 울며 겨자먹기로 돈을 내야 했다. 이처럼 농지 아닌 지목을 농지로 활용했다가 억울한 일이 생길 수 있으니 주의해야 한다.

무더운 여름, 조용히 휴가를 보내고 싶었던 나는 제주도 별장을 찾았다. 농막 말이다. 그때 문득 노신사 씨가 생각났다. 함께 농막용 컨테이너를 보러 다니며 설레던 그때가 엊그제 같은데, 그새 시간이 많이 흘렀다. 오랜만에 그에게 전화를 걸었다.

"노신사 님, 은퇴 후 제2의 삶은 어떠신가요?"

"세상에 쉬운 건 없다는 걸 깨닫는 중입니다. 허허. 이 더위에 밭에 나와 있어요. 잡초가 어찌나 빨리 자라는지…. 그리고 아주 질겨요, 이놈들, 허허. 젊어서는 처자식 먹여 살리느라 고생했는데, 나이 들어서도 일을 손에 놓지 못하네요. 근데 참 좋습니다. 제 주먹보다 큰 배가 나뭇가지에 주렁주렁 열립니다. 아내도 비염이 사라졌다며 좋아하네요.

연금에, 태양광으로 버는 수익에, 과실 판매 수익에…. 서울 살 때보다 훨씬 풍족해졌다니까요. 껄껄. 그런데 재밌는 건 물질 소비에 대한 흥미가 줄었다는 겁니다. 농사 짓고 시골 길 한 번 산책하는 게 저희 부부에게는 더할 나위 없이 감동적인 경험 소비거든요. 백화점 멀다고 투덜거리던 아내가 쇼핑을 끊었으니, 말 다했죠?"

두 분의 행복한 노후생활이 한 폭의 그림처럼 눈에 선히 그려졌다.

4강. 부동산 투자 레벨 테스트

1. 다음 중 투자를 해야 한다면 어떤 토지에 투자하는 것이 좋을까?

① 통제보호구역 토지

② 제한보호구역 토지

2. 수도권 근교에서 가든형 고깃집을 운영하고자 하는 사람이 투자하면 좋을 토지는 어디인가?

① 2차선 도로와 본 토지 사이 국유지가 있고, 주변에 골프클럽 및 온천지역 관광지가 형성되어 있는 곳

② 2차선 도로에 접하고 있으며, 지역의 유명 저수지와 100m 이내 거리이고, 드라이브 코스로 유명한 곳

3. 다음 중 전원주택지의 입지로 좋은 곳은 어디일까? A, B, C 중 고르시오.

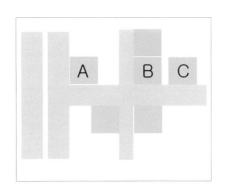

① A

② B

③ C

4. 서울에 사는 땅 한 평 없는 왕귀농 씨가 부안에 투자용 농지를 구입하려 한다. 다음 괄호에 적합한 평수는 몇 평일까?

왕귀농 씨는 현재 한 평의 땅이 없기 때문에 해당 지역에 내려가 농취증을 발급받는 것이 좋다.
이때, (   ) 미만의 토지는 주말농장용으로 취득할 경우 사업용토지로 인정받게 됨으로 주말농장용 토지로 농취증을 취득하기로 했다.

① 100평   ② 200평   ③ 300평

부록

투자가치 높은 곳 핵심 정리

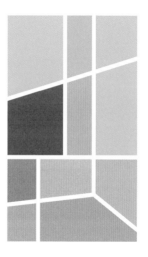

한반도 평화 분위기와
예타 면제사업 발표로
전국 토지 시장 들썩

2019년 1월 29일 기획재정부에서 "국가균형발전 프로젝트 예비타당성조사(이하 예타) 면제사업"을 발표했다.

예타 제도는 국가예산을 집행하는 대형 프로젝트에 대해 미리 해당사업의 경제적 타당성을 판단하는 것이다. 예산 낭비 방지 및 재정운용의 효율성을 제고하기 위해 실시하는 사전 타당성 검증·평가 제도로, 이전의 부실한 타당성조사로 무리하게 사업을 추진하다가 진행이 순조롭지 못함으로 인해 생기는 손해 등이 다시 발생하지 않도록 하기 위한 목적에서 시행되었다.

예타 대상은 국가재정법상 총사업비가 500억 원 이상이고, 국가의 재정지원 규모가 300억 원 이상인 각종 분야(신규 건설·정보화·국가연구개발·사회복지·보건·교육·노동·문화·관광·환경보호·농림해양수산·산업·중소기업 분야)의 사업이다.

그중 대통령령으로 정하는 절차에 따라 예타 대상에서 제외되는 사업이 있다. 바로 예타 면제사업이다. 서울을 제외한 전국 16개 지역에 총 24조 원 규모의 23개 철도, 도로, 산업단지 조성사업 등이다.

제2 경춘국도 건설사업이 예타 면제사업으로 선정됨에 따라 서울~춘천 구간의 통행량 분산으로 서울~춘천고속도로와 기존 경춘국도의 지정체 해소와 수도권 접근성 개선으로 지역균형발전이 촉진될 것으로 기대를 모으고 있다.

이처럼 예타 면제사업으로 선정되면 토지 시장의 가장 큰 호재로 작용한다. 이로써 지방 도시 곳곳의 토지 가격이 크게 오를 전망이다.

또한 한반도 평화 구축이라는 전통적 이슈는 그동안 각종 경제발전과 교통망 확충 등에서 소외되었던 경기 북부와 강원 북부 등 지역에 본격 개발이라는 불을 지피는 양상을 보이고 있다.

내년보다 후년, 그 이후가 더욱 기대되는 곳, 전국에서 투자가치가 높은 곳과 호재를 간단하게 분석해 봤다.

경기도 파주,
통일경제특구 개발과 GTX로
토지 품귀현상

산업단지 밀집뿐 아니라 제2 개성공단이라고 불리는 통일경제특구가 파주에 조성될 가능성이 높다. 기존 개성공단의 5배 규모로 미국, 중국, 일본, 러시아가 참여하고 첨단산업과 4차산업 관련기술 도입이 예정되어 있다.

최근에는 '파주희망프로젝트'가 진행 중이다. 이는 경기 북부지역의 중심도시 건설을 위해 5단계로 나누어 진행하는 사업이다. 1단계는 센트럴밸리 일반산업단지가 조성되고, 2단계는 외투 및 연구개발 복합단지, 3단계는 데이터센터 거점단지, 4단계는 친환경 주거단지, 5단계는 시니어 복합휴양단지를 건설한다. 현재 1단계 보상과 함께 센트럴밸리 일반산업단지 승인이 되어, 2019년 말 완공을 앞두고 있다.

파주시에 따르면 2~3단계의 공모에 국내 대기업의 많은 참여가 이루어지고 있다고 한다. 또한 본사가 구미에 있던 LG 디스플레이가 파주로 옮겨져

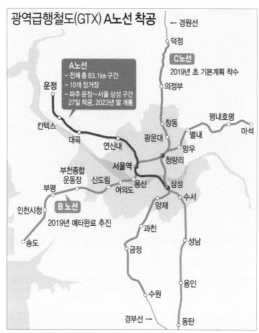

GTX A 노선표 ⓒ국토교통부

LCD 클러스터 산업단지가 형성되면서 땅값이 들썩였다. 현재 LG디스플레이, LG화학 등 20여 개의 사업체가 산업단지에서 가동되고 있다.

여기에 아직 개발할 곳이 많은 경기 북부지역이라는 점과 더불어, 제2 외곽순환도로와 수도권 광역급행철도 GTX A 노선 등 교통호재도 겹쳤다. GTX A 노선을 통해 경기도 파주 운정에서 서울역까지 20분대 생활권이 형성될 예정이다. 수도권 남북을 잇는 GTX A노선은 2023년 개통될 예정이다.

강원도 고성,
크루즈 페리와 남북철도 연결로
치솟을 땅값

강원도 최북단에 위치한 고성은 남북철도 연결사업의 요충지다. 동해북부선 철도사업의 핵심 길목이 바로 고성군 제진리기 때문이다. 남북철길을 잇는 사업이 강릉과 고성의 제진을 연결하는 일이며, 이는 남북평화의 첫 상징적 의미가 될 것이다.

뿐만 아니라 강원도는 유가증권 상장사인 한창과 위플러스자산운용과 함께 한국~러시아, 중국~일본을 연결하는 평화크루즈 페리사업을 추진하고 있다. 대북 교역을 시작하면 속초~원산~청진~나진을 연결한 크루즈 페리사업도 한다는 구상이다.

지난 2018년 6월, 한창이 강원도·위플러스자산운용과 양해각서(MOU)를 맺었다. 청와대는 북한이 원하는 경제발전 카드를 관광과 전력 두 가지로 판단하는 만큼, 크루즈 페리산업과 남북한을 잇는 철도사업은 강원도의 호재로 작용할 것이다.

물론 MOU체결이지 확정은 아니다. 하지만 남북관계는 점점 좋아질 것이다. 우리 정부의 한반도 평화체계 구축이라는 목표는 확고하다. 전쟁에 대한 불안감 해소 없이는 경제성장도 어렵기 때문이다.

북한 역시 마찬가지다. 김정은 국무위원장은 젊은 지도자로서 정통성을 필요로 한다. 그러려면 핵무기만으로는 더 이상 안 된다. 경제를 살려야 한다. 남북간 평화 기류없이 경제성장은 요원하다는 걸 그는 잘 알고 있다. 이런 정치적인 목적을 미루어 볼 때, 이 사업은 진행될 확률이 매우 높다. 이렇게 되면 속초땅과 더불어 바로 옆인 고성땅은 천정부지로 치솟을 것이다.

충남 당진,
인구 증가와
석문산단 인입철도로 활성화

당진은 세종시와 닮았다.

첫째, 인구유입이 꾸준히 증가하고 있다. 당진시의 2030년 추정 인구 목표는 50만 명, 세종시의 같은 목표는 80만 명이다. 실제로 당진시는 지난 10년간 21%의 인구증가율을 보였고 사업체는 46% 증가했다.

석문국가산업단지와 현대제철, 송산2산업단지 등으로 젊은층의 인구유입이 활발한 덕이다. 세종시가 청부청사 이전으로 고용률을 증가시켰고, 서울과 세종간 고속도로(제2 경부) 개통을 앞두고 있는 것과 비슷한 모습이다.

또 하나는 교통망 확충이라는 큰 호재가 있는 것이다. 이번 예타 면제사업으로 석문산단 입입철도에 9천억 원의 예산이 투입될 예정이다. 석문산단 인입철도란 2020년에 완공될 서해선 복선전철 101호 정거장인 합덕역부터 아산국가산단, 부곡공단, 송산지방산단을 경유, 석문산단까지 연결하는 철도 건

석문국가산업단지 인입철도 ⓒ네이버

설사업을 말한다.

총연장 31km 거리다. 이르면 2019년부터 기본 및 실시설계를 거쳐 2022년 이면 사업에 착수할 수 있다. 그러면 완공은 2025년으로 당초 예상했던 것보다 1~2년 정도 단축될 것이다.

이번 사업으로 석문산단 인입철도가 조기 건설되면, 물류수송망이 확충되어 인근 산업단지 입주기업들의 물류비용 절감뿐 아니라 지역 균형발전에도 큰 도움이 될 것이다. 특히 석문산단의 분양 활성화 가속이 예상된다. 지난해 입주기업에 대한 국가 보조금지원 우대지역 지정에 이어 국가 혁신클러스터 지정으로 이어진 석문산단에, 교통망까지 확충되기 때문이다. 인근 토지를 눈 여겨 봐야 하는 이유다.

또한 인입철도가 당진항을 경유하므로 장기적으로 철도를 이용한 육상수송과 해상수송을 상호 연계할 수 있다. 수출입 기업은 물론 당진항 발전에도 큰 도움이 될 것이다.

세종시,
스마트시티 조성,
교통망 확충으로 주변 인구 흡수

세종시는 북쪽으로는 천안, 서쪽으로는 공주, 남쪽으로 대전, 동쪽으로는 청주로 둘러싸여 있다. 이 네 도시의 인구를 블랙홀처럼 빨아들이는 곳이 바로 세종시인 셈이다. 도로망이 바뀌면 이 현상은 더욱 가속화될 것이다.

먼저 2025년에 서울~세종 고속도로가 개통될 예정이다. 서울 인구가 쉽게 이곳으로 유입될 것이다. 또 이번 예타 면제 대상으로 세종시 장군면에서 청주시 남이면까지 고속도로가 개통되면 32분 거리였던 두 곳이 무려 12분으로 단축된다.

이로써 서울~세종 고속도로와 기존의 경부 고속도로의 청주 구간 연결로 충청권의 당진, 대산~대전, 세종~상주, 영덕까지 그야말로 동서~남북을 연결하는 4축의 중심이 된다. 스마트시티 조성과 함께 인근 땅값은 더욱 오를 전망이다.

5-1 생활권 스마트시티

세종시는 5-1 생활권에 인공지능(AI)과 데이터, 블록체인 기반으로 시민의 일상을 바꾸는 스마트시티를 조성 중이다. 현재 7대 서비스를 구현, 최적화된 공간 계획을 마련했다. 이를 통해 4차산업혁명 관련 신기술을 자유롭게 접목해 창의적인 비즈니스 모델과 혁신산업 생태계를 조성할 예정이다.

또한 자율주행차 운행, 드론 활용 관련 신고 절차 간소화 등 신산업 육성을 위한 각종 특례로 신경제의 새로운 성장 모델을 제시한다. 5-1 생활권 인근 부강면 일대의 지가상승이 두드러질 것이다.

세종 5-1 생활권 ⓒ네이버

1. 모빌리티 : 공유교통수단과 자율주행 등 다양한 모빌리티 서비스 도입을 통해 도시생활의 편리함을 유지하면서 자동차 수를 점진적으로 축소

2. 헬스케어 : 개별 병원이 네트워크로 연결되어 신속한 의료정보를 제공하고, 응급데이터센터에서 시민들의 생명과 안전을 위해 신속하게 대응

3. 교육 : 청소년에게는 비판적이고 창의적인 사고를 증진시키는 교육을, 어른에게는 창업과 취업을 위한 생애교육을 제공

4. 에너지와 환경 : 환경친화적 에너지 혁신기술 도입을 통해 시민의 삶의 질이 향상된 '지속가능한 친환경 미래에너지 도시' 조성

5. 거버넌스 : '시민 참여형 의사결정 시스템'을 제공하고 블록체인을 통한 인센티브로 시민참여 촉진

6. 문화와 쇼핑 : 시민들에게 맞춤형 문화 · 예술 · 공연 서비스를 연중 제공하고, 도시 어디서나 편리한 쇼핑이 가능하도록 스마트 쇼핑 서비스를 제공

7. 일자리 : 창조적 기회를 제공하는 혁신성장 선도사업의 핵심 거점으로 조성함으로써 도시 지속가능성을 확보

새만금,
세계 잼버리대회 위한
교통 인프라 구축

새만금은 향후 2023년 세계 잼버리대회 개최지로 선정되었다. 세계 잼버리대회는 보이스카우트에서 개최하는 야영대회를 말한다. 168개국 5만여 명의 청소년이 참가할 예정인데다, 국가별 관계자들까지 포함하면 참가인원은 5만 명이 훨씬 넘을 것으로 예상한다.

이 많은 인원이 이동하기 위한 가장 최우선 과제가 무엇인지 생각해 보자. 당연히 교통 인프라다. 예타 면제 확정으로 군산에 국제공항이 개항되는 등 2023년 개최 이전에 모든 준비를 마치지 않으면 안 된다. 다른 걸 다 떠나 세계 잼버리대회만으로도 그동안 지지부진했던 이곳이 향후 5년 내에 금싸라기로 변하는 건 자명한 일이다.

또한 향후 서해안 복선전철 완공으로 개성에서 새만금까지 대략 한 시간 반이면 이동할 수 있게 된다. 서해안 복선전철이 새만금에서 송산, 홍성구간까지 연결되기 때문이다. 이로써 군산 대야역에서 서해안 복선전철, 대곡~소사선, 경의선 연결을 통해 북한의 개성을 거쳐 중국으로 들어가는 거대한 서해축이 형성될 것이다.

문재인 대통령은 "동북아 경제 허브, 그리고 중국과의 경제교류 중심지가 될 곳이 바로 새만금이다. 핵심 인프라를 빠른 시간내 구축해 새만금이 환황해 경제권의 거점이 되도록 최선을 다하겠다"고 강조했다.

이를 위해 새만금은 한반도를 X축으로 관통하는 교통망을 구축해 추진할 예정이다. 호남선과 전라선, 장항선 등이 이에 활용될 것이라 전망한다. 특히 군산시 대야역에서 새만금 신항을 잇는 노선인 인입철도 타당성 조사가 진행 중이다. 국토부의 제3차 국가철도망 기본계획의 사업기간은 2025년까지다. 하지만 새만금 신항만 건설과 함께 새만금 물류산업 복합단지를 조성하고, 한중 경협단지와 시너지 효과를 내려면 좀 더 빨리 끝내야 한다. 2022년까지 완공 계획을 세운 이유다.

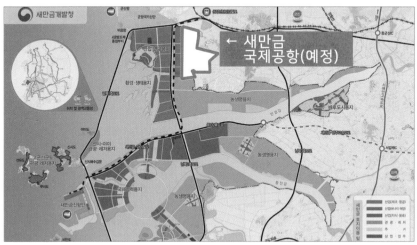

새만금 토지이용계획과 새만금 국제공항 위치 ⓒ새만금 개발청

제주도,
교육환경, 자연환경 겸비한
서쪽지역 투자 적기

대한민국 대표 관광지인 제주도가 15년 사이에 부동산 시장에서 가장 핫한 도시로 급부상했다.

힐링 열풍으로 '제주도에서 살고 싶다'란 열망이 거세지면서 제주도를 찾는 발길이 늘어났다. 비행기표값이 저렴해진 것도 여기에 한몫했다.

부동산 값도 빠르게 올랐다. 제2 국제공항 등의 이슈는 제주도의 땅값을 치솟게 만들었다. 제주시가 동쪽을 토지거래 허가구역으로 묶은 이유다. 그 여파로 현재 서쪽지역으로 관심이 집중되고 있다. 제주시와 서귀포시를 대표하는 주거단지로 자리매김하고 있는 서쪽지역은 영어교육도시 등 인프라와 교육환경, 자연환경을 모두 겸비한 신흥 부촌으로 떠오르고 있다.

제주도는 지난 2010년, 부동산투자 이민제도를 도입했다. 이는 도내 부동산에 일정금액 이상 투자하는 외국인에게 영주권을 부여하는 제도를 말한다.

이 제도에 따라 외국인이 우리나라에 지정된 부동산에 투자를 하면 최초 3년 동안 우리나라에서 거주할 수 있으며, 투자자 포함 배우자 및 미성년 자녀도 거주자격을 부여받는다. 투자 상태를 5년 동안 유지하고, 결격 사유가 없으면 영주권 취득이 가능해진다.

이 제도가 처음 도입된 것은 제주도 지역의 투자 유치를 위해서였다. 2016년 말 기준으로 제주도 내 외국인 보유 토지는 약 2천만2천m²로, 전국 외국인 보유 토지의 8.6%를 차지하고 있다. 이 중에서 중국인이 약 42.1%, 미국인이 18.6%, 일본인이 11.9%의 토지를 보유하고 있다.

현재 중국인들의 제주도 투자가 시들해졌는데 중국인이 다시 유입하면 경쟁이 심해져 땅값이 오를 것이므로 그전에 한 발 빠르게 움직여야 한다.

특히 이번 예타 면제로 하수처리시설 현대화 공사에 4천억 원이 투입됐다. 카페, 음식점 등에 꼭 필요한 시설이 바로 하수처리장이다. 이를 통해 제주도의 상권은 더욱 활성화될 전망이다. 늘어나는 관광객을 수용하기 위한 정책이라 예상된다.

부산,
연결, 혁신, 균형으로
대한민국 제2의 도시 위상 회복

부산 신항~김해 고속도로는 가칭 송정 나들목에서 동김해 분기점까지 14.6km를 연결하는 도로를 건설하는 사업이다. 도로가 건설되면 신항 배후도로 통행속도가 평균 20km 이상 빨라짐과 동시에 교통수요를 분산시키는 효과를 낼 수 있다. 부산시에 의하면 이를 통해 경제유발 효과 역시 1조4천억 원에 이를 것이라고 한다.

직접 부산을 찾은 문 대통령은 "부산 경제의 활력은 곧 대한민국 경제의 활력이다. 정부는 중소 조선소와 기자재 업체 지원을 위해 7천억 원 규모의 금융지원 방안을 마련하고, 일시적으로 유동성에 어려움을 겪는 자동차 부품기업에 대해서도 1조 원 규모의 신규 자금을 지원키로 했다. 올 1월에는 부산 신항과 김해를 연결하는 고속도로 건설사업에 대해 예비타당성 조사를 면제했다. 사상과 해운대를 연결하는 지하 고속도로는 민자 적격성 조사 대상으로 선정했다"면서 "부산과 주변 지역을 잇는 교통망 건설은 물류비용과 시간을 줄여 부산의 경쟁력을 한 단계 더 높일 것"이라고 전망했다.

사실 부산은 대한민국 제2의 도시라는 위상이 무색할 만큼 지역경제의 심각한 침체와 도시의 침체를 겪고 있다. 하지만 이번 예타 면제 대상 발표지로 선정되면서 '연결', '혁신', '균형'이라는 세 가지 방향으로 부산 대개조의 비전을 구성했다.

'연결'을 위해 경부선철도 지하화, 사상~해운대 간 지하고속도로 건설 등을 통한 동남해 경제권의 중심으로 부상, '혁신'을 위해 스마트시티 에코델타시티, 사상공단, 센텀1,2지구, 북항·영도지구, 문현지구 등 부산시 전체를 스마트시티화, 마지막으로 '균형'을 위해 부산 신항~김해간 고속도로 건설, 24시간 이용 가능한 동남권 관문공항이 건설될 예정이다.

부산 에코델타시티 ⓒK-water

에코델타시티

2021년, 부산 에코델타시티에 꿈의 도시가 들어선다. 국토교통부는 에코델타시티 중 핵심지역인 세물머리를 국가 스마트시티 시범도시로 지정했다. 로봇이 곳곳에 활용되고, 첨단 스마트 물관리 기술이 도입될 예정이다. 에코델타시티는 위로는 김해국제공항, 아래로는 명지국제도시, 멀지 않은 곳으로 신항만과 각종 산업단지가 인접하여 토지 뿐 아니라 부동산 전반적으로 가치상승이 예상된다.

Tip. 에코델타시티 10대 전략과제

1. 로봇활용 생활혁신 : 시민 일상생활(육아, 교육, 의료 등) 및 취약계층, 영세상공인 지원에 로봇을 활용하여 세계적인 로봇 도시로 조성(가정용 AI 비서 로봇, 배송로봇, 재활로봇 도입 및 로봇 테스트베드 제공 등)

2. 배움, 일, 놀이 : 배움, 일, 놀이가 하나의 공간에서 이루어지는 복합기능의 Hub공간을 조성하고, 커뮤니티 기반의 일자리 창출(도서관, 스마트 워크센터, 메이커스페이스 등 인프라 구축 및 프로그램 운영)

3. 도시행정 / 도시관리 지능화 : 도시운영 · 관리 통합플랫폼을 기반으로 사용자 중심의 도시행정 서비스를 제공하고, 인공지능 기반의 도시관리 효율성 극대화(증강도시 활용 도시행정, 로봇을 활용한 도시유지관리, 시민자치행정 등)

4. 스마트워터 : 도시 물순환 전 과정(강우–하천–정수–하수–재이용)에 스마트 물관리 기술을 적용하여 국민이 신뢰할 수 있는 물로 특화된 도시 조성(도시강우 레이더, 스마트 정수장, Smart Water Management, 하수재이용 등 도입)

5. 제로에너지 도시 : 물, 태양광 등 자연이 주는 신재생에너지를 활용하여 온실가스 배출을 저감하고 친환경에너지를 통한 에너지자립율 100% 달성(수소연료전지, 수열 및 재생열 활용한 열에너지 공급, 제로에너지 주택시범단지 도입)

6. 스마트교육 / 리빙 : 도시 전체를 스마트기술 교육장으로 활용하고, 스마트홈, 스마트쇼핑 등 시민 체감형 콘텐츠를 도입하여 편리한 삶 제공(에듀테크, City App도입 등)

7. 스마트헬스 : 헬스케어 클러스터를 도입하여 개인 특성에 맞는 건강관리 방법을 체크하고 일상에서 시민의 건강한 삶을 돕는 도시로 조성(실시간 건강모니터링 시스템, 헬스케어 클러스터 도입)

8. 스마트 모빌리티 : 최소한의 비용으로 가장 효율적이고 친환경적이며 빠르게 목적지까지 이동할 수 있는 도시로 조성(스마트도로–차량–주차–퍼스널 모빌리티를 연계한 토탈 모빌리티 솔루션 제공)

9. 스마트안전 : 4차산업혁명 기술을 활용한 통합안전관리시스템을 구축하여 지능형 재난 · 재해 예측 및 신속 · 정확한 시민 안전서비스 제공(비상 응급상황 대응 최적화 시스템, 빌딩내 대피유도 시스템, 지능형 CCTV 도입 등)

10. 스마트공원 : 사람 중심의 'smart tech' 와 'design'을 결합하여 더 건강한 자연 · 환경 제공과 일상 속 스마트기술을 체감할 수 있는 공원으로 계획(미세먼지 저감, 물 재이용 등 도시문제 해결, 신재생 에너지 등 스마트 기술 체험 공원)

경기도 화성,
롯데월드의 32배
한국판 디즈니랜드 개장 확정

2026년에 한국판 디즈니랜드 개장이 드디어 확정됐다. 최근 한국수자원공사와 경기도가 '화성 국제테마파크' 사업을 주관할 우선협상대상자로 신세계 컨소시엄을 선정했다. 이 사업으로 418만m²⁽약 127만 평⁾ 부지의 글로벌 관광도시가 조성된다.

신세계 컨소시엄은 경기도 화성시 송산면 그린시티 내 부지에 '세상에 없던 테마파크'를 콘셉트로 테마파크 시설과 휴양 및 레저, 상업시설을 갖춘 복합 관광단지를 조성할 계획이다.

첨단기술을 구현한 미래도시를 경험할 수 있는 어드벤처 월드, 온가족이 즐길 수 있는 휴양워터파크 퍼시픽 오디세이, 인근 공룡알 화석지와 연계한 쥬라기월드, 상상 속 동심이 살아나는 장난감 왕국인 브릭&토이 킹덤 등 네 가지 콘셉트로 기획했다.

레고랜드로 유명한 멀린사(영국), 뽀로로로 알려진 오콘(한국) 등 국내외 유명 지적 재산권 보유 기업도 참여 의향을 밝힌 상태여서 테마파크 곳곳이 개성 있는 콘텐츠로 채워질 예정이다.

이밖에 로봇 주차시스템과 자율주행 트램, 대기시간 알림 서비스 등 스마트 첨단 시스템이 도입되며, 지역주민에게 도서관, 다목적홀 등으로 구성된 문화 복합시설을 제공할 계획이다. 이외에도 대규모 최고급 호텔과 골프장, 쇼핑 공간, 한류 공연장 등도 함께 조성된다.

이로 인해 지역 일자리 창출은 물론 관광객 수요로 지역 경제 활성화에 큰 도움을 줄 것으로 예상하고 있으며, 착공은 2021년, 1차 개정은 2026년, 완공은 2031년으로 예정하고 있다.

이외에도 화성은 동탄신도시, 대기업 산업단지, 송산 그린시티 등으로 일자리 창출과 인구 증가세로 유명세를 타고 있으며 교통호재도 있어 향후 발전 가능성이 아주 높아 투자가치가 뛰어난 곳이다.

화성 국제테마파크 조감도 ⓒ경기도

평택~오송 복복선화
남북노선의 병목현상 해소

복복선화는 열차 이용 빈도가 많은 대도시 인근 노선 혹은 간선 노선에 추가 선로를 설치해 증차를 용이하게 하는 작업이다. 3조1천억 원은 이번 23개의 예타 면제 조사 사업 중 두 번째로 많은 금액이다. 이로써 평택 인근 KTX 신설에 대한 기대감이 커지고 있다. 현재 평택에는 지제동에 SRT 지제역이 있다. 하지만 KTX 역은 없다.

만일 약 50만 명 인구의 평택시에 복복선화가 신설될 경우 어떤 변화가 생길까? 평택과 마찬가지로 첨단산업 클러스터 조성이 한창안 충북 청주시 오송 등으로 연결이 수월해져, 오송의 경제발전에 큰 영향을 끼칠 것이다. 평택 역시 간접 수혜를 입는 것은 물론이다.

평택~오송 고속철도 복복선화 사업은 오랫동안 시급하다고 여긴 사업이었다. 한국의 고속철도는 크게 북쪽의 광명~평택, 수서~평택 노선과 남쪽의 오송~광주 송정, 오송~부산 노선 등 2개로 나뉜다. 그런데 이 남북 노선을 연결하는 지점인 평택과 오송 구간만 오직 1개 노선뿐이었다.

이 구간의 교통정체 현상인 병목현상이 발생해 어려움이 컸던 만큼 복복선화해야 한다는 지적이 끊임없이 제기되어 왔다. 평택과 오송 구간은 46km다. 이곳의 선로 용량이 활성화됐을 때 KTX,

평택~오송 복복선 노선도 ⓒ국토부

SRT의 운행횟수는 현재 190회에서 390회로 약 두 배 이상 증가할 것으로 보고 있다. 결국 두 지역뿐 아니라 지방 도시 골고루 혜택이 돌아가는 프로젝트인 셈이다.

경남,
남부내륙철도
지역균형발전을 위한 초석

예타 면제받은 사업 가운데 규모가 가장 큰 사업이다. 경북 김천~경남 진주 ~경남 거제 사이인 191km를 잇는 남부내륙 철도에 총 4조7천억 원이 투자될 전망이다. 이는 경상남도의 숙원사업이자 김경수 경남지사의 1호 공약사업으로 유명했다. 김 지사가 후보시절부터 강조한 건 "지역균형발전을 위해 재정 사업으로 재검토해야 한다"였다. 하지만 그동안 예타의 문턱에서 번번이 좌절된 사업이었다.

지난 2017년 5월부터 한국개발연구원(KDI)이 민자 적격성 조사를 실시했으나, 1년이 넘도록 결과가 나오지 않아 경남도민들에게 실망을 안겨주기도 했다. 이미 과거에도 재정사업으로 시행하려다 두 차례 실패했던 적이 있다. 하지만 이번 2019년, 예타 면제 대상이 된 데다 가장 높은 비용이 책정되어 재정사업으로 추진될 가능성이 높은 만큼 사업에 가속도가 붙을 예정이다.

하지만 남부내륙철도만 건설된다고 해서 문제가 해결되는 건 아니다. 평택과 오송 구간의 병목현상을 해결하지 않으면, 열차를 충분히 투입할 수 없다는 한계점이 있다. 수요가 많은 부산행 열차운행을 무한정 줄일 수는 없기 때문이다. 다행히 이번 예타 면제 대상에 평택과 오송간의 복복선화가 포함되었다. 두 가지 사업이 동시에 진행될 경우, 연결되는 지역의 땅 모두 수혜를 입을 전망이다.

남부내륙철도 ©네이버

경북,
동해선 단선 전철화 노선으로
부산에서 강릉까지 연결

동해선 단선전철화는 경북 포항에서부터 강원도 동해까지 총연장 178.7km를 전철화하는 사업이다.

동해중부선의 단선전철화 사업이 정부의 예타 면제사업에 포함되면서 경상북도는 복선전철화의 기반을 마련했다. 이미 경상북도는 복선전철화를 예타 면제사업으로 신청했지만, 정부는 4천억 원 규모의 단선전철화만 포함시켰다. 하지만 이로 인해 전철화가 가능해졌고, 향후 복선전철화를 위한 기반을 다진 것으로 분석된다.

전철화가 이루어지면 기존 시속 100km에서 최대 200km까지 달릴 수 있게 된다. 속도뿐 아니라 경제적이며 소음 및 매연 등의 발생이 적어 친환경적이 될 것이다.

동해선 단선전철은 열악한 사회간접자본 구축에 첫 시동이 걸린 점에서 의미하는 바가 크다. 완공이 되면 부산에서 강릉까지 하나의 축이 완성될 것이다. 부산에서 포항까지 45분, 부산에서 동해까지 1시간 40분이면 갈 수 있을 것으로 기대된다.

이로써 강원도까지 엄청난 기대효과를 줄 수 있다. 장기적으로 동해북부선과 연계해 새만금 지역인 호남~충청~강원~북한~유라

동해선 단선 전철화 노선 ©네이버

시아 대륙철도망으로 이어질 수 있기 때문이다. 남북관계 개선에 따른 남북 철도사업 시행과 부산에서 연결될 동해선 철도사업이 가속화될 경우 이 두 철도사업의 시작점이자 끝점인 강릉이 호재지역으로 뜰 것이다.

강릉에서 고성까지 127km를 연결하는 사업인 동해북부선이 개통하고, 고성에서 북한의 나진선봉까지 연결되는 남북철도 사업이 진행되면 엄청난 철도망이 구축되기 때문이다. 궁극적으로 러시아를 거쳐 유럽까지 연결되는 유라시아 철도망을 기대한다.

전남,
서남해안 관광도로
남해안 신성장 관광벨트 조성

서남해안 관광도로는 전남에서 경남, 부산까지 이어지는 남해안 신성장 관광벨트의 첫 시작에 해당한다. 서남해안 관광도로는 국도 77호선으로, 전남 신안에서 여수까지, 서남해안의 섬과 바다 등 관광자원을 개발하는 사업이다. 대상 구간은 신안 압해~해남 화원 연도교와 여수 화태~백야 연도교 등 2곳이다. 착공은 2020년, 완공은 2028년 예정이다.

신안 압해~해남 화원 연도교는 총연장 13.4km(해저터널 1곳, 해상 교량 2곳)로 국비 4천 828억 원이 들 것으로 예상한다. 이 구간이 완공되면 목포권과 영암, 해남 관광레저형 기업도시가 곧바로 연결된다.

여수 화태~백야 연도교는 총연장 11.4km(교량 4개소)로 국비 2천3백억 원이 소요될 전망이다. 연도교가 건설되면 고흥~거제 해안관광도로와 연계해 남해안 광역관광이 활성화될 것이다.

특히 연간 1,500만 명의 관광객이 여수를 찾는 만큼, 남해안권 관광객 유치에 영향을 끼쳐 지역경제활성화에 큰 도움을 줄 것이다.

서남해안 관광도로 건설은 남해안 신성장 관광벨트 사업의 1단계 사업이다. 이로써 본격적으로 남해안 신성장 관광벨트 사업을 추진할 수 있게 되었다. 이후 목포권과 여수권을 전략 성장 거점으로 육성하고, 남해안 연안을 따라 해양관광 거점과 이순신 호국관광 벨트를 조성할 계획이다.

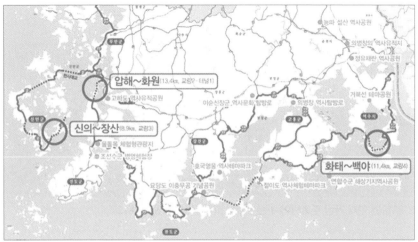

서남해안 관광도로 ⓒ네이버

5강. 부동산 투자 레벨 테스트

1. 현재 내가 알고 있는 토지의 지목은 몇 개인지 지목 하나하나 작성해 보자.

2. 2019년 현재 가장 주목해야 하는 도로 사업 세 가지를 들어보시오.

3. 다가오는 2020년 공개되는 국토개발계획은 몇 년 단위의 계획인가?

4. 수도권 제2 외곽순환도로, 서울—세종고속도로, GTX—A노선, 1,600억 규모의 아모레퍼시픽 산업단지 준공 예정과 SK하이닉스 반도체 공장 등의 호재로 뜨고 있는 지역은 어디인가?

※ 모든 부동산 투자 레벨 테스트의 정답과 해설은 p260~p267에서 확인할 수 있습니다.

부동산 투자 레벨 테스트 정답 확인하기

Q1. 〈정답 : 2〉

경매 투자시 지목에 따라 대출금의 정도가 달라진다. 농지, 과수원, 대지 등은 보통 낙찰가 대비 80%의 경락잔금대출이 나온다.

하지만 임야는 대출이 잘 나오기 않는 토지에 속한다. 보통 낙찰가 대비 20% 정도의 경락잔금대출이 나온다.

Q2. 〈정답 : 1〉

지분투자는 권하지 않는 편이지만, 지분투자를 하게 된다면 공유지분등기로 하길 바란다. 1번은 공유지분등기로 등기부 등본상, 갑구의 소유권 항목에 전체 면적분의 얼마의 비율을 소유하고 있는지 각각 공유자 이름으로 명시되며, 나머지 인원의 동의 없이 각자의 재산권 행사가 가능하다. 그러나 2번은 합유등기로 등기부 등본상, 갑구의 소유권 항목에 합유자 이름만 대표적으로 명시되기에 재산권을 행사하기 위해서는 나머지 인원의 동의가 필요하다.

따라서 조금이나마 수월하게 재산권 행사를 하기 위해서는 공유지분등기로 하는 것이 낫다.

Q3. 〈정답 : 3회 유찰〉

일반적으로 경매가 1회 유찰되면 저감율 20%를 적용하여 감정가 대비 80%로 시작된다. 이후 2회 유찰시 64%, 3회 유찰시 반값인 51%로 떨어지는 편이다. 단 법원에 따라 30%의 저감율을 적용하기도 한다.

Q4. 〈정답 : 3〉

농지연금 월지급액은 농지 가격, 가입연령, 지급방식 등에 따라 결정된다. 가입기간에 따라 종신형과 기간형이 있다.

담보농지가격 평가방법은 개별공시지가의 100% 또는 감정평가 금액의 90% 중 가입자가 선택할 수 있다. 월지급 상한액은 300만 원이다.

2강 레벨 테스트 정답과 해설

Q1. 〈정답 : 2〉

이 문제는 지역의 특성을 얼마나 고려하고 있는지를 알아 볼 수 있는 문제다.

보통의 경우, 지대보다 흙이 쌓인 편이 좋다. 흙을 버리기만 하면 되기 때문이다. 음푹 파여 흙을 채워 넣는 것은 두 배의 일이 된다. 물론 지역별로 성토가 나올지, 절토가 나올지 다르지만 새만금은 간척사업을 하는 곳이기에 흙이 귀하므로 더욱 ② 흙이 쌓인 토지를 선택해야 한다.

Q2. 〈정답 : 1〉

토지에 꽂혀 있는 깃발의 색은 토지의 가치를 움직인다. 흰색은 강제수용된 토지이며, 최소한의 보상을 받게 된다. 노란색은 토지보상 협의가 진행 중이라는 뜻이고, 파란색은 토지보상이 순조롭게 진행 중이라는 뜻이며, 빨간색은 토지보상 완료라는 뜻이다.

Q3. 〈정답 : 1〉

묘와 축사 모두 토지 투자에 있어서는 악재다. 그러나 단 두 개의 토지 중 하나에 투자를 해야 한다면 차라리 묘1기만 있는 땅이 나을듯 하다. 묘1기의 경우 개발을 어떻게 하느냐에 따라 가릴 수 있고, 무연고묘(관리가 전혀 되지 않고, 연고자가 없어 방치한 묘)의 경우 신문에 3개월 이상의 공고 및 현수막과 표지목을 통해 공고하였는데도 연고자가 나타나지 않으면 관할관청의 허가를 받아 개장하여 이장하거나 납골당에 안치할 수 있기 때문이다.

그러나 축사의 경우는 어떨까? 축사 단지가 있는 땅은 사람이 살기가 좋지 않다. 만약 소규모 축사라면 모를까, 여름마다 악취 등으로 큰 고생을 할 수 있으며, 개발압력을 받는 곳은 민원에 의해 이전될 가능성도 높다.

Q4. 〈정답 : 2〉

절대 농지는 경지정리되어 네모 반듯한 경우가 많다. 절대 농지는 대규모의 면적이 지정되어 있기 때문에 주변에 같은 모양의 토지가 많다.

반면 ①의 경우는 외관상으로는 농업보호구역에 가장 가까운 형태다. 농업보호구역의 토지는 정돈되지 않은 특징을 보이는데, 같은 농림지역이라고 하더라도 농림지역에 지정된 농업보호구역 농지는 농림지역에서 건축할 수 있는 건축물을 적용하지 않고 농지법에 의한 행위제한을 적용하여 개발해야 한다.

따라서 해당 문제는 눈으로 확인하는 사항에 대한 것이었지만, 어떤 규제사항이 있을지 모르므로 반드시 토지이용계획확인원을 이용하여 규제사항을 확인해야 한다.

3강 레벨 테스트 정답과 해설

Q1. 〈정답 : 1〉

①은 가드레일이 쳐져 있으며, ②는 구거가 존재한다. 이 두 상황일 경우에는 구거가 점용허가를 받을 가능성이 높음으로 활용가치가 더 높다. ①의 경우 4차선 이상의 국도를 보호하기 위함으로 가드레일 철거가 어려울 것으로 보인다.

Q2. 〈정답 : 2〉

농사를 짓는 경우 토질은 상당히 큰 문제다. 작물을 수확하는 데 암반이나 돌이 많으면 문제가 되기 때문이다. 저렴하게 나온 것이 이러한 이유 때문일 것이다. 반면 대부분 개발이 가능한 경사도는 보통 15~20도 사이다. 물론 지자체마다 큰 차이가 있지만, 강원도의 경우 대부분이 산지이고 경사도도 높아 25도까지는 개발이 가능하다. 더불어 토임에 가깝기 때문에 근처에 개발사업이 진행된다면 투자용으로도 좋은 토지가 될 것이다.

Q3. 〈정답 : 2〉

인삼밭에서 농사를 계속 짓게 하려면 잠시 유보해 둘 수도 있지만, 추후에 해당 토지를 개발하려 할 때 인삼에 대한 보상을 해줘야 한다. 땅주인이 아니라도 경작자에게는 작물에 대한 권리가 있기 때문에, 토지 소유자가 임의로 작물 훼손이나 수확을 하려면 보상을 해야 한다. 참고로 인삼은 성장기간이 4~6년이기 때문에 인삼밭이 아니라, 야생에서 자라는 경우는 더더욱 조심해야 한다.

폐축사는 건물만 없애면 되기 때문에 상당히 간단히 끝날 수도 있다. 단 폐축사의 주인과 땅주인이 같은 사람인지 확인하고, 이에 대한 법정지상권 성립을 확인하도록 하자.

Q4. 〈정답 : 1〉

시세 차익을 보기 위해 투자하는 경우 농업진흥구역(절대 농지)의 경우 투자 주의가 필요하다. 하지만 실사용 목적이며 귀농이 목적이라면 마다할 이유가 없다. 보통 귀농에 정착하는데 3~5년의 시간이 필요하다고 한다. 그 시간 동안 수익이 좀처럼 나지 않을 수 있기에 1억 원의 여유자금을 거의 사용하는 것보다는 비상금으로 활용하는 것이 좋다.

4강 레벨 테스트 정답과 해설

Q1. 〈정답 : 2〉

군사시설보호구역은 군사 목적에 공용되는 시설을 보호하고, 군작전 수행을 위해 지정한 구역이다. 즉 군활동을 위한 곳이기 때문에 건물신축 등의 재산권 행사 시에 많은 제약을 받는다. 최근 24년만의 최대규모로 군사시설보호구역을 해제하기도 했다.

군사시설보호구역 중에서도, '제한보호구역'인 경우에는 취락형성이 되어 있는 곳으로, 군과 협의 하에 건물 등을 신축할 수 있어 어느 정도의 재산권 행사가 가능하다는 장점이 있다.

그러나 통제보호구역은 군사활동(군사시설 기능이나 군활동 지역)이 요구되어 건물이나 토지 개발이 어려워 투자가치가 매우 낮다.

Q2. 〈정답 : 1〉

주변에 골프클럽과 온천지역이라는 관광호재를 가지고 있는 것도 장점이지만, 국유지에 접하고 있다는 점도 눈여겨 봐야 한다. 국유지는 말 그대로 나라 땅이다. 내 땅 앞에 자투리 땅으로 국유지가 있는 경우, 임대를 받아 주차장으로 활용할 수도 있다. 대형 가든식 음식점을 만들어 부족한 주차공간으로 국유지를 활용하는 방안을 검토할 수 있는 곳이다.

반면 저수지 100m 앞은 원래 음식점 허가가 나올 수 없다. 200m 내 음식점은 허가가 나지 않는다. 단 저수지 축조 전에 허가를 받은 상태인 경우에는 가능하다.

Q3. 〈정답 : 3〉

실제 내가 살아야 하는 집을 지으려면 사생활 보호가 되어야 한다. 그림과 같은 선택지일 때, A는 도로와 가까이 붙어 있어 교통량이 늘어날수록 소란스러워질 확률이 크다. 또 B의 경우 코너 자리에 위치해 있어 토지의 가치는 높을지 모르지만, B를 둘러싸고 있는 다른 집들에 의해 사생활이 침해될 가능성이 높다. 따라서 내가 사용할 실주거를 고려한다면 C의 입지가 적합하다고 볼 수 있다.

Q4. 〈정답 : 3〉

많은 사람이 투자용으로 토지를 취득하고, 비사업용 토지로서 양도세 등의 세금을 많이 내는 것을 두려워한다. 이때 1,000m²(약 300평) 미만의 토지는 주말농장용 토지로 인정되며, 이는 사업용 토지로 인정받는다. 사업용 토지로 인정이 되면 일반누진세율로 적용되어 가산세율이 추가되지 않으며, 보유기간에 따라 장기보유 특별공제도 받을 수 있으므로 잘 활용하도록 하자.

Q1.

지목	부호	설명
전	전	물을 상시적으로 이용하지 않고 곡물 · 약초 · 관상수 등의 식물을 주로 재배하는 토지
답	답	물을 상시적으로 이용하여 벼 · 연 · 미나리 · 왕골 등의 식물을 주로 재배하는 토지
과수원	과	사과 · 배 · 밤 등 과수류를 집단적으로 재배하는 토지와 이에 접속된 저장고 등
목장용지	목	축산업 및 낙농업을 하기 위하여 초지를 조성한 토지, 가축을 사육하는 축사 등의 부지
임야	임	산림 및 원야를 이루고 있는 수림지 · 죽림지 · 암석지 · 자갈땅 · 모래땅 등
광천지	광	지하에서 온수 · 약수 · 석유류 등이 용출되는 용출구와 그 유지에 사용되는 부지
염전	염	바닷물을 끌어들여 소금을 채취하기 위하여 조성된 토지와 이에 접속된 제염장 등
대	대	주거 · 사무실 등 영구적 건축물과 이에 접속된 부속시설물, 택지조성공사가 준공된 토지
공장용지	장	제조업을 하고 있는 공장시설물의 부지, 관계법령에 의하여 공장부지조성공사가 준공된 토지
학교용지	학	학교 건물과 이에 접속된 체육관 등 부속시설물의 부지
주차장	차	주차에 필요한 독립적인 시설을 갖춘 부지와 주차전용 건축물 및 이에 접속된 부속시설물의 부지
주유소용지	주	석유 등의 판매를 위하여 일정한 설비를 갖춘 시설물의 부지, 저유소 및 원유저장소의 부지 등
창고용지	창	물건 등을 보관, 저장하기 위한 보관시설물의 부지와 이에 접속된 부속기설물의 부지
도로	도	교통운수를 위하여 보행 또는 차량운행에 이용되는 토지와 휴게소 부지 등
철도용지	철	교통운수를 위해 이용되는 토지와 이에 접속된 역사 · 차고 · 발전시설 등 부속시설물의 부지
제방	제	조수 · 자연유수 · 모래 · 바람 등을 막기 위해 설치된 방조제 · 방사제 · 방파제 등
하천	천	자연의 유수가 있거나 있을 것으로 예상되는 토지
구거	구	인공의 수로 · 둑 및 그 부속시설물의 부지와 자연의 유수가 발생되거나 예상되는 소규모 수로부지

유지	유	댐 · 저수지 · 소류지 · 연못 등의 토지와 연 · 왕골 등이 자생하는 배수가 잘 안 되는 토지
양어장	양	수산생물의 번식 또는 양식을 위한 인공시설을 갖춘 부지와 이에 속한 부속시설물의 부지
수도용지	수	물을 정수하여 공급하기 위한 취수 · 저수 및 배수시설의 부지와 이에 속한 부속시설물의 부지
공원	공	일반공중의 보건 · 휴양을 위한 시설을 갖춘 토지로서 공원 또는 녹지로 결정 · 고시된 토지
체육용지	체	국민의 건강증진을 위한 체육시설의 토지와 이에 속한 부속시설물의 부지
유원지	원	일반 공중의 위락 · 휴양 등에 적합한 시설의 토지와 이에 속한 부속시설물 부지
종교용지	종	종교의식을 위한 교회 · 사찰 등 건축물의 부지와 이에 접속된 부속시설물의 부지
사적지	사	문화재로 지정된 역사적인 유직 · 고직 · 기념물 등을 보존하기 위하여 구획된 토지
묘지	묘	사람의 시체가 매장되어 묘지공원으로 결정 · 고시된 토지 및 이에 속한 부속시설물의 부지
잡종지	잡	다른 지목에 속하지 않는 토지. 갈대밭, 변전소, 송유시설, 도축장, 쓰레기처리장 등

Q2. 〈정답 : 서울-세종 고속도로(제2 경부고속도로), 평택-익산 고속
도로, 제2 외곽순환도로 등〉

Q3. 〈정답 : 20년〉

국토개발계획은 국토 전역을 대상으로 하여 국토의 장기적인 발전 방향을 제시하는 국가의 최상위 국토계획이다.

현재는 제4차 국토종합수정계획(2000~2020년)단계다. 1~3차까지는 10년 단위로 계획을 수립하고, 4차부터 20년 단위로 계획을 수립했다.

Q4. 〈정답 : 용인〉

제2 경부고속도로 원삼IC와 SK하이닉스 반도체 클러스터가 들어섬에 따라 경기도 용인시 원삼면 일대 부동산이 크게 올랐다. 아직은 후보지임에도 80만 원 하던 토지가 120만

원으로 올랐는데 요즘은 땅을 내놓았던 주인들도 다시 거둬들이고 있는 상황이다. 원삼면의 이러한 반응은 주변 백암면으로까지 이어지고 있다.

이러한 토지가격 상승으로 정부는 2019년 3월 말 기준 용인 원삼면을 토지거래허가구역으로 지정하였다.

토지거래허가구역이 되면 주거지역은 150m² 이상, 상업지역은 200m² 이상, 농지는 500m² 이상, 임야는 1,000m² 이상 거래를 할 경우 허가를 받아야 한다.

부록2
땅 투자로
가장 확실하게 돈버는 법

토지 투자
3.3.3 법칙

토지 투자를 할 때 꼭 지켜야 할 법칙이 있다. 그중 필자는 3.3.3법칙을 강조한다. 가장 중요한 요소를 담고 있기 때문이다. 3.3.3법칙이란 무엇이고 3이 의미하는 것은 무엇인지 알아보자.

첫 번째 3은 땅은 최소 3년은 기다려야 한다는 의미다

1~2년 안에 땅으로 수익을 내는 것은 어렵다. 물론 2015년 제주도나 2018년 용인, 안성이 SK 하이닉스 호재로 단시간내에 두 배 가까이 올랐을 때도 있었지만 일반적으로 땅은 1~2년 동안은 잘 움직이지 않는다. 또 2년 이내에 팔면 중과세가 나오기 때문에 2년 이상 보유해야 한다.

땅 투자를 하려면 최소 3년은 기다려야 한다. 최소 3년이고 그 이상을 봐야 나중에 후회하지 않는다. 땅 투자를 처음 한 분이나 성격이 급한 분 그리고 대출을 받아 투자한 분은 3년 이상 기다리는 것이 힘들 수 있다. 하지만 최소 3년은 기다려야 투자 효과를 볼 수 있고, 적정기간은 4~5년이다.

두 번째 3은 개발지로부터 인근 3km 이내에 투자하라는 것이다

토지는 수익성과 안정성이 높은 대신 환금성이 떨어지기에 아무리 좋은 땅을 갖고 있어도 사려는 사람이 없으면 문제가 된다. 그러므로 주변이 개발이 되는 곳인지가 중요하다.

신도시 주변, 대기업 주변, 개발지나 고속도로에서의 거리가 얼마나 되는지를 꼭 살펴야 한다. 물론 1km 이내면 좋지만 그런 곳은 가격이 비싸고, 3km를 벗어나면 거리가 많이 멀어져 개발지라는 호재를 갖기 어렵기 때문에 3km 이내의 범위에서 찾는 것이 제일 좋다.

제2외곽순환도로, 제2서해안고속도로, IC 예정지, 개발지를 살펴보고 그곳에서 3km 이내에 있는 곳을 선점하는 것이 좋다.

세 번째 3은 3천만 원을 의미한다

초보투자자라면 3천만 원 정도로 시작하는 것이 좋다. 수도권은 3천만 원으로 투자할 수 있는 곳이 많지는 않지만 처음부터 큰 돈으로 시작하는 것보다는 3천만 원으로 시작하여 조금씩 늘려나가는 것이 좋겠다.

3천만 원으로 투자가 가능한 곳은 강원도 고성 등이다. 충청권에서 3천만 원으로 하고 싶다면 약간의 대출을 받아 당진이나 아산 지역에 투자하는 것이 좋다. 필자는 당진을 가장 추천드리는데 5~6천만 원 정도면 좋은 땅을 고를 수 있다. 물론 3천만 원은 아니지만 대출을 활용하면 자기 돈 3~5천만 원 정도로 좋은 땅을 살 수 있기 때문에 관심을 가져보기 바란다. 전라도권 중에는 새만금이 좋다.

호재가 있는 곳이라면 3천만 원 정도가 필요한데 잘 선택하면 머지않아 세 배까지 오를 수 있다.

토지 투자자가
가장 먼저 생각해야 할
여섯 가지

토지 투자를 할 때 파악해야 할 요소가 많이 있다. 파악했다고 하더라도 환경이나 여건이 시시각각 변하기 때문에 꾸준히 공부하면서 살피고 또 살펴야 한다. 그렇다면 토지 투자자가 가장 먼저 생각하고 중점적으로 파악해야 할 것은 무엇인지 알아보자.

첫째, 입지가 가장 중요하다

토지에 투자할 때는 지역분석과 개별분석을 통해 토지 가격과 용도를 가늠하게 된다. 지역분석이란 그 토지가 속한 지역(동네)을 분석하는 것이고, 개별분석이란 그 토지 자체를 분석하는 것이다. 땅을 살 때는 개별분석보다 지역분석에 더 중점을 둬야 한다.

지역분석은 다른 말로 하면 입지다. 입지는 아무리 강조하고 또 강조해도 부족한 토지 투자에 있어서 가장 중요한 요건이다. 새로 신설되는 역사 예정지는 어디인지, 개발호재와 얼마나 가까운지, 정책 수혜를 받는 지역인지, 교통편은 좋은지, 편의시설은 가까이 위치해 있는지, 주변에 잘 발달된 상권이나 대기업 및 산업단지가 들어서 있는지 등 모든 것이 입지와 연결돼 있다. 입지만 잘 선택하면, 투자의 90%는 성공한 셈이다. 땅값 또한 이들 요소로 인해 상승한다.

둘째, 큰 기회는 개발 예정지 주변에 숨어 있다

토지의 고유한 특성 가운데 인접성이 있다. 인접성이란 말 그대로 붙어있다는 뜻이다. 하나의 토지는 반드시 다른 어떤 토지와 붙어있는데, 이를 인접성이라고 한다. 이런 인접성 때문에 토지는 그 주변 토지의 영향을 받는다. 특히 가격과 용도에서 크게 영향을 받는다.

주변 토지가 농업용으로 이용되고 있으면 내 토지도 농업용으로 이용할 수밖에 없고, 주변 토지가 상업용으로 이용되고 있으면 내 토지도 상업용으로 이용하게 된다. 또 주변 토지의 가격이 높으면 덩달아 내 토지의 가격도 높게 형성된다. 따라서 토지에 투자할 때에는 매수할 땅만 보는 것이 아니라 주변 토지의 성격부터 살펴봐야 한다.

많은 사람이 개발예정지역으로 공시된 곳이나 현재 한참 뜨고 있는 지역에 관심이 많다. 그런데 개발정보가 공개적으로 발표된 지역이라든가, 현재 여론에 오르내리는 지역은 이미 부동산 가격이 오를 만큼 올랐다.

따라서 이런 지역에 투자하려면 상당한 자금이 필요하다. 그리고 이런 지역은 대부분 거래에 따른 규제가 많다. 그러므로 해당 지역보다는 그 인근지역(주변 지역)으로 눈을 돌려보는 것이 좋다.

셋째, 길 따라 투자하라

예전부터 길이 뚫리면 그 곳에 집이 생기고, 사람이 하나 둘씩 모여들면서 마을이 생겼다. 길 따라 상점도 열리고, 장터가 생기고, 상권이 형성됐다. 업무시설도 들어서고, 유동인구와 상주인구가 증가하고, 비좁은 도로는 넓은 도로로 확충된다. 사람들이 생활하기 편리한 문화시설, 학교 등 인프라가 구축되면서 하나의 도시로 발전한다. 새로 신설되는 도로 주변의 땅은 왕래가 많아지면서 투자가치가 높아진다.

투자자들은 앞으로 개통 예정인 고속도로 나들목 주변에 관심을 갖는 것이 좋겠다. 나들목 주변은 토지 투자처로써 리스크가 낮고 지가 상승이 높은 지역이다.

특히 나들목 주변은 교통이 편리해 물류 창고 부지나 공장 부지로 투자가치가 높다. 새로 개통되는 전철 주위 토지라면 더할 나위없이 좋은 곳이다.

그렇다면 토지 투자자들이 고속도로, 전철과 같은 교통 계획에 대한 정보를 어떻게 알 수 있을까? 길 주변에 투자하기 원하는 투자자들은 국토해양부가 발표한 대도시권 광역교통기본계획을 찾아볼 것을 권장한다.

넷째, 인구가 늘어나는 지역을 노려라

인구가 증가하면, 기반시설이 갖춰지면서 그 지역의 주거와 상권이 활발해진다. 해당 지역의 인구 현황은 해당 시, 군의 홈페이지에 들어가면 자세히 나와 있다. 최근 몇 년간 인구 증가, 감소 현황까지 나와 있다. 입지, 개발호재만 보고 덜컥 땅을 사지 말고, 해당 홈페이지에 가서 최근 3~5년간 인구 증감 추세를 살펴보는 것이 중요하다.

다섯째, 건축할 수 있는 땅을 사면 실패하지 않는다

'개발지에서 100m 이내 경지 정리된 논(농림지역)'과 '개발지에서 1km 떨어진 경지 정리된 논(생산관리지역)' 중 어느 땅이 투자가치가 높을까? 농림지역은 건축이 제한되기 때문에 아무리 개발지에서 가깝다고 하더라도 피해야 한다. 건축할 수 있는 생산관리지역의 논에 투자해야 한다. 땅을 살 때는 무조건 건축이 가능한 땅을 사야 한다.

여섯째, 현장이 기회를 만든다

땅을 사기 전에 꼭 임장을 해야 한다. 현장에 답이 있고 기회가 있다. 임장을 갈 때는 지도, 지적도, 토지이용계획확인원, 나침반, 편한 운동화 등이 기본 준비물이다. 가만히 앉아서는 절대 좋은 땅을 찾을 수 없다. 현장을 살피고 또 살펴야 한다.

토지 투자자가
놓쳐서는 안 될
세 가지 토지 유형

　　토지 투자는 오래 묶인다, 속아서 잘못 살 수 있다는 선입견으로 어렵게만 생각하는 분들이 많은데 다음 세 가지 유형의 토지를 고른다면 너무 오랜 시간 묶이지 않고 시세 차익을 얻을 수 있을 것이다.

첫째, 전철이 뚫려서 접근성이 좋아지는 수도권 인접지

　　수도권은 지방과 달리 전철이 잘 형성되어 있다. 어디를 가든 전철까지의 거리가 어느 정도냐에 따라 가격이 큰 차이를 보인다. 토지 투자에 있어 가장 중요한 1순위 요소는 교통 접근성이다. 기존의 1호선, 2호선, 3호선… 등 뿐만 아니라 최근 수도권에 고속철도 GTX가 진행되고 있다. A, B, C 노선에 이어 D 노선도 얘기가 나오고 있다. 물론 서울이 제일 좋지만 서울 땅은 워낙 비싸기 때문에, 서울보다는 서울 인근에 있는 수도권 주변, 신도시 주변에 있는 땅에 투자하는 것이 좋다. 수도권에 있는 지하철, 전철, GTX, 분당선이 연장된 수인분당선, 8호선 등의 인접지역을 잘 살펴보는 것이 좋다.

둘째, 고속도로가 뚫리는 지역

고속도로 인근 5km 이내 지역에 있는 땅을 보는 것이 좋다. 3km 이내의 땅이 제일 좋지만 그런 곳은 금액대가 높은 편이니, 5km 정도까지 범위를 넓혀서 보는 것이 좋다. 특히 평수가 큰 토지를 찾는 분은 5km까지 보는 것을 추천한다.

수도권에 고속도로 호재 두 세 개가 있다.

가장 큰 메인은 제2외곽순환도로 예정지역이다. 제2외곽순환도로는 경기도 화성시의 봉담읍을 기점으로 하여 송산~안산~인천~김포~파주~포천~화도~양평~남양평~이천~동탄을 거쳐 봉담읍으로 순환하는 고속도로다. 노선번호는 고속국도 제400호이며, 총 길이는 263.4km이다. 수도권의 교통량을 분산하기 위하여 계획되어 구간별로 민자사업 또는 국가재정사업으로 추진된다.

아직 개통된 지역은 일부분이지만 다 완성이 되어 기존의 외곽순환도로처럼 순환한다

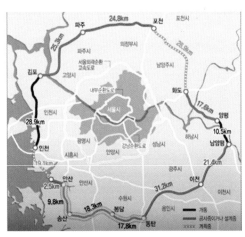

제2외곽순환도로 노선도 ⓒ네이버

면 그 인근지역의 가격은 엄청나게 뛸 것이다.

제2외곽순환도로의 인접지역 중 저평가된 곳이 많은데 특히 송산은 좋은 입지임에도 저평가되어 있다. 신세계는 송산에 4조 원을 투자한다고 발표했다. 정용진 부회장이 하남에 1조 원을 투자해서 스타필드를 만들었는데, 송산그린시티는 그 네 배 규모로 개발할 예정이다. 신세계는 화성송산그린시티 부지에 테마파크와 호텔, 쇼핑몰, 골프장 및 모든 세대가 이용가능한 글로벌복합테마파크를 만들 예정이므로 이 곳에 투자하면 큰 이익을 볼 수 있다.

만약 자금이 부족하다면 송산 옆에 있는 마도면도 눈여겨 볼 만하다. 마도면은 송산의 바로 인접지니까 5km 이내 정도로 살펴보는 것이 좋겠다.

그리고 저평가된 지역이 양평이다. 양평에 제2외곽순환도로가 2023~2024년 정도에 개통될 예정이기 때문에 2~3년 정도만 기다리면 된다. 양평은 그동안 전원주택지였지만, 앞으로는 투자용으로도 큰 매력을 가지고 있는 곳이다. 서종은 서울과 가깝기 때문에 좀 비싼 편이니 용문, 지평, 강하, 강산으로 살펴보면 다양하게 매물을 볼 수 있다.

그리고 포천도 제2외곽순환도로가 뚫리면 큰 변화가 있을 것이다. 포천은 아직 땅값이 저렴한데 남북관계가 좋아지면 좋아질수록 사람들이 찾게 될 곳이므로 미리 투자해 놓는 것도 좋은 방법이다.

또 다른 호재는 서울-세종 고속도로다. 서울-세종 고속도로는 서울에서부터 성남을 지나서 광주, 용인, 안성, 오송, 천안에 이어 세종까지 이어지는 도로다. 2023년에 안성까지 개통이 되고, 2025년에 세종시까지 개통된다.

서울-세종 고속도로 인접지역 중 눈여겨 볼 곳은 원삼면이다. 원삼면은 고속도로 호재뿐만 아니고 SK 하이닉스가 들어설 예정이기 때문에 벌써부터 인기를 끌고 있다. 원삼면의 영향으로 동탄신도시, 안성까지 영향을 받고 있다.

용인에 IC가 뚫릴 예정지가 있는데 그 인근에 투자하는 것도 좋다. IC 인근에 물류 창고 부지를 찾는 사람이 많고, 차(사람)가 몰리다 보면 카페, 식당 등의 수요가 생기기 때문이다.

서울−세종 고속도로 ⓒ네이버

셋째, 대규모 개발 예정지역

대규모 개발 예정지 중 가장 대표적인 곳은 새만금이다. 새만금은 각종 호재가 다 있다. 제일 큰 호재는 국제공항, 신항만, 산업단지, 관광지, 전철이다. 그것이 다 들어오려면 10~20년이 걸리지만 그렇다고 포기해서는 안 된다. 단계별로 개발을 하기 때문이다. 길게 보기 어렵다면 1차개발계획에 맞춰서 투자해도 충분하다. 2023년에 새만금에서 세계잼버리대회를 개최한다. 그 때 맞춰서 국제공항도 임시개통하기 때문에 2년만 내다봐도 충분히 답이 나오는 곳이 새만금이다. 3~5천만 원의 소액으로도 투자할 수 있는 땅이 있다.

충청권에서 규모가 제일 큰 도시가 세종시다. 앞으로 80만 명, 지금의 2.5배 몸집을 키울 대형 도시가 될 지역이 세종시다. 세종시는 공시지가가 높기 때문에 대출도 50%가 나온다. 3억 원짜리 토지는 1억5천만 원, 2억 원짜리는 1억 원만 있으면 구입할 수 있기 때문에, 그 정도 자금이 되시는 분들은 세종시를 눈여겨 보기 바란다.

강원도의 대규모 개발지는 춘천이다. 춘천은 서울에서 접근성이 좋고, 테마파크, 레고랜드라는 호재도 있다.

그 외에도 대규모 개발 예정지역이 있으니 잘 살펴보고 자금에 맞게 투자 계획을 세우기 바란다.

맹지 탈출 전략과
좋은 맹지

맹지란 도로와 맞닿은 면적이 없는 토지를 말한다. 타 지번으로 사방이 둘러싸여 있으므로 자루형 대지라고도 한다. 지적도 상 도로에서 직접 진입할 수 없어 차량은 들어갈 수 없지만 사람은 다닐 수 있는 토지인 경우가 많다.

건축법 상 도로에 2m 이상 접하지 않을 때에는 건축을 할 수 없기 때문에 이런 토지는 지가가 낮을 수밖에 없다. 맹지는 통상적으로 피해야 할 땅이지만 모든 법칙에는 예외가 있듯이 의외로 수익을 낼 수 있는 방법이 있다. 그래서 일부 투자자는 일부러 맹지에만 투자하기도 한다. 자신만의 방법으로 맹지 탈출을 해서 지가를 상승시켜 되팔 수 있기 때문이다. 맹지를 탈출하고 지가를 높일 수 있는 방법은 다음과 같다.

국유지일 경우에 토지를 대부받아 도로를 개설할 수 있다

국유지는 공공을 목적으로 하는 행정재산이기 때문에 개인에게 매각, 처분, 사용허가(대부)를 할 수 없지만 일반재산은 매각, 대부가 자유롭기 때문에 토지를 대부받으면 맹지에서 탈출할 수 있다.

필자는 부안에 답사를 갔다가 마음에 드는 땅을 찾았다. 입지와 가격이 마음에 들었고 주변의 풍경도 아름다웠다. 2차선 도로에 접해 있어 금상첨화의 땅이었다. 그런데 지적도 상 2차선 도로와 필자가 점찍어둔 논 사이에 기다랗게 누군가의 땅이 있었다. 필자가 점찍은 토지는 맹지로 집을 지을 수 없는 땅이었다. 하지만 포기하기가 아까워 땅의 소유자를 확인해 보았다. 정말 다행스럽게도 중간에 낀 다른 토지의 소유자는 대한민국 정부였다.

만약 그 땅의 소유자가 개인이라면 포기하는 편이 낫다. 자기 땅을 통하지 않으면 개발할 수 없는 땅을 갖고 있는 주인에게 관대한 지주는 없다. 이런 경우에는 일반적으로 지주에게 시세의 세 배 정도의 돈을 주고 그 땅을 매입하거나, 토지사용승낙서를 받아야만 한다. 하지만 국유지일 경우에는 이야기가 달라진다. 해당 지자체에 지번을 불러주고 국유지임을 확인한 후 내가 투자하고자 하는 땅에 건축할 수 있는지를 물어보았다. 가능하다는 답변을 듣고 필자는 바로 그 땅을 매입했다. 이 땅은 2년 만에 200% 수익률을 보이고 있다.

도로와 연결되어 있는 땅의 주인에게 땅을 팔거나 도로를 산다

맹지를 매입하면 자기 땅이 커지기 때문에 도로와 연결되어 있는 땅의 주인도 나의 맹지를 눈여겨 볼 확률이 높다. 맹지 시세가 평당 10~20만 원이라면 도로에 붙어있는 땅의 가격은 그 두 배다. 도로에 붙은 땅의 주인이 원래 보유하던 땅과 싸게 매입한 맹지를 합치면 규모가 커지고 전체가 도로에 접해 있는 땅으로 변하기 때문에 사고 싶어 할 것이다.

또 한 가지 방법은 도로와 연결되어 있는 땅의 주인에게 앞의 도로를 사는 것이다. 그러면 더 이상 맹지가 아닌 도로와 연결된 땅이 된다.

개발호재가 풍부하고, 접근성이 좋은 위치에 있다고 해도 지적법 상의 도로가 없다면 무용지물이다. 하지만 더 중요한 것은 도로를 낼 수 있는지 여부를 확인하는 것이다. 개발의 필수요건은 4m 이상 해당하는 도로가 있어야 한다.

도로가 없는 땅인 맹지는 건축이 안 되기 때문에 시세의 절반에도 미치지 못한다. 그렇기 때문에 맹지에 도로내는 법을 공부한다면 맹지를 싸게 사서 도로를 낸 후 다시 시세대로만 팔아도 두 배 이상 수익을 남길 수 있다. 하지만 맹지에 도로내는 일이 쉬운 것은 아니므로 아주 조심스럽게 접근해야 한다.

맹지지만 투자해도 좋은 땅

첫째, 도로와 여러 명의 지주가 있는 땅 사이에 있는 맹지

맹지도 A, B, C 등급이 있다.

도로와 맹지 사이에 지주가 여러 명이 있다면 A급이다. 만약 지주가 한 명이라면 그 사람만 설득하면 된다. 그 사람이 도로사용승낙서나 일부만 분할해서 판다면 다행이지만 만약 도로를 내놓지 않겠다고 하면 평생 맹지가 되는데 이런 경우는 선택권이 없다. 그래서 모 아니면 도인 경우가 많다.

하지만 지주가 여러 명이라면 그 중의 한 명만 잘 설득하면 맹지를 탈출할 수 있기 때문에 A급 맹지인 것이다. B급 맹지는 도로에 약간 떨어져 있으면서 도로에 붙어있는 지주가 한 명인 경우다. 맹지를 구매하려고 할 때 지주가 한 명이라면 반드시 투자하기 전에 설득을 해야 한다. 투자했는데 지주가 허락을 하지 않으면 평생 맹지가 되기 때문에 반드시 계약금을 넣기 전(경매는 입찰금 내기 전)에 지주를 만나서 도로사용승낙서를 받은 후 투자를 해야 한다.

도로에서 많이 떨어져 있는 C급 맹지에는 투자하지 않는 것이 좋다.

둘째, 구거가 있는 맹지

구거란 배수를 하기 위해 만든 인공수로를 뜻하는데 구거점용허가를 얻어 구거를 진입로로 만들 수 있기 때문에 구거가 있는 맹지는 A급 중에서도 A급이다.

구거가 있다면 더 이상 맹지가 아니다. 구거는 미래의 도로이기 때문이다. 필자의 땅도 차가 겨우 한 대 지나갈 수 있을 정도의 도로가 있었는데 다행히 구거가 있어 그 구거를 활용해서 도로를 넓힐 수 있었다. 그러면 차 두 대가 왕복할 수 있는 2차선이 된다. 구거가 확보되면 나라에서도 도로 수용할 때 수용비가 절감이 되므로 사용할 수 있게 해 준다. 땅을 살 때 도로만 있는지 아니면 도로와 땅 사이에 구거가 있는지 꼭 확인을 하는 것이 좋다.

거꾸로 구거가 땅과 도로 사이에 있는 것이 아니고 옆에 있다면 어떨까? 이것도 A급 맹지라고 볼 수 있다. 대신 구거가 최소한 차 한 대가 움직일 수 있는 2m 정도는 되어야 한다. 만약 구거가 있더라도 1m도 안 된다면 위험하기 때문에 피하는 것이 좋다.

구거에 토관을 깔아서 성토한 후 도로처럼 쓰는 걸 지자체와 협의를 해서 사용하면 되는데 그에 필요한 모든 비용은 본인이 부담해야 한다. 하지만 비용이 그렇게 많이 들어가진 않는다. 보통 500만 원 이하다. 맹지였을 때 땅의 가치가 2,000만 원이었는데 500만 원으로 도로를 만들었다면 2,500만 원이 들어간 것이지만, 도로가 붙어있는 땅은 맹지보다 최소 두 배 이상 비싸기 때문에 4,000만 원 이상 받을 수 있게 되는 것이다.

셋째, 현황도로만 있는 맹지

70년대 당시에는 무허가 건축물도 많았지만 도로로 마찬가지였다. 시골길은 지적도를 무시하고 그냥 시멘트로 포장도로를 깐 적이 있다. 지방에는 이런 현황도로가 많다.

지적도 상에는 분명히 맹지지만 실제 현황도로가 있으면 그건 도로로 인정하고 건축을 허가해 준다. 하지만 땅을 매입하기 전 지자체 건축과에 '현황도로가 있는데 건축해도 되나요?'하고 문의하고 확인하여 돌다리라도 두드려보고 가는 것이 좋겠다.

넷째, 지적도에만 도로가 있는 땅

지적도에 도로가 있으면 맹지는 아니다. 임장을 갔을 때 도로가 없으면 맹지라고 생각하는데 실제 도로는 없지만 지적도를 떼어봤을 때 지적도 상에 도로가 찍혀 있는 경우가 있다. 이럴 경우는 맹지가 아니다.

도로를 닦는 비용은 본인이 부담해야 하지만 실제 도로가 없어도 지적도 상에 도로가 있으면 언제든지 도로를 개설하여 지가를 높일 수 있으므로 숨은 보물을 찾은 것과 같다.

국유지를
내 땅으로

국유지는 토지등기부 소유자 표시란에 '국'이라 쓰여 있는 땅으로 나라의 소유로 되어 있는 토지를 의미한다. '공유지'도 비슷한 의미로 활용되어 '국공유지'로 더 많이 불린다.

우리나라 국토의 20% 수준에 육박하는 상당히 넓은 면적이 국공유지다. 만약 내 토지 주변에 국공유지가 있다면 다양하게 활용할 수 있다. 저렴하게 임대받아서 사용할 수 있고, 불하받아서 내 땅으로 만들 수도 있다.

맹지 앞 자투리 토지인 척하는 국공유지

보통 자투리 토지는 도로 근처에서 자주 발견된다. 도로에 붙은 땅인 줄 알고 보면 도로와 토지 사이에 활용하기 어려운 폭이 좁고, 길죽한 모양의 땅이 있을 때가 있다. 그래서 일반인의 눈에는 지적도와 등기부를 확인하지 않으면 그저 맹지로만 보이는 토지들이 있다. 하지만 이런 땅의 등기부를 확인해보면 국공유지일 가능성이 크다. 이렇게 자투리 땅이 되어 있는 이유는 도로 건설을 하고 남은 땅이기 때문이다. 이렇게 남은 땅은 도로가 확장될 가능성이 커 여유지로 남겨놓는 국유지인 경우가 많다.

등기부등본 상에는 보통 소유자 명이 나오는데 소유자란에 '*(별표)'로 되어 있으면 국유지다. 이런 땅에 투자할 때는 지자체에 매입신청을 하거나, 점용허가를 받아 활용할 수 있다.

국공유지 임대받아 주차장으로도 활용

내 땅 앞에 있는 땅이 국공유지일 경우 임대를 받아 사용할 수 있다. 1~10년까지 임대가 가능하고 일반 토지보다 임차비가 저렴하여 개인사업자들에게 큰 인기를 끌고 있다. 예를 들면 건물을 용적률과 건폐율에 맞게 설치한 후 대형 가든식 음식점을 만들어 국공유지를 주차공간으로 활용하는 식이다.

불하받아 내 땅으로

국유재산은 이용 유형에 따라 행정재산과 일반재산으로 구분된다. 행정재산의 경우, 사용허가를 신청할 수 있지만 매입은 불가능하다. 반면 특정 행정 목적에 사용되지 않는 일반재산의 경우, 개인이나 법인이 매수 신청하여 매입할 수 있다.

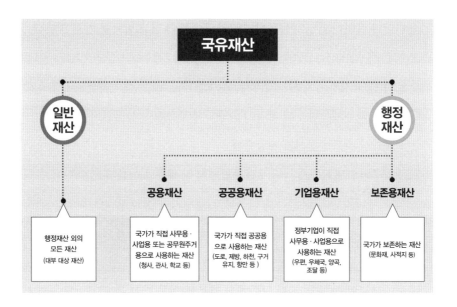

국유재산

일반
재산

행정
재산

공용재산　공공용재산　기업용재산　보존용재산

| 행정재산 외의 모든 재산 (대부 대상 재산) | 국가가 직접 사무용·사업용 또는 공무원주거용으로 사용하는 재산 (청사, 관사, 학교 등) | 국가가 직접 공공용으로 사용하는 재산 (도로, 제방, 하천, 구거 유지, 항만 등) | 정부기업이 직접 사무용·사업용으로 사용하는 재산 (우편, 우체국, 양곡, 조달 등) | 국가가 보존하는 재산 (문화재, 사적지 등) |

　국공유지 매각과 대부입찰을 준비하고 싶다면 '한국자산관리공사'의 '온비드'를 통해 다양한 매물을 검색하고 확인해보자. 또 각 국가기관 홈페이지의 매각부동산 섹션이나 신문 매각공고, 시청 재산관리과, 구청 재무과 등에 문의해도 해당 정보를 얻을 수 있다.

　등기부등본에서 국유지를 확인하기 위해서는 우선 '대법원 인터넷등기소'에 들어가야 한다. 그리고 '등기 열람 / 발급'에서 알고자 하는 주소를 입력하면 대상부동산에 대한 정보가 나온다. 이때 소유자가 '김**' 등으로 되어 있으면 사유지일 가능성이 높지만, '한******'인 경우에는 단체일 가능성이 높다. 더불어 '*' 별이 하나만 표시되어 있으면 국유지이므로 지자체에 문의하여 매입에 대하여 논의하면 된다.

개인이나 법인이 일반재산을 매수하려면 다음과 같은 절차를 거쳐야 한다.

1. 토지 담당 지자체에 세무과, 회계과가 있다. 그리고 한국자산관리공사 즉 온비드 국유재산본부의 지자체 담당자와 통화하여 상담한다.
2. 국유재산 매수신청서를 제출한다.
3. 매각심의위원회에서 국유재산종합계획을 세우고 이를 수립한 다음 승인이 이루어지면 감정평가를 하는데 감정평가를 통해서 전체적인 가격을 책정하게 된다. 이 때 정확하게 책정을 하려면 한 군데가 아니라 두 군데에 의뢰해서 평균값을 매겨서 국유지 매각 금액을 정한다.
4. 중앙관서의 장 등은 해당 국유재산 처분에 대한 검토 후 계약방법을 알리게 된다. 계약방법은 경쟁입찰이 원칙이지만, 공공의 목적으로 이용되거나 국유지와 맞닿은 사유지의 소유자에게 매각하는 경우 수의계약을 체결할 수 있다. 매매대금의 10%를 계약금으로 납부해야 하고, 60일 이내 모든 잔금을 납부해야 소유권 이전이 완료된다.

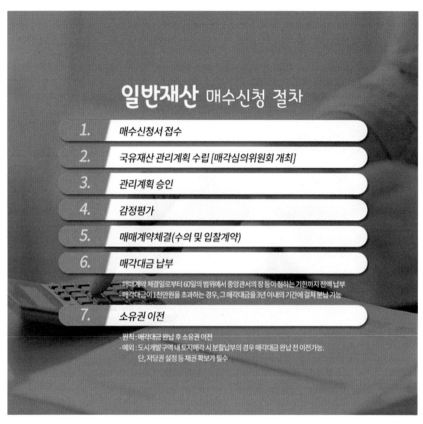

일반재산 매수신청 절차

1. 매수신청서 접수
2. 국유재산 관리계획 수립 [매각심의위원회 개최]
3. 관리계획 승인
4. 감정평가
5. 매매계약체결(수의 및 입찰계약)
6. 매각대금 납부
   - 매매계약 체결일로부터 60일의 범위에서 중앙관서의 장등이 정하는 기한까지 전액 납부
   - 매각대금이 1천만원을 초과하는 경우, 그 매각대금을 3년 이내의 기간에 걸쳐 분납 가능
7. 소유권 이전
   - 원칙 : 매각대금 완납 후 소유권 이전
   - 예외 : 도시개발구역 내 토지매각 시 분할납부의 경우 매각대금 완납 전 이전가능.
     단, 저당권 설정 등 채권 확보가 필수

출처 : 온비드

땅의 가치를
세 배
올리는 법(1:3 법칙)

1:3 법칙은 땅의 가치를 세 배 올리는 법칙으로 다른 말로 리모델링이라 할 수 있다. 땅도 건물처럼 리모델링할 수 있는데 이는 최소한의 비용으로 최대 효과를 얻을 수 있는 방법이다.

첫째, 못생긴 땅을 성형(성토)시킨다

못생긴 땅 중의 하나가 꺼진 땅이다. 꺼진 땅은 흙을 부으면 되는데 이를 성토라고 한다. 일반적으로 논은 물을 공급해 주어야 하기 때문에 보통 도로보다 꺼져 있다. 논은 꺼져 있기 때문에 밭보다 땅값이 20~30% 저렴하다. 그래서 논을 성토해서 밭으로 형질변경하면 지가가 상승한다.

여기는 필자가 투자하는 새만금 지역이다. 보면 땅이 좀 꺼져 있다. 땅이 꺼져 있으면 가드레일을 쳐야 하는데, 가드레일이 있는 것만으로도 땅의 가치는 떨어진다. 초보자는 이런 땅을 보면 '가드레일도 있고 땅도 꺼져 있고… 이게 뭐야'라고 생각하는데 성토만 하면 가드레일을 뜯어내는 건 전혀 문제가 없다. 뜯어내기 전 지자체에 허락을 받기만 하면 된다. 차가 추락할 위험이 있기 때문에 가드레일을 설치한 것이므로 성토만 하면 가드레일은 철거할 수 있다.

그렇다면 성토비는 얼마나 들까? 땅이 꺼진 상태에 따라 성토비가 다르지만 그렇게 많이 들지 않는다. 1m 높이를 성토하는 비용이 대략적으로 평당 2~3만 원 정도된다. 실제로 필자는 당진의 200평 땅을 평당 2만5천 원으로 총 500만 원 들여서 성토를 했다. 흙을 부어서 땅을 다듬는 작업은 반나절 정도 걸린다. 5,000만 원을 주고 산 토지에 500만 원을 들여서 성토를 했으므로 총 비용은 5,500만 원이었다. 그런데 그 땅이 꺼진 땅이 아니고 도로에 붙어있는 땅이다보니 몇 달만에 1,500~2,000만 원이 올랐다.

이것이 바로 1:3법칙이다. 500만 원 들여서 그 세 배인 1,500만 원 정도의 수익을 낸 것이다. 단, 땅이 너무 크거나 2m 이상 많이 꺼져 있다면 추가비용이 많이 들 수 있으니 조심해야 한다.

둘째, 절토다

임야, 산을 깎으면 그 땅의 가치를 세 배까지 올릴 수 있다. 전, 답 같은 경우는 평지이기 때문에 눈에 잘 보이는데 임야는 경사도도 있고 나무가 많다. 그래서 임야는 땅값이 싸다. 밭은 7~8천만 원 정도인데 임야는 5천만 원 내외다. 밭보다 훨씬 싸게 산 대신 정지작업(벌목, 토지평탄화 작업)을 하는 비용이 추가로 들어간다.

임야가 추가 비용이 들긴 하지만 나무를 깎고 절토를 하면 땅의 가치는 훨씬

올라간다. 2천만 원 정도 들여 절토를 하면 5~6천만 원까지도 올라간다.

임야의 또 한 가지 장점은 조망권이 좋다는 것이다. 일반 전이나 답보다 언덕에 있기 때문에 마을 전체, 주변이 확 트여 있다.

셋째, 합필 후 분필이다

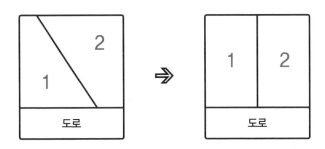

여기 1번 땅, 2번 땅이 있다. 필자 땅이 1번 땅이고 그 옆이 2번 땅이었는데, 둘 다 못 생긴 땅이었다. 그래서 2번 땅 주인에게 서로 땅이 못 생겼지만 도로에 잘 물려 있으니 힘을 합쳐서 좋은 땅을 만들어보자고 했다. 합필을 하려면 지목이 같아야 하는데 필자 땅은 밭이었는데 2번 지주의 땅은 논이었다. 이 지목을 같게 바꾸려면 논을 밭으로 바꿔야 한다. 물론 두 개를 비교하면 필자 땅은 도로에 잘 물려 있기 때문에 더 좋았지만 "합필을 해서 도로의 많은 부분을 당신에게 양보할 테니 형질변형(지목변경) 비용을 부담해 주세요"라고 설득했다.

견적을 받아보니 비용이 크지 않자 2번 땅 주인이 필자의 제안을 수락해서 지목을 밭으로 변경하고 합필을 했다. 그 후 다시 분필을 했다. 그랬더니 땅 모양이 네모나게 예쁘게 만들어졌다. 땅이 못 생겼을 때는 필자 땅이 평당 30만 원이었고 2번 지주의 땅은 평당 20만 원이었다. 그런데 도로에 네모난 모양으로 예쁘게 만들자 둘 다 평당 50만 원이 됐다.

이건 사실 1:3 법칙이 아니고, 1:10 이상도 가능하다. 워낙 소액으로 땅의 가치를 올릴 수 있기 때문이다. 합필하는 비용은 몇 십만 원 정도밖에 안 되고, 분필하는 것도 수도권은 100만 원, 지방은 50만 원 정도다. 이 정도 비용을 들이면 땅의 가치는 얼마나 올라갈까? 100평인데 평당 20만 원이 올랐으니 2천만 원이 올라간 것이다. 합필, 분필 비용 100만 원으로 2천만 원이 오른 것이니 1:20이다.

좋은 땅 고르는
여덟 가지 방법

배산임수(背山臨水). 보통 산을 등지고 물을 볼 수 있는 땅을 좋은 땅이라고 한다. 정말 그럴까? 산이 너무 가까우면 통풍이 안 되고, 물이 너무 가까우면 수해나 습기로 인해 피해를 입을 수도 있다.

그렇다면 좋은 땅이란 무엇일까? 같은 땅이라도 각자의 목적에 따라 누구에게는 좋은 땅일 수도 누구에게는 나쁜 땅일 수도 있다. 즉 나의 조건과 여건에 맞는 땅이 나에게 가장 좋은 땅이 되는 것이다.

좋은 땅을 고르기 위해서 무엇을 살펴야 하는지 여덟 가지 방법을 알아보자.

1. 목적을 가져라

땅을 살 때는 가장 먼저 투자용인지 사업용인지 귀촌용인지 땅 구입 목적을 정해야 한다. 땅을 사려는 분의 대부분이 투자를 목적으로 하지만 간혹 투자가 아닌 실사용 목적으로 구입하는 분도 있다. 예를 들면 공장이나 창고를 찾거나 건물을 올리려고 하는 분도 있기 때문에 본인이 땅을 사려는 목적을 정확히 정한 후 골라야 한다. 투자용으로는 좋지만 사용 목적에는 맞지 않는 땅도 있고, 사용 목적에는 안성맞춤이지만 수익성은 없는 땅도 있기 때문이다.

땅 모양새나 용도, 도로접근성, 개발호재 등이 있으면 땅 가격이 많이 올라가는데 농사 지으며 편안한 노후를 살기 위해 귀농, 귀촌을 희망하는 분들은 굳이 그런 비싼 땅을 살 필요가 없다. 오히려 대로에서 조금 떨어져 한적하고 조용한 곳이 가격도 싸고 공기도 좋으니 노후 생활을 위해서는 더 좋은 땅일 수 있다.

투자용은 계획관리지역, 생산관리지역, 주거지, 자연녹지 최소 이 정도 급은 되어야 하는데 귀농, 귀촌용은 굳이 이런 용도가 필요 없다. 농림지역, 농업보호구역 정도만 사도 된다. 관리지역은 아무리 저렴해도 평당 30만 원이지만 농업보호구역은 평당 10만 원이하로도 살 수 있다. 그래도 관리지역을 사고 싶다면 보전관리지역을 택하면 된다. 보전관리지역은 약간의 건축 제한이 있기 때문에 투자용으로 추천하진 않지만 주거용이라면 괜찮다. 건축 제한이 있다고 하더라도 집을 짓는 데는 문제가 되지 않기 때문에 저렴한 보전관리지역을 택하는 것이 좋다.

2. 인터넷 지도를 활용하라

임장을 가기 전에 먼저 지도를 살펴야 한다. 지도를 뚫어져라 보고 있으면 뭐가 튀어나오기도 한다. 개발호재가 튀어나오거나 안 보이던 주변 환경이 보이면서 시간을 절약할 수 있기 때문에 지도를 자주 보는 것이 좋다.

네이버, 카카오 지도 어플을 이용해서 직접 임장을 가기 전에 사전준비를 철저히 해야 한다. 네이버나 카카오 한 개만 보지 말고 두 개를 다 보는 것이 좋다. 요즘은 인터넷을 활용하여 웬만한 도로는 다 로드뷰로 볼 수 있다. 로드뷰로 주변 도로가 포장이 되어 있는지 등을 알 수 있고, 주변에 혐오시설이 있는지도 확인할 수 있기 때문에 가볼 만한 곳인지 아닌지 1차로 거를 수 있다. 만약 도로가 포장되어 있지 않거나 혐오시설이 있다면 아예 제외하고 다른 곳을 찾는 것이 좋다. 단 로드뷰가 나오지 않는 지역도 있고, 사이버임장은 한계가 있기 때문에 1차적으로 거르는 용으로만 사용하고 계약을 하기 전에는 꼭 직접 임장을 가서 보고 결정해야 한다.

3. 소유권, 이용권 권리관계를 점검하라

번지수를 확인한 후 토지이용계획확인원, 등기부등본 두 가지는 필수적으로 확인해야 한다. 등기부를 떼면 소유자 이름이 나오는데 1~2장으로 끝나는 땅이 좋다. 개발지의 등기부는 10장 이상 넘어갈 수 있는데 이렇게 손바뀜이 많이 이루어졌다는 건 계속 금액이 올라갔다는 뜻이므로 그런 땅보다는 원주민이 수십 년간 보유하다가 내놓은 땅을 선택하는 것이 좋다. 그런 땅이 알짜 땅일 확률이 높기 때문이다.

그리고 등기부를 보고 소유자가 몇 명인지 확인해야 한다. 소유자가 가족단위일 경우는 순조롭게 진행되기 어렵다. 계약 직전까지 갔어도 마지막에 1명이 반대하면 계약이 무산되기 때문에 소유자가 n명이라면 세심하게 살펴야 한다. 소유자가 여러 명일 땐 계약금을 20%를 걸어서 계약파기에 대비하는 것도 방법이다.

초보자는 보통 농지에 투자를 많이 하는데 농지에 농사를 짓고 있는 경우라면 농작물이 어떤 것인지 확인해야 한다. 쌀이나 벼농사는 일반적으로 1년 뒤에 다시 작농을 하기 때문에 1년만 기다리면 되지만 인삼밭 같은 경우는 5년을 기다려야 한다.

나무도 함부로 벨 수 없기 때문에 땅을 살 때 이런 권리관계를 확인해야 불이익을 당하지 않는다. 그냥 투자용으로 땅을 매수하는 분은 상관없지만 그 땅에 건물을 올리려는 사람이라면 권리관계를 더욱 잘 파악해야 한다. 인삼밭을 샀다면 땅 주인이라도 5년 동안은 건축을 할 수 없기 때문이다. 그러므로 땅에서 키우는 작물이 무엇인지 꼭 확인해야 한다.

건물이 있는 땅을 사는 경우에도 상당한 주의가 필요하다. 보통 시골엔 무허가 건물이 많은데 무허가라도 1가구 2주택에 걸린다. 무허가, 폐가라고 하더라도 건물이 있으면 주의해야 한다. 멸실을 하면 되지만 멸실 비용이 최소 500~1,000만 원 정도 들기 때문에 건물이 있는 땅은 잘 따져봐야 한다.

건물이 있다면 폐가인지, 사람이 사는지, 임차인과의 계약은 어떻게 되어 있는지 등 권리관계를 정확히 살펴야 한다.

4. 용도와 규제내용을 정확하게 파악하라

땅은 규제가 많다. 대표적인 규제가 바로 용도지역법이다. 정해진 용도지역에 따라 올릴 수 있는 건축물의 용도, 건폐율이 달라지기 때문에 용도지역은 토지의 생산성과 수익성에 큰 영향을 미친다.

가장 좋은 땅은 웬만한 건물을 다 지을 수 있는 상업지다. 반면 녹지지역은 건폐율 20%밖에 안나오고 건축 제한이 있기 때문에 건물을 올릴 계획이 있는 분이라면 피해야 한다.

상업지역- 주거지역- 녹지지역 순으로 땅값이 높다. 관리지역, 농림지역, 자연환경보존지역은 건폐율과 용적률이 낮으므로 어떤 용도로 사용할지에 따라 선택 여부를 결정해야 한다.

이렇게 용도를 파악했다면 용도 밑에 지정된 규제도 확인해야 한다.

군사보호구역은 건축에 제한이 있다. 건물을 높이 올리면 군부대 시설이 보이기 때문에 군부대에서 건축을 하지 못하도록 막아놓거나 군부대랑 협의한 후에 건축을 할 수 있도록 했다.

또 문화재 보존 영향 검토 대상이 있다. 만약 문화재가 나오면 건축이 안 되기 때문에 경계해야 한다. 하지만 조그만 기념비만 있어도 반경 100m 이내는 표시가 되어 있으니 직접 가서 땅 앞에 큰 문화재가 있는지 확인해야 한다. 제일 정확한 건 지자체 건축과에 문의해서 확인하는 것이다.

조례 또한 중요한 요소다. 보통 다가구를 지을 땐 계획관리지역 이상이어야 하는데, 세종시에 계획관리지역이 부족해서 보전관리지역에도 다가구를 지을 수 있도록 세종시만의 조례로 만든 적이 있다. 이런 내용은 지자체에 문의해야 알 수 있는 정보이기 때문에 초보자는 잘 모르는 경우가 많다. 계획관리지역이 좋다는 건 누구나 알기 때문에 가격이 비싸지만 보전관리지역은 일반적으로 다가구를 짓지 못하기 때문에 계획관리지역의 반도 안 되는 가격에 거래된다. 그런데 조례를 통해서 보전관리지역에도 다가구를 지을 수 있다는 것을 안 분들은 저렴하게 보전관리지역의 땅을 사서 다가구를 짓고 큰 시세 차익을 얻을 수 있었다.

그리고 조례 뿐만 아니라 눈에 보이지 않는 법규사항들도 살펴야 한다. 조례는 토지이용계획확인원에 뜨지만 안 보이는 규제들도 있기 때문에 지자체에 문의해야 한다.

서류 상에는 문제 될 게 없었는데 현장에 가면 팻말로 규제가 붙어있는 경우가 있다. 지자체에 물어보니 보호구역으로 지정된 게 맞으나 아직 업데이트가 되지 않았다며 곧 반영될 거라고 했다. 이런 경우 확인하지 않고 샀다면 낭패일 수밖에 없다. 토지이용계획을 확인하되 그와 더불어 꼭 지자체에 문의해서 혹시 모를 규제가 있는지 검토해야 한다.

5. 물리적인 현황을 살펴라

땅의 모양새, 주변 환경 등을 잘 살펴야 한다. 대부분의 초보자는 네모반듯한 정사각형 모양의 땅을 상상하며 땅을 보러 갈 것이다. 하지만 정사각형의 땅은 극히 드물다. 신도시, 택지지구처럼 반듯하게 잘려진 게 아니라면 대부분 자기 멋대로 생긴 땅이 많다. 사각형 모양이 좋은 땅이긴 하지만 삼각형, 기다란 땅도 가치가 있으니 잘 살펴야 한다.

삼각형 땅의 장점은 땅이 도로에 접한 면적이 많다는 것이다. 물론 삼각형 땅이라도 건물은 네모나게 짓고 나머지 자투리 땅에는 조경수를 심어서 잘 꾸미면 좋다. 만약 삼각형 땅이 작다면 쓸 수 있는 면적이 100평 중 거의 절반 밖에 없기 때문에 소형주택이나 다가구를 생각해야 한다. 그러므로 삼각형 땅이라면 100평 이상의 땅을 선택하는 것이 좋다.

세로로 긴 땅이라면 도로에 물려 있는 경우 반으로 분할하는 것도 좋은 방법이다. 하지만 이 때 좌측 그림처럼 세로로 길게 자르지 말고 우측 그림처럼 나누는 것이 유리하다. 물론 앞의 1번 땅 가격이 더 비싸겠지만 2번 땅도 국자 모양이지만 도로가 맞물려 있기 때문에 맹지가 아니니 사용 용도에 따라 활용할 수 있다.

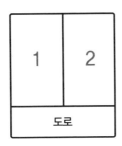

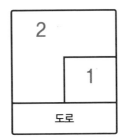

땅의 모양새 못지 않게 땅의 상태를 살피는 것도 중요하다. 보통 농지는 땅이 꺼져 있는 경우가 많다. 땅이 꺼져 있는 곳은 지나가던 사람이나 차가 떨어지지 않게 펜스가 쳐져 있다. 초보자는 펜스가 쳐져 있는 땅은 투자가치가 떨어진다고 생각하지만 꺼져 있는 땅은 성토하면 되므로 크게 걱정하지 않아도 된다. 성토를 해서 땅을 예쁘게 만들어 놓으면 땅의 가치가 많이 올라간다.

땅을 어떻게 사용하는지도 잘 봐야 한다. 투자자가 가장 궁금해 하는 것이 땅을 샀을 때 관리는 어떻게 하느냐 일 것이다. 하지만 땅 관리는 현지 소작농이 하기 때문에 농사를 지을 수 있게끔 승계하면 된다.

지목변경이 현황이랑 다른 경우도 있는데 신청하면 수월하게 할 수 있기 때문에 걱정하지 않아도 된다. 하지만 지목은 전인데 무허가 건물이 있다면 문제가 생길 수 있다. 무허가라도 무허가 관리대장이 있다. 그래서 1가구에 포함이 되어 나중에 청약을 받기도 어렵고, 양도세도 크게 오를 수 있으니 조심해야 한다. 무허가가 있는데 빈집이라면 꼭 멸실을 해야 한다.

6. 주변환경을 살펴라

주변에 뭐가 있는지 꼭 둘러봐야 한다. 건물이 있다면 축사인지 아닌지 직접 가봐야 한다. 묘지, 축사, 철탑, 폐기물처리장 이런 곳은 혐오시설이므로 피하는 것이 좋다.

7. 땅의 개발 가능성과 전망을 살펴라

땅을 고를 때 제일 중요한 것은 개발 가능성이다. 땅을 샀는데 과연 농지로 방치될 것인지 아니면 개발이 되고 건물이 들어설 것인지를 살펴야 한다. 당장 눈앞에 있는 땅만 보지 말고 미래 활용가치를 잘 생각해야 한다.

사람의 눈으로 보는 건 한계가 있기 때문에 위성으로 개발현장을 먼저 찾은 다음에 땅을 보는 게 제일 중요하다. 통상적인 개발호재는 고속도로나 지방도로 개통이다. 그리고 전철이 연장되는 지역이다.

현재 GTX C 노선은 수원까지 예정되어 있다. 그런데 수원에서 병점, 평택까지 이어진다는 소문이 나기 시작했는데 만약 이것이 사실이라면 가장 큰 수혜지역은 평택이 된다. 평택은 이미 많이 올랐지만 그래도 또 호재가 생긴다면 추가로 올라갈 것이다.

또 신도시 개발도 봐야 한다. 2021년 뜨는 지역은 3기신도기 인접지역일 것이다. 원주민들은 보상금으로 대토를 하는데 주변땅을 사야 양도세 혜택을 받기 때문에 3기신도시에 풀리는 보상금은 인접지역에 영향을 미칠 수밖에 없다.

예를 들면 교산에서 가까운 경기도 광주라던지 인접지에 땅을 사놓으면 대토 수요 때문에 다시 땅값이 올라갈 것이다. 과천도 마찬가지다. 과천에 또 3기신도시가 생기면 인접지역을 보는 것도 좋다. 하지만 과천은 주변도 워낙 비싸기 때문에 접근하기 쉽지는 않다.

또다른 대표적인 곳은 남양주 왕숙지구다. 남양주 토지 투자처로 수동면을 많이 보는데 그동안 전원주택지였던 수동면은 GTX 노선이랑 3기신도시 등 여러 가지가 겹치면서 다시 재조명 받을 것 같다.

양평도 마찬가지다. 양평에서 멀지 않은 서종 쪽 강산이나 강하면 쪽에는 아직 저평가 된 땅들이 있으니 관심있게 살펴보는 것이 좋겠다.

신안산선도 중요한 호재다. 신안산선은 안산에서부터 광명을 거쳐 여의도까지 이어진다. 안산과 광명은 땅보다 지식산업센터같은 수익형부동산을 추천한다.

8. 결점이 없는 땅은 없다

누가 봐도 좋은 땅이 있다. 네모 모양에 도로와 붙어있고 개발지 인접지역의 땅이라면 누가 봐도 욕심이 날 것이다.

하지만 그런 땅은 엄청 비싸다. 그런 땅만 바라보고 있으면 절대 땅을 살 수 없다. 내가 갖고 있는 돈으로 살 수 있는 곳을 찾아야 한다. 그러려면 욕심을 버려야 한다. 너무 네모난 모양만 찾거나 도로가 넓은 것만 찾으면 안 된다. 대부분 대로변에서 한 번 더 들어간 골목에 있는 땅은 가격이 저렴하다.

땅은 사고 싶은데 돈이 부족해서 살 수 없다고 포기하는 분들이 있다. 하지만 기대치를 조금 낮춘다면 내가 갖고 있는 돈으로 살 수 있는 곳이 있다. 100% 짜리 땅을 찾지 말고 80% 정도만 마음에 들면 그 곳에 투자하라. 마음에 안드는 부분이 있더라도 그만큼 단가가 낮기 때문에 그 점을 이용하는 것이 현명하다.

토지 3대 악재 VS 3대 호재

토지를 고를 때 꼭 피해야 할 악재가 있는 땅이 있고 호재가 되는 땅이 있다. 어떤 땅을 피하고 어떤 땅을 골라야 할지 알아보자.

3대 악재

1. 묘지가 있는 땅

초보자는 눈에 묘지가 보이지 않으면 묘지가 없다고 생각하고 투자하는 경우가 있다. 하지만 고수는 묘지가 안 보이더라도 드론을 띄워서 혹시 나무 등으로 가려져 있는 곳에 건축물이나 묘지 등이 있는지 확인한다. 네이버 지도나 카카오맵으로도 위성지도를 볼 수 있지만 지방의 땅은 몇 년에 한 번씩 밖에 업데

이트가 되지 않기 때문에 예전의 지도일 수 있으니 현재 상황을 다시 확인해야한다. 묘지가 없어졌는데도 불구하고 지도에 묘지가 계속 보일 수도 있고, 지도에는 없지만 새로 생긴 묘지가 있을 수도 있으니 인터넷 지도는 참고만 하고 실제로 가보고 면밀히 돌아다니며 확인해야 한다.

일반적인 매물이라면 묘지가 있는 땅은 잘 나오지 않고 나오더라도 잔금 전까지 묘지를 이장하겠다는 조건으로 계약하는데, 경매 같은 경우는 묘지를 떠안아 하는 경우가 있으니 조심해야 한다. 만약 무연고 묘가 있다면 4대 일간지에 6개월간 공고를 하고 그래도 주인이 나타나지 않으면 이장을 하면 되기 때문에 그나마 무연고 묘는 큰 문제가 되지 않지만 주인이 있는 묘는 문제가 조금 복잡해질 수 있다. (분묘의 연고자를 알 수 없는 경우 : 중앙일간신문을 포함한 2개 이상 일간신문에 2회 이상 공고하되, 두 번째 공고는 첫 번째 공고일로부터 1개월이 지난 다음에 할 것)

2. 축사가 있는 땅

축사는 보기 흉한 것은 둘째치고 냄새 때문에 역겹다. 특히 닭을 키우는 축사는 냄새가 심하다. 1km 넘어서 까지도 냄새가 나기 때문에 멀리 있다고 해서 안심하면 안 된다. 특히 축사 근처의 땅은 겨울에 조심해야 한다. 겨울에는 냄새가 덜하기 때문에 모르고 투자했는데 여름에 냄새가 진동하는 것을 보고 후회할 수도 있으니 조심해야 한다. 그리고 바람의 방향에 따라 냄새의 심한 정도가 차이가 있긴 하지만 축사는 땅값의 가치를 떨어뜨리기 때문에 투자용으로는 좋지 않다.

만약 축사 단지로 이루어져 있으면 아예 알아보지 않는 것이 좋다. 하지만 단일 축사라면 주인을 만나 언제까지 운영할 것인지 등을 물어보는 것도 한 방법이다. 간혹 올해까지만 운영할 예정이라던지, 관리가 안 되기 때문에 폐축사가 될 것이라던지, 개발예정지라 보상을 받고 축사를 이전할 거라던지 하는 말을 듣게 되는 경우도 있는데 이럴 경우에는 추후에 축사가 정리되고 나면 땅값이 많이 오를 수 있기 때문에 잘 살펴보는 것이 좋겠다.

3. 송전탑이 있는 땅

송전탑은 고압 전선을 설치하기 위해 높이 세운 철탑이다. 송전탑 주위에는 수만 볼트의 고압전기가 흐르므로 위험하기 때문에 투자자의 관심이 멀어지고 주변 땅값은 떨어진다. 하지만 철탑이 들어오면 해당 지주는 돈을 벌게 된다. 철탑 들어오는 자리는 30년 간 지상권이 성립되기 때문에 한전으로부터 월세처럼 사용료를 받거나 아니면 한꺼번에 몇 억 단위로 일시금으로 보상을 받기 때문이다. 그래서 지주에게는 좋은 소식일 수 있지만 주변 1km 전방의 땅들은 다 망가지기 때문에 철탑이 들어설 예정지는 유의해야 한다.

요즘은 민원이 많아서 철탑이 아무 데나 들어올 순 없다. 철탑은 개발제한구역, 농업진흥구역에 들어서는데 철탑 옆의 땅에 농사를 지으면 농작물에 나쁜 영향을 끼치게 되기 때문에 농민들의 반대가 심하다.

하지만 철탑은 역발상을 잘 이용하면 기회가 될 수도 있다. 철탑이 있는 자리를 싸게 사서 전지를 필요로 하는 업종 등 철탑에 공장부지를 세우려는 사람에게 팔면 된다. 철탑 근처에 집을 지을 수는 없지만 물류 창고, 제조공장 등은 들어설 수 있기 때문에 매수자가 많지는 않겠지만 부지를 싸게 산다면 기회가 될 수도 있다.

3대 호재

1. 개발지가 보이는 땅

개발지가 인근에 있으면 좋지만 더 좋은 건 개발현장이 바로 보이는 땅이다. 주변에 개발하는 것이 보이는 곳에 투자하는 것이 좋다. 도로를 닦거나 건물이 올라가는 땅 옆에 투자하는 것이 가장 좋다. 개발호재 인근이라도 산이나 건물 등에 가로막혀 개발현장이 보이지 않으면 상승하는 것에 한계가 있다. 하지만 개발현장이 눈에 보이는 곳은 빠르게 상승한다. 조금 비싸더라도 개발현장이 눈에 보이는 땅에 투자하는 것이 단시일 내에 차익을 낼 수 있는 방법이다.

2. 깃발이 꽂혀 있는 땅

깃발은 도로가 생긴다는 표시다. 깃발이 도로처럼 일렬로 줄지어 있고 일정한 간격으로 꽂혀 있다면 그곳은 도로가 생긴다는 뜻이므로 투자하면 아주 좋다. 도로가 뚫리면 땅값은 2~3배까지 상승한다.

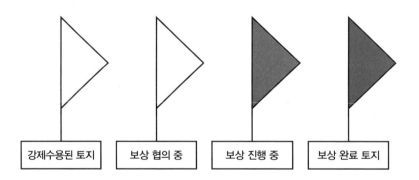

| 강제수용된 토지 | 보상 협의 중 | 보상 진행 중 | 보상 완료 토지 |

깃발에는 여러 가지 색이 있는데 하얀색 깃발은 강제수용된 토지, 노란색 깃발은 보상 협의 중인 토지, 파랑색 깃발은 보상 진행 중인 토지, 빨강색 깃발은 보상 완료된 토지라는 뜻이다. 하얀색 깃발일 때 잡는 것이 가장 저렴할 때이고 빨강색 깃발일 땐 이미 보상이 끝나 바로 공사가 시작되는 단계이기 때문에 가격이 많이 올라 있는 상태다. 그렇더라도 늦은 게 아니다. 공사가 완료되고 완공이 되고 나면 더 많이 오르기 때문에 공사하는 도중에 투자해도 늦지 않는다.

다만 깃발이 꽂혀 있다고 하더라도 그 깃발이 농민이 본인 땅 경계를 표시한 것일 수 있으니 도로 깃발인지 아닌지 잘 확인해야 한다.

3. 악재가 풀리는 지역, 개발제한이 풀리는 지역

악재로 인해 그동안 땅값이 저평가되어 있었는데 혐오시설이 없어지는 등 악재 요인이 사라지면 당연히 지가가 정상 시세를 회복하게 될 것이다.

그리고 북한 경계가 맞닿아 있는 북쪽 지역은 군사시설보호구역으로 개발이 제한되어 있어 땅주인이라도 마음대로 건물을 지을 수 없다. 군사시설보호구역은 군사시설보호법에 의해 군사시설을 보호하고, 군작전의 원활한 수행을 위해 국방부장관이 지정한 구역이다. 따라서 이 구역 안에서 관계 행정청이 특정사항에 관한 허가 기타의 처분을 하고자 할 때는 미리 국방부장관이나 관할 부대장과 협의를 해야 한다.

군사시설보호구역은 군부대가 허락하는 범위 내에서만 건축이 가능하다. 하지만 남북 평화기류로 군사시설보호구역도 해제 및 완화하고 있다. 지난 2018년에는 여의도 면적(2.9km²)의 약 74배에 달하는 215km² 규모의 토지를 군사시설보호구역에서 해제 또는 완화했다.

파주, 연천, 고성, 속초 등은 건축 제한이 많았는데 지금은 풀리는 추세이니 군사시설보호구역 해제지역을 주목하는 것이 좋겠다.

그리고 해안쪽에 있는 철책선도 점점 사라지고 있다. 예전엔 간첩 때문에 철조망으로 막아놨지만 지금은 철책선을 철거하고 있다. 그동안 철책선에 가려져 잘 보이지 않던 바닷가를 볼 수 있기 때문에 뷰가 좋아지면서 주변 땅값이 올라가고 있다.

GTX 노선 따라
돈이 흐른다

GTX는 수도권 외곽에서 서울 도심의 주요 거점을 연결하는 수도권 광역급행철도다. 2007년 동탄 신도시 개발 계획 발표 후, 수도권 교통난을 해결하기 위해 경기도가 제안했고 정부가 이를 검토하면서 시작된 프로젝트로 GTX A, B, C 세 개의 노선이 있다. 최고 시속 200km, 평균시속 100km의 속도로 주행 예정이므로 경기도나 인천에서 서울 도심 중심부까지 1~2시간 걸리던 것이 15~50분 대로 대폭 단축될 전망이다. 수도권의 엄청난 교통 호재로 떠오르고 있는 GTX 노선은 그야말로 돈이 흐르는 줄기라고 할 수 있다.

교통 혁명이 일어날 GTX A

GTX A노선은 경기도 파주시 운정역에서 출발하여 경기도 고양시 일산을 거쳐 서울 은평구, 용산구, 강남구 삼성역을 지나 경기도 화성시 동탄까지 연결하는 83.1km의 노선이다. 큰 기대 속에서 가장 먼저 착공한 GTX A 노선은 2023년 말 개통을 목표로 했으나 유적발굴 등으로 완공시기가 늦어지고 있다. 하지만 완공되기만 하면 일산에서 서울역은 52분에서 14분으로, 일산에서 삼성역은 80분에서 20분으로, 동탄역에서 삼성역은 77분에서 19분으로 단축되므로 그야말로 교통의 혁명이 일어날 것이라 기대한다.

운행노선은 운정역, 킨텍스역, 대곡역, 연신내역, 서울역, 삼성역, 수서역, 성남역, 용인역, 동탄역으로 총 10개의 역으로 예정되어 있다. 그 중 가장 큰 수혜지역을 소개하면 다음과 같다.

노선의 출발점은 파주 운정신도시다

파주는 너무 외곽이라 사람들의 관심이 적었는데 앞으로 GTX를 타면 삼성역까지 30분 이내로 도착할 수 있게 된다.

파주(운정신도시)는 아직 저평가되어 있으니 지금 투자해서 한 3년 정도 기다리면 완공 시점에는 가격이 많이 상승할 것이다.

그 다음이 일산에 있는 킨텍스역이다

필자는 개인적으로 박람회를 자주 보러 다니기 때문에 킨텍스에 많이 가는데 잠실에서 일산 킨텍스까지 가려고 하면 강변이나 올림픽대로 타고 가야 하는데 차가 막혀 1시간 이상 걸린다. 전철로는 더 많은 시간이 요소되지만 GTX가 개통되면 30분도 걸리지 않는다.

복합환승센터로 개발될 대곡역이다

일산 신도시와 가까이 있지만 대곡 근처는 구도시라 낙후되어 있고 발전이 더딘 모습을 보인다. 하지만 GTX가 개통되면 고양시 시내도 빠르게 개발될 것이다. 일산과 서울 연신내 사이에 있는 대곡역은 복합환승센터로 개발된다.

서울에서 소액으로 투자할 수 있는 곳은 연신내다

서울에는 연신내역, 서울역, 삼성역, 수서역까지 네 개의 역이 생긴다. 네 군데 중 서울역, 삼성역, 수서역은 이미 소액투자하기 어려울 만큼 많이 오른 반면 연신내는 교통이 불편하여 저평가되어 있다. 잘 살펴보면 수년내에 큰 이익을 실현할 수 있을 것이다.

성남, 판교역도 GTX의 큰 수혜지다

이미 판교는 지가가 많이 상승해서 웬만하면 접근하기 어렵다. 판교보다는 그 옆의 구도심지를 살펴보고 투자하는 것도 한 방법이다. 일산 옆의 대곡역처럼 판교의 기존 구도심지도 큰 변화를 가져올 것이라 기대가 된다.

큰 발전을 이룰 곳은 용인(보정)역이다

용인역은 GTX 호재 뿐 아니라 용인역과 분당선의 구성역을 연결하는 환승역사를 크게 만들 예정이기 때문에 어느 곳보다 큰 발전을 이룰 곳으로 보인다. 외부 출입구는 총 2개로 구성역 방향과 보정역 방향으로 나뉠 것이다. 구성역에서 승강장으로 접근하기 용의하게 하고 구성을 단순하게 한다는 발표가 있었다. 용인 구성역 주변에는 이미 많은 아파트 단지가 있다. 앞으로 삼성역까지

15분대, 강남까지 30분밖에 안 걸리기 때문에 직주근접의 아파트로 거듭날 수 있을 것이다.

노선이 개통되면 가장 큰 수혜를 받을 지역은 동탄이다

동탄은 수도권이면서 우리나라에서 가장 많은 인구가 밀집될 예정인 국내 최대 신도시 중 하나다. 그런데 교통편이 불편하여 사람들의 관심이 뜨겁지 않았다. SRT역이 있지만 SRT는 KTX처럼 열차가 자주오지 않고, 게다가 동탄역에 정차하지 않고 통과하는 열차가 많아 1시간에 1~2개 밖에 없어 제구실을 하고 못하고 있다. 그런데 GTX가 개통되면 상황이 반전될 것이다. 동탄에서 강남까지 4정거장으로 20분 이내 도착할 수 있다.

가장 큰 변화를 가져올 GTX B

GTX B노선은 경기도 남양주시 마석역에서 출발하여 서울시 중랑구, 동대문구, 용산구 등을 지나 인천 송도역까지 연결하는 80.1km의 노선이다. 운행노선은 마석역, 평내호평역, 별내역, 망우역, 청량리역, 서울역, 용산역, 여의도역, 신도림역, 부천종합운동장역, 부평역, 인천시청역, 송도역으로 총 13개의 정차역이 있다.

송도역에서 서울역까지 82분에서 27

수도권 광역급행철도(GTX) 노선도 ⓒ국토교통부

분으로, 여의도에서 청량리까지 35분에서 10분으로, 송도역에서 마석역까지 130분에서 50분으로 단축될 전망이나 아직 진척이 미비하기는 하다.

13개의 역 중에는 이미 뜬 지역이 있는 반면 아직 아주 저평가된 지역도 있다. B노선 중에서 현재는 저평가되어 있지만 곧 많은 발전을 하게 될 투자하기에 좋은 지역은 다음과 같다.

송도는 GTX B 노선으로 다시 한번 크게 뛰어오를 지역이다

송도는 이미 가격대가 많이 올랐다. 10년 전부터 많이 오르다가 조금 주춤했지만 현재는 어느 정도 궤도에 올라와 있다. 하지만 여기서 멈추지 않을 것이다. GTX B 노선으로 인해 앞으로 더 오를 일만 남았다. 조금 가격대가 있지만 자금이 되는 분들에게는 송도를 추천한다. 송도는 안전한 투자처가 될 것이다. 상가는 실투자금이 몇 억 원이 필요하지만 오피스텔이나 지식산업센터는 80~90%까지 대출을 받을 수 있기 때문에 2~3천만 원 정도만 있으면 투자할 수 있다.

인천시청 주변의 만수동, 시민공원역, 주안동을 추천한다

좀더 넓게 본다면 가좌동까지 호재의 영향을 미칠 것으로 보인다. 상가 1층은 비싸지만 2층 이상을 살펴보면 소액으로도 투자 가능한 곳이 있다. 인천시청역은 앞으로 GTX B가 들어와 더블역세권이 되면서 인천의 메인이 될 수 있기 때문에 인천시청 주변을 주목하는 것이 좋겠다.

저평가된 지역 중 투자가치가 있는 곳은 부평역이다

지하철은 1km 이내로 봐야 하지만 GTX는 3km 이내까지 확장해서 볼 수 있다.

인천시청역과 부평역을 중심으로 원을 그려보라. 교집합되는 간석동, 동암역, 백운역 주변이 가장 엑기스 있는 동네가 될 것이다.

서울 신도림 주변을 추천한다

자금에 여유가 있는 분들에게 가장 메리트 있는 곳은 용산이나 여의도다. 하지만 용산이나 여의도는 너무 비싸기 때문에 차선책으로 신도림을 추천한다. 신도림 주변의 상가, 오피스텔, 빌라를 선택하면 좋을 것이다. 하지만 여기는 멀리까지 가면 안 되고 1~2km 내에서 알아보는 것이 좋겠다.

별내와 왕숙을 살펴보라

별내신도시는 좋은 곳이지만 신도시의 호재 때문에 가격대가 올라갔다. 별내 옆의 3기신도시인 왕숙신도시까지 합쳐지면 동탄에 버금가는 우리나라 최대 신도시가 남양주에 탄생되기 때문에 별내와 왕숙 두 군데에 관심을 가지면 좋겠다.

평내호평, 마석은 저평가되어 있어 상승이 기대된다

남양주는 산으로 둘러싸여 있기 때문에 개발이 제한적이다. 그래서 평내호평은 마을 안에 투자해야 한다. 역에서 가까운 곳은 비싸니 1km 이내로 살펴보는 것이 좋겠다.

GTX B 노선 중 다른 곳은 토지보다는 수익형부동산을 추천하지만 마석은 유일하게 토지에 투자하라고 추천한다. 마석역에서 3km 이내까지 살펴보면 저평가되어 있는 토지가 많이 있다. 산에 투자하면 안 되고 화도읍사무소 주변의 토지를 권한다. 1~2억 원 정도면 평지로 100~200평 정도 매수할 수 있다.

그리고 수동도 있는데 여기는 마석역 기준으로 3km 이상이긴 하지만 GTX B의 호재가 수동까지 이어질 가능성이 높기 때문에 수동도 투자하기에 괜찮은 곳이다. 남양주는 387도로를 주목해야 한다. 이 도로가 수동행정타운까지 가기 때문에 이 근처는 전원주택지임에도 불구하고 시내 인프라가 구축되어 있다.

GTX B노선이 개통되려면 아직 시간이 좀 걸리지만 여유있게 기다리면 큰 상승효과를 볼 수 있을 것이다. 땅으로 승부할 수 있는 곳이 마석이다.

소액투자가 가능한 GTX C

GTX가 예정보다 늦어지고 있지만 완공이 먼 미래가 아니다.

GTX C 노선은 경기도 양주시 덕정에서 출발하여 서울시 동대문구, 강남구를 지나 경기도 수원시 수원역까지 수도권의 남부와 북부를 연결하는 74.2km의 노선이다. 운행노선은 덕정역, 의정부역, 창동역, 광운대역, 청량리역, 삼성역, 양재역, 과천역, 금정역, 수원역으로 총 10개 역으로 예정되어 있다.

덕정역에서 청량리까지 50분에서 25분으로, 의정부에서 삼성역까지 74분에서 16분으로, 수원역에서 삼성역까지 78분에서 22분으로 단축될 예정이다. 10개 역중에서 저평가된 지역을 분석하면 다음과 같다.

경기도 북쪽에 양주시 덕정역이 있다

필자는 10개의 역 중에서 덕정역을 가장 큰 수혜지역이라 생각한다. 덕정역은 교통편이 불편하여 GTX C 노선 중에 가장 저렴하여 소액으로도 투자할 수 있는 곳이다. 30평대 기준으로 5억 원 내외면 투자할 수 있고 5년 정도 기다리면 큰 시세 차익을 얻을 수 있을 것이다.

덕정역 주변에 회천지구가 있다. 그동안 옥정신도시에 가려져 주목을 받지 못했는데 최근에 회천지구가 주목을 받고 있다. 지금 이 주변의 땅이나 아파트에 투자하고 2~3년만 기다려도 큰 차이가 있을 것이고 5~6년 후에는 잘되면 두 배 가까이 오를 가능성이 있다.

옥정지구는 이미 많이 완성됐고 신도시의 면모를 갖추고 있지만 회천지구에는 아무것도 없다. 이 주변의 땅이나 신도시 안에 있는 택지지구, 단독주택 용지를 눈여겨 보면 좋겠다. 역 개통 전인 지금이 최적의 단계라고 할 수 있다.

양주가 너무 멀다고 생각한다면 의정부를 주목하는 것이 좋다

의정부는 덕정보다는 비싸지만 서울에서 가깝고 신세계백화점이 있는 의정부역은 1호선과 더블 역세권으로 시세 상승이 기대되는 곳이다. GTX C 노선으로 의정부역에서 삼성역까지 20분 밖에 걸리지 않기 때문에 상당히 매력적인 곳이다.

하지만 의정부는 시내이기 때문에 토지로는 승부하기 어렵고 다세대나 빌라를 눈여겨 보는 것이 좋다. 몇 천만 원으로도 잡을 수 있는 곳이 있고, 좀 여유가 된다면 의정부역 근처의 아파트를 보는 것이 좋다.

택지지구 호재도 있는 곳이 서울 창동역이다

창동은 지금 전철기지가 밖으로 나와있다. 그 철도부지가 택지지구로 변할 예정이기 때문에 창동은 교통 호재와 더불어 택지지구라는 호재가 같이 있는 곳이다.

서울 청량리는 예전의 이미지를 씻고 새롭게 태어나고 있다

청량리는 워낙 많은 교통 호재로 인해 가격이 많이 올랐다. 하지만 앞으로 더 많이 오를 가능성이 있는 곳이다. 예전에 마용성이라 했지만 근래에는 청마용성(청량리, 마포구, 용산구, 성동구)이라고 할 정도로 주목을 받고 있다.

서울 삼성역은 천지가 개벽할 곳이지만 웬만해서는 투자하기 힘든 곳이다

삼성역과 연결된다는 이유만으로 다른 지역이 상승을 하고 있으니 삼성역이야 말해 무엇하겠는가?

호재가 많은 과천에 투자하라

경기도 과천은 지금도 좋지만 GTX C 노선덕에 강남 버금가는 지역이 될 것이다. 자금이 되는 분들이라면 과천에 투자하는 것이 제일 좋다. 과천은 워낙 호재가 많기 때문에 아파트는 접근하기 어려울 정도로 비싸다. 하지만 지식산업센터는 소액으로도 투자할 수 있다. 분양 예정인 곳도 있다. 하남, 동탄은 평당 700만 원 대지만 과천은 평당 1,000만 원 대로 실투자 금액이 4,000~5,000만 원 이상 필요하지만 그래도 앞으로 더 상승 여력이 있기 때문에 과감하게 투자하는 것도 좋다.

경기도 군포시 금정역도 저평가되어 있는 지역이다

기존에도 1호선과 4호선의 더블 역세권이었는데 GTX C 노선까지 합치면 트리플 역세권이 된다. 그래서 금정역 주위에는 지산이 많다. 그동안은 공실도 있고 분양가도 높은 편이라 논란이 있었지만 GTX C 노선으로 트리플 역세권이 된다면 눈여겨 볼 만하다. 금정역 주변, 안양IT 벨리에 관심을 갖는 것이 좋겠다.

경기도 수원역은 수원에서 가장 번화한 곳이다

신분당선이 연결되어 상승세를 타고 있는데 여기에 GTX C 노선이 들어서면 앞으로 더욱 발전할 것이다. 수원역 인근은 바싸니 수원역에서 한 5km 정도 떨어져 있는 지역을 살펴보는 것도 좋다. 광교는 물론 호매실이나 화성의 매송, 영통, 북수원까지 GTX C의 수혜지역으로 볼 수 있다.

GTX C 노선 10개 역중에 경기도 양주 덕정역이 가장 큰 혜택을 받을 것 같고 그 다음이 금정, 수원역이다. 어느 역이든 삼성역까지의 시간이 획기적으로 줄어들게 되니 GTX C 노선의 수혜지역이야말로 교통에 날개를 다는 지역이 될 것이다.

토지 투자
실패하는 사람의
특징과 이유

우리가 살아가면서 여러가지 실패나 성공을 경험하게 되는데, 이유를 잘 알면 실패할 확률을 크게 줄일 수 있다. 토지 투자의 성공요건은 많지만 실패요인은 대부분 하나로 귀결된다. 그것은 바로 부동산이 아닌 사람을 맹신하는 것이다.

부동산에 대해 알려면 많은 수고와 노력이 동반돼야 한다. 그런데 이런 수고와 노력을 기울이지 않고 누군가에게 쉽게 정보를 얻으려고 한다면 쓰라린 실패가 우리의 가슴을 찌르게 될 것이다.

토지 투자에 실패하는 사람들의 특징과 이유는 다음과 같다.

① **한탕주의**: 토지 투자를 인생역전으로 생각한다. 팔자 고칠 요량으로 움직인다.

② **남의 돈으로 투자**: 자본금을 준비하지 않고 대출을 받거나 타인에게 자금을 빌려 무리수를 두고 투자를 한다.

③ **권력에 대한 맹신**: 국토교통부 등 집권 정부를 믿으면 결국 믿는 도끼에 발등을 찍힌다는 속담을 되뇌이는 때를 맞이하게 된다.

④ **묻지마 투자**: 제대로 알아보지도 않고 무조건 소문에 따라 움직이면서 투자를 하면 실패는 불보듯 뻔하다. 이런 사람은 대부분 지인의 자금을 빌려 투자를 하기 때문에 본인 뿐 아니라 지인까지 망하게 한다는 것이 더 큰 문제다.

⑤ **학습과 준비 없이 투자**: 실전을 위한 충분한 학습 과정과 여유자금 없이 투자하는 경우도 위험하다. 여윳돈과 부동산에 대한 학습, 둘 중 하나만 빠져도 준비가 덜 된 것이다.

⑥ **언론에 대한 맹신**: 언론에 노출된 부동산 정보의 대부분은 언론 플레이를 잘하는 부동산 컨설턴트의 사탕발림이라는 것을 알아야 한다. 이런 언론 플레이 자료에 대한 맹신은 결국 실패를 낳는다.

이런 것만 피하면 실패를 줄일 수 있다. 물론 투자이니 성공할 수도 있고 실패할 수도 있다. 하지만 실패가 두려워 투자를 하지 않는 것은 구더기 무서워 장을 담그지 못하는 것처럼 어리석은 일이다. 토지 투자는 성공 확률이 훨씬 크기 때문이다.

토지
빨리 매도하는
여덟 가지 방법

땅은 수익성이 크다는 장점을 갖고 있지만 아파트와 달리 환금성이 떨어진다는 단점을 갖고 있다. 그렇기에 땅을 사는 것도 중요하지만 제 때 파는 것이 더 중요하다. 더 좋은 땅을 사기 위해 소유하고 있는 땅을 팔 수도 있고, 돈이 필요해서 팔 수도 있는데 그렇다면 소유자가 원할 때 땅을 팔 수 있는 방법은 어떤 것이 있는지 알아보자.

첫째, 욕심을 버리고 저렴한 값에 팔아라

땅을 매도할 때 시세대로 받는 것이 제일 좋지만 급전이 필요하거나 다른 곳에 투자할 요량이라면 급매로 팔아야 한다. 물론 시세보다 싸게 내놓는 것은 손해를 보는 것 같아 속상할 수도 있지만 다른 곳에 투자하기 위한 돈이 필요하다면 빨리 현금화를 해서 다른 곳을 잡는 타이밍을 놓치지 않아야 한다. 1억 4천만 원이면 1억 중반대지만 1억 3천만 원이면 1억 초반대의 느낌을 주기 때문에 가격을 잘 정해야 한다.

그리고 공인중개사와 딜을 하는 것도 좋은 방법이다. 땅은 걸어서 갈 수 있을 정도로 가까운 곳이 아니고 자동차로 10~20분 이상 이동하여 보여줘야 하고, 아파트처럼 거래량이 많지 않기 때문에 시간이 오래 걸릴 수도 있다. 그러므로 처음부터 "땅 빨리 팔리면 수수료 얼마 드릴게요"하고 빨리 계약을 시켜 달라고 부탁하는 것이 좋다. 수수료를 아까워하지 말고 조금 더 드리면 매매도 빨리 이루어지고 매매가도 깎지 않고 진행할 수 있어서 더 이익이다.

둘째, 쪼개서 팔아라

대부분의 땅은 덩치가 크다. 그래서 접근하기 어려운 면이 있는 것도 사실이다. 만약 땅의 평수가 크다면 한꺼번에 팔려고 하지 말고 환금성이 좋은 100~200평 사이로 분할해서 파는 것이 좋다.

하지만 무조건 분할을 해서는 안 되고 도로에 잘 물려 있도록 분할해야 한다. 그리고 제주도나 평택같은 지역은 분할 개수 제한이 있으므로 유의해야 한다. 당진, 새만금 등은 10개로 쪼개도 상관이 없지만 용인, 수도권, 제주도 등은 3~4개로 제한을 하기 때문에 지역에 따라 잘 알아보고 분할을 해야 한다.

분할을 하면 큰 덩어리일 때 보다 팔기가 쉬울 뿐 아니라 가격도 더 비싸게 받을 수 있다. 예를 들면 땅이 500평일 때 평당 50만 원이었다면 250평일 때는 평당 60만 원에 팔 수 있다. 평수가 작아질수록 평단가는 올라가는 반비례 법칙 때문이다.

셋째, 땅을 리모델링한 후 팔아라

건물만 리모델링을 하는 것이 아니라 땅도 리모델링할 수 있다. 어떻게 땅을 리모델링할까? 보통 꺼진 땅을 못생겼다고 하는데 이럴 때는 흙을 부어서 평지화하는 것이다. 이렇게 모양새를 예쁘게 만들면 땅의 값어치가 올라간다. 꺼진 땅이 평당 30만 원이었으면 평지인 땅은 평당 40~50만 원도 받을 수 있다. 평지화시키는 데 많은 돈이 드는 것이 아니기 때문에 훨씬 이익이다.

언덕져 있는 땅도 있는데 이럴 때는 땅을 깎는 것이다. 깎아서 건물을 올릴 수 있게 평지로 만들면 작업비보다 훨씬 가치가 올라간다.

넷째, 토지 설명서를 만들어라

PT자료를 만들어 놓는 것이 좋다. 부동산에 전화해서 땅을 팔아달라고 하면 잘 팔리지 않는다. 땅에 대한 PT자료를 만들고 여러 장을 복사해서 부동산 갈 때마다 한 장씩 드리고 팔아달라고 부탁하는 것이 좋다. 지번, 매가, 특징 등을 한 장으로 보기 좋게 만들어서 드리면 부동산을 찾는 사람마다 소개를 할 수 있기 때문에 효과가 좋다.

다섯째, 계획을 세워라

땅은 1~2개월 안에 팔기가 쉽지 않다. 중장기적으로 계획을 잡고 매도 준비를 해야 한다. 매도 시점부터 1~2개월은 현지부동산에 의뢰해야 하는데 이때 너무 많은 부동산에 매도를 의뢰하는 것은 좋지 않다. 알짜배기나 토박이 부동산, 현지에서 오래 일한 부동산 2~3군데만 내놓는 것이 좋다. 그래도 잘 나가지 않으면 전국구를 대상으로 하는 부동산에 의뢰하는 것이 좋다.

여섯째, 열심히 뛰어라

발품을 많이 팔아야 한다. 살 때도 마찬가지지만 팔 때도 발품을 팔아야 한다. 전화나 인터넷으로만 물건을 내놓으면 잘 팔리지 않는다. 군청, 시청 주변 부동산을 방문하고 해당 면 소재지 부동산을 방문하여 매매 의뢰를 해야 한다.

일곱째, 수요경쟁이 있더라도 가격 올리는 것은 조심해라

운이 좋으면 갑자기 몇 군데에서 연락이 올 수 있다. 이럴 때 가장 조심해야 할 것은 찾는 사람이 많아졌다고 해서 가격을 많이 올리면 안 된다는 것이다. 사려고 했던 사람이 기분 상해서 다른 곳으로 가면 다시 예전에 내놓았던 가격으로 조정을 해준다고 해도 팔리지 않을 수 있다. 올리는 것도 적당히 해야지 갑자기 많이 올리면 영영 틀어질 수도 있다.

사겠다는 사람이 있더라도 계약금을 받기 전까지는 100프로 된 게 아니기 때문에 안심하기는 이르다. 매수를 하겠다는 사람이 있어 계약서 준비를 다 해놨는데 약속시간이 다 되어 취소하는 일도 빈번하다. 그러므로 조금이라도 가계약금을 받는 것도 취소가 되지 않게 하는 한 방법이다.

여덟째, 잔금 정산시기를 넉넉히 잡아라

보통 작은 평수의 땅은 잔금일을 한 달 정도 잡는다. 하지만 소액투자자들은 대출을 받아 투자를 하기 때문에 잔금일을 여유있게 정하는 것이 좋다. 한 달 반에서 최대 두 달 사이로 정하면 매수자가 여유롭게 돈을 마련할 수 있으므로 매매가 잘 진행될 수 있다.

토지 매매 계약 할 때
꼼꼼히 확인해야 할 사항

토지를 매매할 때 부동산 중개인의 도움을 받아 계약을 하지만 다른 사람을 너무 믿어서는 안 된다. 본인이 야무지게 확인하고 챙겨할 부분이 있다. 자칫 확인하지 않아 손해를 보거나 법적분쟁까지 감수해야 할 수도 있다. 토지 매매를 할 때 꼭 확인해야 할 사항은 무엇인지, 계약서를 작성할 때는 어떻게 해야 하는지 살펴보자.

당사자의 권리 확인

토지를 매매하기 위한 계약을 체결할 때 일단 처음으로 확인해야 하는 것은 계약 당사자의 권리에 대한 것이다. 부동산 거래는 매도인과 매수인의 의사 표시 일치로 성립하기 때문에 계약 당사자의 권리 유무 확인을 해야 한다. 계약자의 주민등록번호와 이름이 등기부 상의 소유자 명의와 일치하는지 반드시 확인해야 한다. 차후 소유권 분쟁의 소지를 예방하기 위함이다.

만약 매도인과 소유자가 다른 경우에는 적절한 대리권이 있는지를 위임장과 인감증명서를 통해 확인해야 한다.

그리고 사고자 하는 부동산의 해당 지번을 확인해서 토지대장, 등기부등본, 도시계획확인원, 용도 지역 등의 사항을 확인해야 한다.

계약서 작성 시 확인

실제로 땅을 살 때 매매계약서를 잘못 써서 손해 보는 경우가 종종 있다. 특히 토지의 경우가 그런데, 살 때 계약서에 적혀 있던 크기만 믿고 있다가 되팔 때 실제로 측정해보니 훨씬 작은 경우가 종종 있다.

이 경우에는 땅을 판 사람에게 부족한 평수에 대한 땅값을 돌려받을 수가 없다. 왜냐하면 땅을 살 때 수량매매 방식이 아니라 필지매매 방식으로 계약서를 썼기 때문이다. 법원 판결에 따르면 필지매매의 경우, 서류 상 면적과 실제 땅 면적이 다르다는 것이 밝혀지더라도 땅을 판 사람을 상대로 그 차액을 돌려받을 수 없다.

필지매매란 가장 일반적인 방식으로 계약서에 전체 땅 면적과 매매대금만을 적은 방식이다. 수량매매란 전체 땅 면적, 매매대금과 함께 m^2당 금액을 적는다. 수량매매는 면적단가를 기준으로 하는 매매이고, 필지매매는 매매대상인 땅 전체를 하나의 필지로 보고 체결하는 계약서 작성 방식이다.

두 가지 방식 모두 법률 상으로 정식 계약행위로 인정받지만, 서류 상 면적과 실제 면적이 차이가 날 때에는 문제가 생긴다. 그렇기 때문에 반드시 땅 계약서를 작성할 때 특약사항으로 m^2 금액을 써서 수량을 표시해야 한다. 아니면 계약서에 매매대금의 지급은 실측면적 기준이라는 약정사항을 적어두는 것이 좋다. 이렇게 단서조항을 잘 활용하면 예상하지 못했던 금전적 손실을 막을 수 있다.

매입하려는 땅에 근저당이나 가압류 등이 설정되어 있다면 잔금 지급 전에 이를 해결한다는 내용의 단서조항을 써야 한다. 사려는 땅에 소유권 제한에 관한 사항이 설정되어 있다면, 땅 주인과 책임소재를 분명히 한 뒤에 이를 단서로 계약서를 작성하는 것이 요령이다.

계약금 지급 이후 마지막으로 남아 있는 잔금을 입금하기 전에 다시 한번 해당관청을 찾아가 계약 이후에 근저당 등이 설정되어 있는지 확인해야 한다. 계약서를 쓸 때에는 깨끗했던 등기부가 잔금을 치르기 전에 갑자기 근저당이 잡힌 상태가 되는 경우도 있는데 이를 막기 위해서 매매계약을 한 후에 가등기를 설정하기도 한다.

갑자기 부자되는 땅은 없다

어느 날 갑자기 내 친구가, 친척이, 이름만 알던 지인이 부자가 되었다는 소식을 듣기도 할 것이다. 부모님이 물려주신 혹은 남몰래 투자했던 땅과 부동산이 황금알이 되었다는 소식을 들으며 당신은 '왜 나에게는 그런 기회가 없을까?'라고 생각하고 있을지도 모르겠다.

에필로그의 제목처럼 '갑자기 부자되는 땅'을 만날 확률은 굉장히 적다. 거의 기적에 가깝다는 뜻이다. 남의 눈에는 '갑자기'처럼 보이지만 실제로는 절대 갑자기가 될 수 없다.

거의 무일푼이었던 그가 하루 2~3시간 쪽잠을 자면서 현장을 돌아다녔을지도 모른다. 세 끼 중 두 끼를 삼각김밥으로 때우면서 부동산 중개사무소를 들락거렸는지도 모른다. 주말마다 법원으로 모의경매를 하러 다니느라 데이트 한 번 제대로 하지 못했을지도 모른다.

상상하지 못할 만큼 많은 노력이 있었던 것이 분명하다. 수십 번 땅을 분석하고 현장을 답사하고 비교하여 얻은 결과임에도 다른 사람의 눈에는 그저 갑자기 부자되는 땅을 산 사람처럼 보여지는 것이다.

즉 갑자기처럼 보이지만 갑자기가 아니라 노력한 덕분이니 여러분도 이 책을 읽고 땅을 보는 안목을 키우고 공부하고 현장을 답사하는 노하우를 배워야 한다. 그러면 부자되는 땅을 만나는 주인공이 될 것이다.

때로는 노른자보다, 흰자가 나을 수 있다

나는 이번 책을 쓰면서 '남들이 보기에 갑자기 부자가 될 만한 땅이 무엇일까?'하고 생각해 보았다. 그리고 실제로 그럴만한 땅들을 답사하고, 그 내용을 본문에 다루었다.

그 중에서도 언론에서 다뤄지는 몇몇 노른자 지역은 그 주변에 투자하는 것이 훨씬 가치 있다는 사실도 알게 되었다. 예를 들어 송산 그린시티로 유명한 화성의 경우 해당 일대 토지는 평당 150만 원 이상이지만, 바로 접해 있는 마도면은 평당 70~80만 원으로 살 수 있다. 송산지역이 받을 혜택을 함께 누

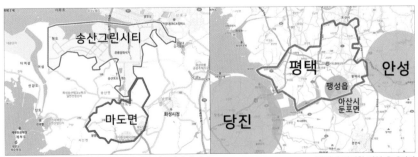

송산 그린시티와 인접한 마도면 ⓒ네이버 　　　　　 평택과 인접한 지역 ⓒ네이버

리게 될 토지임에도 말이다.

또 최근 5년간 가장 핫한 지역이었던 평택에도 미군의 렌탈 하우스용 토지 및 제2의 이태원이 된다며 고덕 못지않게 뜨고 있는 팽성읍이 있다. 고덕 국제화도시가 자리 잡아감에 따라 평택 내부에서도 팽성의 가치가 급부상하고 있다. 하지만 평택 역시 만만치 않은 몸값을 자랑한다. 계획관리지역 농지가 평당 300만 원을 넘는다.

나는 이번에도 노른자 옆에 붙은 흰자 지역을 찾아냈다. 바로 아산시 둔포면이다. 팽성읍에 가까운 둔포면은 '평택시'라는 단어가 들어가지 않는다는 이유만으로 평택의 반값으로 토지 투자를 할 수 있다. 아산시 둔포면 말고도 제2의 평택을 꿈꾸는 지역도 인접한 곳에 존재한다. 평택을 따라 이어진 기다란 경부고속도로 바로 반대편에 있는 안성과 서해안고속도로로 이어진 당진이 노른자 지역 버금가는 흰자 지역이다.

여전히 도도한 제주도도 잘 찾아보면 흰자 지역이 있다. 영어교육도시로 유명한 대정읍 구억리 일대는 평당 300~400만 원에 달하지만, 반경 5km 떨어진 한경면 저지리는 반값 투자로 같은 땅값 상승을 기대할 수 있다. 그동안 호재의 3km를 넘지 말라고 말한 바 있지만, 제주도는 섬이라는 지리적 특징

제주도 구억리와 인접한 저지리 ⓒ 네이버   용인 원삼면과 인접한 지역 ⓒ네이버

때문에 5km 거리지만 동반상승을 기대할 수 있다.

정치 및 사업이슈로 주목을 받는 곳도 마찬가지다. 대표적으로는 최근 SK 하이닉스 반도체 클러스트 조성으로 뜨거운 용인과 통일대비 투자처로 각광받는 파주다.

용인은 그동안 서울로의 진출이 가장 빠른 수도권 도시 중 하나였지만, 성남 및 수원 등과 비교했을 때 상대적으로 개발이 이루어지지 않았다. 하지만 SK하이닉스 반도체 클러스트 조성으로 용인 원삼면 땅값이 치솟아 지금은 거래를 하기 전 지자체의 허락을 받아야 하는 토지거래허가구역으로 지정되기도 했다. 토지거래허가구역으로 지정이 되면 목적에 맞게 이용해야 하고, 목적 이외의 용도로는 사용이 힘들기 때문에 나는 용인시 처인구 백암면과 양지면이 투자가치가 훨씬 높다고 판단하고 있다.

더불어 파주는 현재 로드뷰가 닿지 않는 곳까지 묻지도 않고 사들이는 투기꾼들로 한창 전쟁 중이다. 현재 산불로 큰 몸살을 앓고 있지만, 고성지역은 남과 북이 나란히 속해 있는 남북철도 사업의 큰 수혜를 받을 곳이다. 파주와 접한 지역은 아니지만, 공통된 이슈로 판단했을 때 파주와 비교도 할 수 없는 평당 50만 원대로 투자가 가능한 몇 안 되는 통일대비 저평가 투자처인 셈이다.

이 외에도 노른자 옆에 얇은 막을 두고 딱 달라붙어있는 흰자 지역들은 곳곳에 존재한다. 이런 흰자 지역이 바로 저평가된 지역이다.

한 가지 중요한 팁을 더 알려 주겠다. 땅은 덩치가 크기 때문에 아무리 적어도 3천만 원 이상이 있어야 투자를 할 수 있는 반면 종잣돈이 3천만 원 이하인 분들도 투자할 수 있는 방법이 있다.

평택고덕신도시 주변 지산과 목감신도시, 안양, 하남 등에 있는 지식산업센터에 투자하는 것이다. 지식산업센터는 나라에서 밀어주기 때문에 경매와 비슷하게 80%를 대출받을 수 있다.

한강을 끼고 있는 하남미사강변도시 지식산업센터   삼성전자를 끼고 있는 평택 지산

지산은 2천만 원 정도만 있어도 투자가 가능하기 때문에 소액 투자자들에게 아주 좋은 투자처다. 종잣돈이 없다고 포기하지 말고 소액으로 투자할 수 있는 곳을 찾아 투자하기 바란다.

어떠한가? 이 정도 투자 정보라면 밥상을 차려준 셈이다. 이제 여러분의 종잣돈과 취향에 맞게 골라서 맛있게 드시면 된다.

땅 투자 이후를 내다보다

대박땅꾼이 살고 있는 하남 미사아파트 ⓒ네이버

십여 년 전에는 자기계발서를 열심히 읽었지만 지금은 읽지 않는다. 눈으로 보고 생각만 하기 보다는, 내 발로 움직이는 것의 중요성을 알았기 때문이다. 나는 열심히 임장을 다니고 분석한 덕에 휘자 지역을 선점

하였고 땅의 차익으로 돈도 벌었다. 하지만 땅 투자 공부에도 성장이 필요하다. 그래서 나는 요새 땅 투자를 너머 디벨로퍼(developer)의 단계를 향해 걷고 있다. 그 시작을 내가 살 집으로 공부하며 익히는 중이다. 건축은 '땅'이라는 원석에 비로소 '보석'으로서 가치를 만드는 작업이라는 생각이 드는 요즘이다.

지금 살고 있는 곳은 하남 미사지구다. 서울에서 아파트 생활을 하다가 이곳으로 이사를 했을 때, 주변에서 다들 반대했다. 당시에도 피가 1억 원이나 붙은 상태였기에 나를 호구라 생각했던 듯 하다. 하지만 결과적으로 2년 만에 샀던 가격의 두 배가 올랐다. 미사지구가 입지가 좋았던 이유도 있지만, 토지를 보듯 아파트를 살 때도 발품 팔았던 결과였다. 입주 전 아파트 건설현장에 가서 공사를 하는 분을 붙잡고, "여기서 몇 동이 가장 좋으냐"고 물어보기도 했다. 일반인이라면 절대 시도조차 못할 일이지만 13년간 땅을 보러 다니며 생긴 철판 덕분에 가능했다. 결국 미사에서 가장 좋은 단지 동 호수까지 철저하게 알아내어 입주하였다.

그런데 행복감에 젖어있던 것도 잠시 지난 40년간 천편일률적으로 지은 성냥갑 같은 아파트에 살다보니 어느 순간 답답하다는 생각이 들었다. 몸도, 마음도 잔뜩 지쳐서 사람들의 방해 없이 오롯이 나와 가족들만의 휴식공간을 갖고 싶어졌다. 그래서 내가 갖고 싶은 공간을 마음껏 꾸밀 수 있는 단독주택에 살기로 마음을 먹었다. 우선 주특기를 살려 미사리에 땅을 사는 것부터 시작했다.

잠시 나의 로망을 이야기하자면 집 지하에는 당구대와 바를 설치하려 한다. 한 쪽에는 200인치 모니터를 설치하면 어떨까? 멋진 미니 영화관이 될 수

있을 것이다. 정원은 두 개를 만들 예정인데 1층과 옥상 정원에 테라스를 만들어 바비큐 파티를 하는 상상을 해본다. 취미인 수영으로 몸 관리를 하기 위해서 수영장도 만들 예정이다. 그리고 6m짜리 스위밍 스파 완제품을 가져다 놓는 것이다. 거실은 답답하지 않게 3.6m 높은 층고로, 책을 좋아하니까 한쪽 벽 전체를 책장으로 꾸며보려 한다. 코엑스 별마당 도서관처럼 수천 권을 진열해 놓으면 분명 가슴이 벅차오를 만큼 멋져보일 것이다. 또 부모님을 위한 황토방과 손님들 방문시 묵을 게스트 룸도 마련할 예정이다.

이 모든 상상이 이제 거의 현실로 다가오고 있다. 조만간 완공되면 실제로 카페에 사진을 올릴 것이니 기대를 해도 좋다. 이 모든 것이 가능한 건 투자 초반 집 대신 땅에 투자한 덕이다. 땅값 상승으로 번 돈으로 차를 사고, 결혼을 하고, 집을 지으며 서서히 나의 꿈을 실현시키고 있다.

여러분도 하지 말라는 법이 없다. 이제 막 첫걸음을 옮기는 독자 여러분도 겨우 한두 번을 위해 토지 공부를 한다고 여기지 않았으면 좋겠다. 땅은 정말 그 성공의 가능성이 무궁무진한 원석이다. 실제로 투자에 성공하면 내가 굳이 응원하지 않아도, 눈에 불을 켜고 더욱 뛰어다닐 것이 분명하다. 하지만 그렇게 되기까지가 어려운 것도 사실이다.

《집 팔아서 땅을 사라》는 토지 투자를 시작하는 여러분에게 실천할 수 있는 용기를 주고, 실패하지 않는 가이드라인이 되기 위해 탄생하였다.《집 없어도 땅은 사라》이후 3년 간의 시간 동안 카페회원들과 독자들이 자주했던 질문을 소설 형식으로 재미있고 쉽게 답하고자 노력했다. 또 주목해야 하는 지역, 사업을 담아 이렇게 한 상을 차려보았다. 이제는 밥숟가락을 들고 맛있게 먹어보자.

이렇게 책을 읽고 공부하는 여러분은 모두 부자가 될 자격이 있는 사람들이다. 부자가 되는 땅을 당연히 발견할 수 있기 때문이다.

이 책이 나오기까지 수고하신 출판사 관계자분들, 저희 대박땅꾼 스텝분들, 개정판 준비에 많은 도움을 준 목진경대리님, 현장에서 회원들을 가이드해 주시는 부소장님께 감사의 뜻을 전한다. 이 책은 여러분 모두에게 부자가 되는 땅을 선물하게 될 것이라 확신한다.

집짓기가 한창인 미사리에서
대박땅꾼

구매 시기	구매 방법	투자부동산	상세내용
2006	경매	농지	전북 군산 신광동 298㎡
	매입	농지	충남 서산 부석면 330㎡
	경매	농지	전북 군산 개정면 397㎡
2007	경매	농지	충남 보령 430㎡
	매입	농지	충남 당진 우두리 661㎡
	매입	농지	충남 당진 합덕읍 990㎡
2008	공매	농지	전남 부안 하서면 2,083㎡
	매입	농지	전남 부안 상서면 992㎡
	경매	임야	전남 부안 변산면 2,975㎡
	경매	임야	전북 김제 진봉면 3,967㎡
	경매	대지	전남 부안 보안면 496㎡
	경매	농지	전남 부안 진서면 480㎡
	매입	다세대	인천 구월동 재개발빌라
2009	매입	농지	충남 서산 부석면 992㎡
	매입	임야	충남 당진 고대면 2,975㎡
	공매	임야	강원 춘천 신동면 2,496㎡
2010	매입	임야	전북 부안 하서면 장신리 1,983㎡
	매입	농지	전북 부안 계화면 창북리 2,810㎡
2011	매입	임야	경기 평택 안중읍 1,653㎡
	매입	대지	충남 당진 합덕 480㎡
2012	매입	임야	강원 평창 알펜시아 인근 661㎡
	매입	농지	전북 군산 산북동 2,975㎡
	매입	농지	충남 당진 석문면 992㎡
	매입	대지	전북 부안 계화면 496㎡
2013	매입	농지	제주 한림읍 991㎡
	매입	농지	경기 평택 안중읍 826㎡
	매입	다가구	경기 수원 다가구
2014	매입	임야	제주 표선면 9,917㎡
	매입	농지	전북 부안 동진면 2,644㎡
	매입	상가	서울 여의도 1층 상가
	매입	다세대	서울 강남 도곡동 다세대
2015	매입	임야	제주 한림읍 826㎡
	매입	임야	제주 대정 793㎡
	매입	농지	전북 부안 상서면 991㎡
	경매	농지	충남 태안 안면도 495㎡
	매입	다가구	경북 구미 원룸 다가구
	매입	오피스텔	경기 성남 중원구 오피스텔
	매입	원룸	인천 남동구 만수동 원룸
2016	매입	농지	충남 태안 기업도시 인근 1,652㎡
	매입	농지	전북 부안 하서면 1,157㎡
2017	매입	농지	경기 안성 남풍리 647㎡
	매입	전원주택	충남 태안 태안읍 도내리
	매입	농지	경기 용인 처인구 원삼면 783㎡
2018	매입	농지	경기 안성 보개리 991㎡
	매입	대지	전북 부안 행안면 역리 595㎡
	매입	농지	경기 안성 미양면 법전리 330㎡
2019	매입	농지	강원 고성 죽왕면 660㎡
현재 보유 : 부동산 자산가치 100억			

대박땅꾼의 미래 부동산 투자 계획

투자 시기	투자 계획	예상 자산 현황
2020년 (44세)	– 안성, 용인, 여주, 이천, 새만금, 평택, 당진, 제주 등 주요 지역 토지 13만 평 보유 – 강남, 송파 내 다세대 원룸, 오피스텔 투자로 월수익 8천만 원 확보 – 태안, 제주지역 내 전원주택단지 건축 – 부동산 전문 경제지 '토지뉴스' 배포(경제지 TOP6) – 대박땅꾼 부동산 도서 시리즈 중국어 번역 진출 – 수익 5%, 대박땅꾼 재단 설립(매년 청소년 및 대학생 지원)	150억
2025년 (49세)	– 전국 주요 지역 토지 50만 평 보유 – 대박땅꾼 부동산 및 임대관리사업 런칭 – 강남, 송파 내 다세대, 상가 투자로 월수익 3억 원 확보 – 제주, 태안 지역 전원마을 건설 및 분양 – 부동산 및 재테크, 자기계발 교육 훈련 학원사업 오픈 – 수익 7%, 대박땅꾼 장학기금 운용 – 대박땅꾼 꿈나무 골프교실 설립	250억
2030년 (54세)	– 전국 주요 지역 토지 80만 평 보유 – 강남, 송파, 강동, 하남 등 상가 및 다가구 건물 추가 투자로 월수익 5억 원 확보 – 서울, 평택, 당진 등 원룸과 빌라 건설 및 분양 – 부동산 및 재테크, 자기계발 교육 수료생 1천 명 확보 – 수익 10%, 대박땅꾼 장학기금 운용 – 대박땅꾼 꿈나무 축구교실 설립	400억
2035년 이후 (59세)	– 전국 주요 지역 토지 100만 평 보유 – 강남4구, 하남, 용산, 마포 일대 중소형 빌딩 투자로 월수익 10억 원 이상 확보 – 대박땅꾼 게스트하우스와 셰어하우스 체인사업 운용 – 대박땅꾼 셰어오피스 운영 – 대박땅꾼 재테크 스터디카페 체인사업 운영 – 대박땅꾼 장학기금 운용과 부동산 전문가 취업센터 지원 – 대박땅꾼 컨트리클럽 개관 및 운영	600억
최종 목표 : 보유자산 1,000억		

공부하고 발품을 판 만큼 땅을 보는 안목이 생기고,

안목이 높아질수록 좋은 땅을 찾을 수 있다.

땅에 씨를 뿌리면 열매를 맺는 것처럼

땅을 찾고 찾으면 시세차익이라는 열매를 맺게 해준다.

대박땅꾼의 부동산연구소

전은규 소장이 실전 재테크 정보 및 노하우를 공유하기 위하여 다음/네이버에서 운영하고 있는 온라인커 뮤니티. 현재 약 7만 명의 회원이 그의 부동산재테크 노하우를 공유하고 있다. (매주 토지 답사 진행)

주요 활동

– 대박땅꾼의 토지, 수익형부동산 칼럼 및 임장일기 연재
– 부동산퀴즈, 도서이벤트 등 제공
– 부동산 재테크 관련 뉴스 및 각종 정보 제공
– 부동산 재테크 세미나/부동산 현장답사 일정 제공
– 대방땅꾼 외 각 분야 전문가들의 상담

연혁

2009년 7월. 대박땅꾼 부동산연구소 다음카페 창설
2010년 12월. 대박땅꾼 부동산연구소 네이버카페 창설
2019년 4월 기준 약 7만 명 누적 회원

주소

네이버 – http://cafe.naver.com/tooza114
다음 – http://cafe.daum.net/tooza114
유튜브 – 대박땅꾼TV

문의전화

02-561-2023

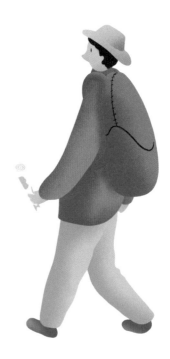